인공지능 시대의
국어교육과 교양교육

고려대 한국어문
교육연구총서 1

인공지능 시대의 국어교육과 교양교육

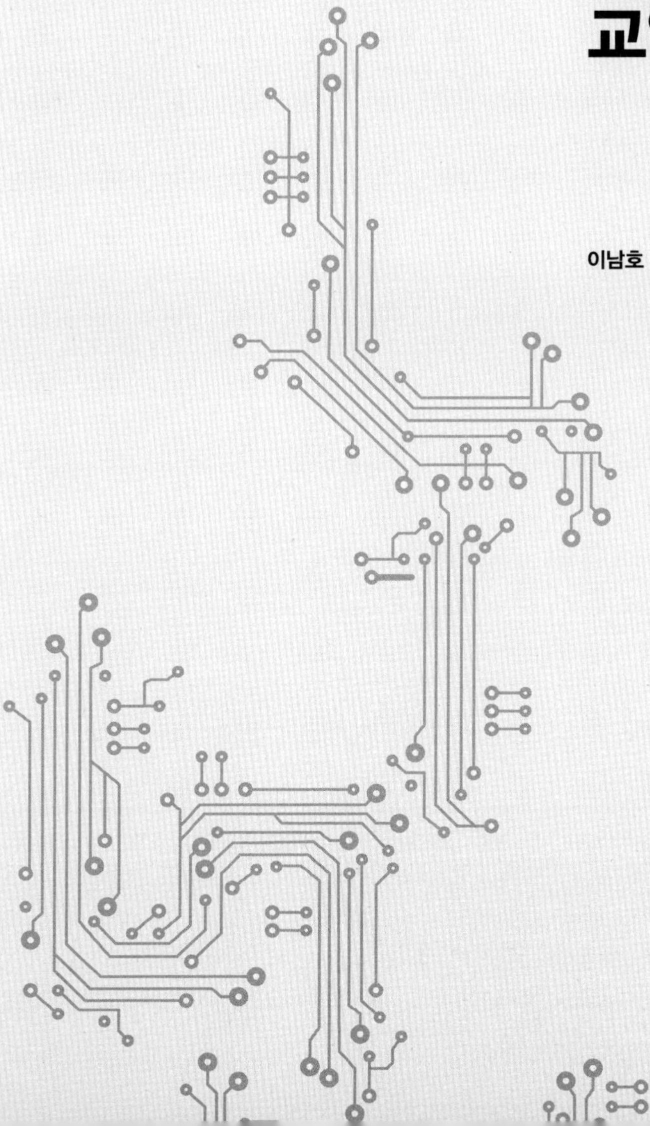

이남호 · 정재림 외

KU PRESS
고려대학교
출판문화원

머리말

고려대학교 한국어문교육연구소는 2010년 7월 개소 이래, 우리나라 국어교육의 발전을 위해 많은 노력을 기울여 왔다. 2011년 5월 '세계 자국어 교육의 이념과 현황'이라는 주제로 연구소 창립 기념 국제 학술대회, 2013년 6월 '중고교 연극교육의 현황과 전망'이라는 주제로 국제 학술대회를 개최하여 우리나라 국어교육의 지평을 넓히는 데 기여하였다. 연구소에서는 매년 새로운 주제로 전국 학술대회를 열어 국어교육 연구자와 국어교사가 진지한 논의를 펼치는 장을 마련하였고, 학술지 《한국어문교육》을 발간하여 연구 결과를 공유하는 데 힘썼다. 활발한 학술 활동의 결과로 학술지는 2019년 등재지로 승격하여 국어교육학계에 큰 영향력을 끼치고 있다.

연구소 개소 10년 만인 2020년 8월, 한국어문교육연구소에서는 'AI 시대의 국어교육과 교양교육'이라는 주제로 학술대회를 개최하였다. COVID-19로 일상뿐만 아니라 교육에도 큰 변화가 생겼다는 인식하에, '교양'이라는 주제를 중심으로 하여 국어교육의 책무와 방향을 모색해 보자는 취지에서였다. 학술대회 발표 원고 중 13편을 엄선하여 고려대학교 한국어문교육연구소 첫 번째 학술총서《인공지능 시대의 국어교육과 교양교육》으로 출간하게 되었다. 1부에서는 중등 및 대학 국어교육에서 교양의 위상과 가치를 전반적으로 다루고 있다. 2부에서는 문학교육과 관련한 교양교육의 중요성과 방법, 3부에서는 대학에서의 교양교육의 현황과 문제점을 다루고 있다. 이 글들은 포스트휴먼 시대, 정보화 시대에 국어교육의 본질이 무엇인지 검토하고, 새로운 방향을 모색하는 데 도움을 줄 것이다. 우리 연구소에서는《인공지능 시대의 국어교육과 교양교육》을 시작으로 하여, 국어교육의 중요한 담론을 점검하며 이를 '고려대 한국어문교육연구총서'로 계속 출간할 계획이다.

고려대 한국어문교육연구소의 내적, 외적 발전은 연구소를 사랑하고 물심양면 후원해 주시는 여러분들이 계셨기에 가능한 것이었다. 초대 소장이신 이남호 교수님은 이번 학기를 마지막으로 정든 모교를 떠나시게 되었다. 국어교육의 이념과 본질을 늘 새롭게 해야 한다는 초대 소장님의 가르침과 당부로 고려대학교 국어교육과와 한국어문교육연구소가 오늘과 같은 발전을 이루었기에 깊은 감사의 인사를 드린다.

다양한 관점에서 국어교육과 교양에 대한 논의를 펼쳐준 필자들, 그리고 촉박한 일정 속에서 출판을 맡아준 고려대학교 출판문화원에도 감사드린다.

2021년 7월

고려대학교 한국어문교육연구소

소장　이관규

차례

머리말… 5

1부 ◦ 인공지능 시대 국어교육과 교양교육의 위상과 가치

국어교육과 교양_이남호 … 11

중등 국어교육에서 교양의 위상과 가치_정재림 … 27

포스트휴먼 시대 교양교육의 위상과 방향_오연경 · 조재룡 … 54

2부 ◦ 문학을 통한 교양교육의 의미와 가치

대학 교양교육으로서 고전 읽기_최애순 … 75

대학 교양 과정에서의 시 교육 연구_송현지 … 93

문학전집을 통한 교양교육과 젠더_고지혜 … 125

교양의 정신과학적 의미와 교양에 있어서 고전서사문학의 교육적 가치_정상원 … 160

'도야Bildung' 개념의 역사적 전변과 미적 도야_문장원 … 183

3부 ◦ 인공지능 시대의 대학 국어교육과 교양교육

핵심역량 중심의 교양교육 방법 및 효과 연구_오현화 … 215

디지털 지식정보사회의 영미 대학 글쓰기 교육 양상 검토_곽수범 … 234

인공지능 시대 교양교육의 방향_김영애 … 261

온라인 수업에 대한 학습자 반응 연구_박보현 … 279

교양교육의 글쓰기 윤리 현황 및 개선 방안_유미향 … 293

필진… 318

1부 인공지능 시대 국어교육과 교양교육의 위상과 가치

국어교육과 교양

이남호

1. 모국어교육

'국어'라는 명칭은 모국어를 뜻하는 다소 자국중심주의적 명칭으로서 주로 동아시아 국가에서 사용되고 있다. 우리나라의 경우, 국어란 곧 한국어를 뜻하지만 국어교육과 한국어교육은 따로 구분해서 사용된다. 즉 국어교육은 한국어가 모국어인 학생들에게 하는 교육을 뜻하고 한국어교육은 한국어가 외국어인 학생들에게 하는 교육을 뜻한다.

모국어로서의 언어교육과 외국어로서의 언어교육 사이에는 중요한 차이가 있다. 글말이 아닌 입말에 한하여, 모국어는 따로 배울 필요 없이 거의 본능적으로 습득된다. 어린아이들은 처음 접하는 언어환경 속에서 아무런 어려움 없이 그 언어를 모국어로 습득해서 자유롭게 구사한다. 원칙적으로 모국어를 못 배워서 모국어 구사에 어려움을 겪는 사람은 없다. 그래서 인간의 언어능력이 본능이라고 주장되기도 한다. 인간은 배우지 않아도 음식을 먹을 줄 아는 것처럼 모국어를 교육받지 않아도 말을 주고받는 데 어려움을 느끼지 않는다. 아이들은 대략 4-5세가 되면 소위 '언어 폭발'이 일어나서 갑자기 말하기와 듣기 수준이 높아진다. 그리고 대략 7-8세가 되면 말하기와 듣기 능력이 기초적인 의사소통이 자연스럽게 가능한 수준에 도달한다. 이것은 집을 떠나 학교에서 배움을 시작하는 아동의 취학연령이 대략 7-8세인 이유이기도 하다. 입말에 익숙해진 아이들이 학교에 가서 글말을 배우게 된다. 즉 읽기와 쓰기가 모국어교육의 중요한 출발이 되는 것이다.

그러나 외국어는 초기 습득과정이 모국어와 전혀 다르다. 언어능력이 인간의 본능이라고 할 때, 그 본능은 모국어에만 해당된다. 마치 육체적 성장이 어느 정도 완성되면 더 이상 성장하지 않는 것처럼, 모국어의 구사가 자유로워지면 언어 본능이 더 이상 작용하지 않는다. 그래서 모국어는 본능이지만, 외국어는 반복 학습과 암기의 대상이다. 모국어는 배우는데 전혀 힘이 들지 않지만, 외국어는 아주 오래 힘들게 공부해도 능숙해지기 쉽지 않은 까닭이 여기에 있다.

모국어의 경우, 기초적인 말하기와 듣기 능력은 본능이므로 거의 배울 필요가 없다. 그리고 기초적인 읽기와 쓰기 능력도 초등학교 수준에서 거의 습득된다. 이것은 기초적인 모국어 능력 즉 말하기 듣기 읽기 쓰기에 관한 기본 능력이 초등학교 국어교육에서 전반적으로 습득될 수 있음을 뜻한다. 그러하다면 국어교육은 중학교, 고등학교, 대학교에서는 무엇을 가르치는 과목이 되어야 하는가?

2. 언어 기능 그 너머

언어를 배운다는 것은 단순히 기초적인 말하기, 듣기, 읽기, 쓰기의 기능을 습득하는 데 그치지 않는다. 언어 사용의 목적은 정확한 의사소통이라고 할 수 있다. 복잡한 사회 생활 속에서 정확한 의사소통은 의외로 힘든 일이다. 그것은 기초적인 언어 능력만으로 해결될 수 있는 일이 아니다. 물론 아주 간단한 내용은 기초적인 언어 능력만으로도 소통이 가능하지만, 그 한계는 너무나 분명하다. 기초적인 언어능력만으로는 세상의 많은 일들을 다 감당할 수 없다. 보다 수월하고 정확한 의사소통 능력을 키우려면 언어교육은 언어 기능 그 너머에 있는 언어의 모습에 주목해야 한다.

언어는 세계의 축약본 혹은 견본이라고 할 수 있다. 언어의 세계는 진짜 세계의 비유적 대응이기도 하다. 이런 면에서 언어 속에는, 세계의 모습과 경험이 들어있다고 할 수 있다. 우리가 보는 많은 책과 글은, 세계의 이러저러한 모습과 경험을 언어로 담아내고자 한 노력들이다. 더 작게는 단어 하나도 세계의 작은 일부를 대신하는 기호이다. 우리가 의사소통을 잘 하려면 언어 속에 담긴 세계의 모습과 경험을 풍부하게 이해해야 한다. 우리는 언어를 배우면서 세계를 배우고 나아가 우리 자신의 지적, 사유적 능력을 키운다. 언어교육 수준이 높아지면 철자법, 발음, 문법 또는 단순한 말하기 듣기 읽기 쓰기 같은 기초적인 언어능력보다 그 언어 기능 그 너머에 있는 세계의 모습과 경험의 배움이 더 중요해지게 된다. 이것은 모국어교육에서나 외국어교육에서나 마찬가지이다.

언어교육을 위한 여러 나라의 교재들도 대체로 이러한 생각을 반영하고 있다. 초급 교재는 문법이나 철자법이나 발음 등 간단한 언어 기능을 배우는 내용이라면 고급 교재는 주로 그 언어로 쓰인 고금의 명문들로 이루어진 독본의 형식을 갖고 있다. 영미의 경우 아예 '영문학'이라는 과목이 고급 영어교육 교재를 대신한다. 명문 위주로 이루어진 독본으로 고급한 언어를 배운다는 것은, 곧 고급한 언어교육이 언어 기능 교육보다 그 언어 기능 너머에 있는 것들에 대한 교육을 중시하며, 그것이 언어교육의 보다 중요하고 넓은 영역임을 확인시켜 준다.

모국어 교육인 국어교육의 경우, 중학교 정도부터는 고급한 언어교육이라고 할 수 있다. 즉 기초적인 언어 기능 교육에서 한 걸음 더 나아가 국어 속에 담긴 세계의 모습과 경험을 배우고 거기서 자신의 지적, 사유적 능력을 향상시키는 쪽으로 국어교육을 자리매김할 필요가 있다.

3. 국어교육과 도구적 교양

흔히 국어 과목을 도구 과목이라고 한다. 국어가 다른 공부를 하기 위한 도구가 된다는 뜻이다. 대부분의 학문적 결과는 언어로 기록되어 있고 학문적인 소통도 언어로 이루어진다. 언어를 자유롭게 구사할 수 없는 사람이 학문 활동을 하기는 거의 불가능하다. 이런 점에서 국어 기능의 수월성이 학문 연구의 조건도 되고 도구도 된다.

그러나 국어교육의 도구적 성격에는 보다 중요한 측면이 있다. 그것은 간단히 말해서 '사유의 훈련'이라고 할 수 있다. 언어를 사용한다는 것은 인식과 추론이라는 지적 과정과 긴밀하게 연관된다. 언어는 본질적으로 은유적이다. 한자와 같은 상형문자에서 더 쉽게 드러나듯 단어 하나하나가 세상의 사물이나 질서나 의미에 대응한다. 단어 차원뿐만 아니라, 문장이나 한 편의 글도 세상의 어떤 모습에 대한 은유가 된다. 가령 '나는 밥을 먹었다'는 문장은 과거에 내가 한 행동을 언어라는 매체를 이용하여 재현한 것으로 그 자체가 은유적이다. 그러므로 언어를 사용한다는 것은 끊임없이 원관념인 세상의 모습을 추론하면서 스스로 질서 있는 의미를 구성한다는 것을 뜻한다.

언어를 사용하여 질서 있는 의미를 구성하는 데에는 문법과 같은 언어의 규칙이나 어휘의 정확성과 같은 질서에 익숙해야 함은 물론이다. 그러나 그것만으로는 부족하다. 언어의 사용에는 언어 내적 질서를 넘어서는 논리성이 요구된다. 이 논리성을 '로고스'라고 불러도 좋을 것이다. 세상과 사물을 인식하고 의미를 파악함에 있어서 로고스의 역할은 매우 중요하다. 로고스는 세상의 형이하학과 형이상학을 통틀어 의미 있는 질서를 생성하고 비판하고 재구성하는 사유의 자질이다. 어색하거나 모순인 문장을 두고 '말이 안 되는 문장'이라고 비판하는 것은 비교적 단순한 로고스의 작용이다. 그러나 파스칼의 《팡세》 같은 책에서 보듯이, 저명한 철학자들의 저작들은 위대한 로고스의 힘을 보여준다.

훌륭한 글과 사유의 뼈대는 로고스이다. 세상에 대한 관찰과 경험들로부터 의미를 만들어내는 과정 그리고 의미와 의미를 연결하여 더 깊고 큰 의미를 만드는 과정 전반에서 로고스의 작용은 절대적이다. 인간이 언어를 배운다는 것은 이러한 로고스의 힘을 키우는 일이기도 하다. 언어 사용의 수준이 높아질수록 더 강한 로고스가 작용한다. 언어 교육에서 좋은 글을 많이 읽어야 하는 이유는, 좋은 글 속에 담긴 내용이나 정보가 유익한 것이기 때문이기도 하지만 그에 못지않게 좋은 글 속에 녹아있는 강한 로고스로부터 자신의 로고스 능력을 함양할 수 있기 때문이다.

로고스가 논리적인 글에서 더 많이 드러나긴 하지만, 우리가 흔히 비논리적인 글이라고 부르는 문학작품에서도 로고스는 무척 중요하다. 훌륭한 문학작품은 강한 로고스를 뼈대로 삼고 있는 경우가 많다. 뛰어난 시인이 세계를 시적으로 직관하고 표현하는 과정에서도 숨은 로고스가 작용하고, 독자가 그 표현에 함축된 의미를 추론하는 과정에서도 로고스가 작용한다. 그런가 하면 좋은 소설에서 핵심적인 자질인 '개연성'을 확보하는 능력도 결국 로고스에 의존한다. 흔히 문학작품을 강한 파토스의 표현으로 생각한다. 하지만 그 파토스 역시 외마디 절규가 아니라 독자들이 이해할 수 있고 추체험할 수 있는 정교한 문학작품으로서, 말하자면 로고스를 거쳐서 표현된 것이다. 그러므로 논리적인 글이건 비논리적인 글이건 상관없이 좋은 글을 많이 배운다는 것은 로고스 능력의 함양에 매우 중요하다.

이처럼 국어교육의 도구적 성격과 관련하여 언어 기능 능력이나 단순한 교양적 지식보다 더 중요한 것이 로고스 능력의 함양이지만 이 점은 흔히 간과되는 것처럼 보인다. 중등학교 국어교육에서 실생활에 직접 도움을 줄 수 있는 실용적인 글을 더 많이 가르쳐야 한다는 주장이 있다. 국어교육은 시인이나 소설가를 길러내는 교육이 아니라는 입장에서 훌륭한 문학작품 읽기나 문학적 글쓰기의 중요성을 폄하하는 주장도 있다. 이러한 단순한 실용적 관점은 국어교육의 도구적 성격을 좁고 빈약하게 만든다. 국어교육의 도구적 성격의 보다 중요한 차원은 세계에 대한 인식, 이해, 추론, 의미 생성 등에 작용하는 사유 능력 즉 로고스의 함양에 있다.

물론 국어가 아닌 다른 과목에서 배우는 논리적이고 정보적인 훌륭한 글을 통해서도 로고스는 함양될 수 있다. 다른 과목에서 종합적인 언어 기능 훈련이 되는 것과 마찬가지이다. 그러나 국어교육은 무엇보다 언어 능력을 키우는 교육이다. 고급한 언어 능력은 세계와 언어 사이에서 복잡하고 섬세하게 작용한다. 언어 사용 수준이 높아질수록 중요해지는 것은 논리적이고 추론적인 사유능력 즉 로고스의 힘이다.

한편 다른 과목에서 논리적이고 정보적인 글은 접할 수 있지만 좋은 문학작품을 접하기는 어렵다. 앞서도 언급했지만, 좋은 문학작품 속에는 논리적인 글과는 약간 다른 종류의 로고스가 들어있다. 논리가 엉망인 논리적인 글이 있듯이 말이 안 되는 황당한 이야기가 있다. 좋은 문학작품은 얼핏 보기에 말이 안 될 듯하지만 곰곰이 따져보면 진실로 말이 되는 이야기인 경우가 많다. 이렇게 설득력을 만들어내는 힘이 곧 로고스이다. 좋은 문학작품의 로고스는 다른 논리적인 글의 로고스와 그 성격이 조금 다름으로 해서 로고스 능력의 폭을 넓혀줄 수 있다. 훌륭한 자연과학자나 사회과학자들이 지닌 남다른 로고스 능력의 폭은 그들의 많은 문학 독서량과 연관이 있을 것으로 짐작된다. 여기서 우리는 국어교육에서 문학 텍스트의 중요성을 다시 생각해 볼 수 있다.

정리하여 말하면, 국어교육은 도구 과목이다. 여기서 도구라고 함은 국어라는 언어를 도구 삼아 다른 과목을 공부한다거나, 국어에서 배운 일반적 교양 지식이 다른 과목 공부에 도움이 된다거나 하는 차원만을 뜻하지 않는다. 그보다 중요한 것은 고급한 언어교육과 로고스 함양의 밀접한 관련성이다. 수준 높은 국어교육이 함양시켜 주는 로고스 능력이야말로 국어교육이 제공할 수 있는 가장 강력한 도구적 교양일 것이다.

4. 국어교육과 내면적 교양

과거 대부분의 공부는 마음과 관련된 것이었다. 종교적 수련이 더욱 그러했지만, 전통적 인문교육에서도 마음가짐이 공부의 큰 부분이요 목적이었다. 마음을 수련하여 성숙하고 인격을 갖춘 사람이 되는 것은 어느 시대 어느 사회에서도 중요한 교육적 목표일 수밖에 없다. 조선 시대 유교적 이상은 '수신제가치국평천하(修身濟家治國平天下)'인데, 여기서 수신은 몸이 아니라 마음의 수련이며 이 수신이 이후 모든 일의 바탕이 된다. 퇴계 선생이 강조한 '경(敬)'이라는 것도 훌륭한 학문을 이루기 위한 기본 조건으로 마음의 경건함 또는 무사무념을 강조한 것이라고 할 수 있다.

근대 이후 서양에서의 내면적 성숙에 관한 관심은 소위 독일의 형성소설(Bildungs Roman)에서 대표적으로 드러난다. 형성이라는 말은 세상 속에서 한 젊은이의 인격이 내면적으로 성숙해 가는 과정을 뜻하는데, 독일어에서 이 말은 성장이나 교양을 뜻하기도 한다. 형성과 성장과 교양이 한 범주로 묶이고 같은 단어를 사용한다는 것은 결국 성숙한 인격으로 성장하는 데 필요한 것이 교양이며, 그 교양은 다름 아닌 내면적인 마음의 수양과 관련된 것임을 암시한다.

오늘날 학문의 전문적 분화와 교육 시스템의 강화는 이러한 교양교육을 약화시키고 있다. 그리고 이미 약화된 교양교육마저 지식으로서의 교양에 치중되면서 내면의 성숙과 관련된 교양교육은 더욱 설 자리가 좁아진 것처럼 보인다. 교육 시스템의 강화가 내면적 교양교육을 약화시키는 현실은 아이러니하다. 여기에는 정교한 교육 프로그램으로 객관화시키기 어려운 내면적 교양교육의 특성도 관련되어 있을 것이다. 내면적 교양교육은 오히려 느슨하고 모호하고 개별적인 방식이 어울릴 수 있다. 한 인간의 내면적 성숙에 필요한 교육이 보편적으로 적용되는 시스템이나 정교한 교육 프로그램으로 만족스럽게 이루어질 수 있을 거라고 생각되지는 않는다. 교육 시스템과 프로그램의 획일화는 부정적인 측면이 많지만 이에 대한 반성은 별로 없는 듯하며, 특히 내면적 교양교육의 외면으로 이어지는 문제는 더욱 그런 것 같다.

이러한 문제와 관련하여 국어교육의 역할을 다시 주목할 필요가 있다. 다시 한번 강조되어야 할 것은 국어교육에서 '좋은 글'을 텍스트로 삼는 일의 중요성이다. 어떤 글이 '좋은 글'인가 하는 문제는 쉽지 않겠지만, 전문가들의 고심과 시간의 담금질 속에서 적지 않은 유보와 더불어 대체적인 범주는 생각해 볼 수 있을 것이다. 국어교육은 이러한 '좋은 글'을 배우면서 고급한 언어 기능을 익히고, 언어 속에 담긴 세상을 배우고, 그 글 속에 담긴 마음을 배우는 일이다. 특히 국어가 아닌 과목에서는 '마음이 담긴 글'을 텍스트로 만날 가능성이 상당히 낮다. 대체로 국어 과목에서만 '마음이 담긴 글'을 자연스럽게 만날 수 있다. 이 점에서 국어는 내면적 교양교육의 역할을 맡기에 적합한 과목이다.

예를 들어 김소월의 시 〈진달래꽃〉을 생각해 보자. 이 시는 오래전부터 국어 교과에서 익숙한 텍스트였고 지금도 국어 시간에 이 시를 배우는 것은 자연스럽고 또 필요한 일이다. 학생들은 〈진달래꽃〉을 읽으면서 다른 것도 배우겠지만 이 시에 표현된 화자의 마음을 만난다. 그 마음은 내가 싫어 나를 떠나는 님을 나는 미워하지 않고 참을 뿐만 아니라 그의 앞길을 축복까지 하겠다는 예사롭지 않은 마음이다. 이것은 "날 버리고 떠나는 님은 십리도 못 가서 발병 난다"라는 민요 속의 투정하는 마음과 다르고, "아아 님은 갔지만 나는 님을 보내지 않았습니다"라는 한용운의 시에 나타나는 의지의 마음과도 다르다. 이러한 〈진달래꽃〉을 읽는다는 것은, 이별의 슬픔을 견디는 마음이 한 가지가 아니라는 것을 구체적으로 알고 그것으로 자기 마음의 양식으로 삼는 공부가 된다. 많은 사람들이 국어 시간을 통해 윤동주의 시에 나오는 "하늘을 우러러 한 점 부끄럼이 없는" 마음을 배우지 못한다면 달리 어떤 과목을 통하여 그러한 마음을 배울 수 있을지 의문이 든다.

황순원의 〈송아지〉라는 짧은 소설은 소년과 송아지 사이의 우정을 그리고 있다. 그러나 그 아름다운 우정은 송아지의 죽음이라는 슬픔으로 끝이 난다. 소설은 주인공의 마음을 이야기하기보다, 순수하고 아름다운 우정이 누구의 잘못도 없이 죽음이라는 슬픔으로 끝날 수 있는 세계의 비정함을 강조한다. 여기서 이 소설을 배우는 학생들은 세계의 이해하기 어려운 비정한 모습에 자신들의 마음을 담금질하며 내면적 성숙의 계기로 삼을 수 있다. 세상에는 어찌할 도리가 없는 슬픔이 있다는 것을 배우는 것은 세계에 대한 이해에 그치지 않고 내면의 성숙에도 필요한 일이다. 어떠한 마음을 직접 배우는 것도 소중하지만 그러한 마음에 부담을 주는 세상의 여러 굴곡을 이해함으로써 내면을 성숙시키는 것은 더욱 소중하다.

내면적 성숙은 도덕적 수양과 표리를 이룬다. 그러나 명시적인 교훈이나 도덕 강령의 주입으로 윤리적인 인간이 형성되지는 않는다. 윤리적으로 성숙한 내면은 윤리적 갈등 상황에 대한 번민과 갈등에 의해서 그리고 세상의 모순되고 비윤리적인 모습에 대한 깊은 이해에 의해서 형성된다고 말할 수 있다. 좋은 문학작품은 이러한 형성에 유용한 텍스트가 되며 그것은 다른 어떤 과목보다 국어 과목에서 적절히 다루어질 수 있다. 학생들에게 내면적 교양을 제공하여 내면적 윤리적 성숙에 도움을 줄 수 있다는 것은 결코 경시될 수 없는 국어교육의 의의일 것이다.

5. 국어교육과 민족문화적 교양

외국어를 구사할 수 있는 기본적인 언어능력을 갖추었더라도 그것만으로는 해당 언어를 사용하는 사회에서 의사소통이 힘들 수 있다. 그 사회의 관습, 문화, 역사, 정서 등에 대한 폭넓은 이해가 있어야 의사소통을 잘 할 수 있게 된다. 국내에서 독일어를 공부하여 제법 회화가 능숙한 회사원이 독일에 가 사람을 사귀고 사업을 하는 데 큰 어려움을 겪었는데, 그 까닭이 독일 문화와 역사에 대한 교양이 부족하여 대화가 잘 안 되었기 때문이었다는 일화는 충분히 이해되는 일이다. 모국어의 경우도 크게 다르지 않다. 기본적인 국어능력을 지닌 학생들에게 다시 또 국어를 가르칠 필요가 있다면 그 까닭은 보다 수준 높은 소통이나 지적 활동을 위해서는 모국의 문화 전반에 대한 깊이 있는 이해가 있어야 하기 때문이다.

국어를 비교적 수월하게 말하고 듣고 읽고 쓸 수 있는 중등학교 학생들에게 국어가 가르쳐야 하고 또 가르칠 수 있는 것은, 국어에 스며있는 민족의 삶과 문화이다. 명시적인 예를 들면, '판소리의 세계'나 '다보탑과 석가탑'같이 한국의 전통문화를 소개하는 좋은 글을 읽고 민족문화에 대한 교양을 배우는 것이다. 역사 시간에 다 배울 수 없는 민족의 구체적인 삶의 모습이나 다양한 생활문화와 관련된 교양적 지식들은 국어교육의 범주에 자연스럽게 포함될 수 있다.

그러나 국어교육과 민족문화의 관계는 실제로는 좀 더 깊고 덜 명시적인데, 이 차원이 보다 중요하다. 한마디로 국어교육은 명시적으로 민족문화를 다루지 않는 텍스트로도 민족문화적 교양을 키워줄 수 있다. 앞서 언급한 대로 한국어는 단순히 28개 자음과 모음으로 이루어진 단어들과 그 단어들을 결합하는 규칙들로 이루어진 체계만 뜻하는 것이 아니다. 한국인들이 오랜 역사 속에서 한국어로 말하고 기록한 모든 언어표현물의 총화가 곧 한국어라고 할 수 있다. 다시 말해 한국어는 모든 시대의 한국인들이 참여하여 만들어낸 거대한 언어공간과 같은 것이다. 이것은 한국어뿐만 아니라 모든 언어가 그러하다.

한국어에는 한국 사람들이 겪고 느끼고 생각하고 상상했던 모든 것이 들어있다. 그 거대한 언어공간은 한국 사람들이 오랜 세월 동안 만들어낸 일종의 종합 문화재라고 할 수 있다. 흔히 나랏말에는 그 나라의 얼이 깃들어 있다고 말한다. 국어 사랑이 나라 사랑이고, 나라말을 잃어버리는 것은 나라를 잃어버리는 것이라는 주장도 있다. 이러한 주장은 민족주의적 관점에서 애국심을 고취하기 위한 표어라고 생각되지만, 언어가 거대한 문화재라는 면에서 나름대로 설득력을 갖는다.

언어를 거대한 문화재라고 할 때, 그 주요한 부분은 어휘나 관용적 표현 또는 글 속에 녹아있는 민족적 삶의 흔적들이다. 역사 속의 배경 설화를 갖는 관용구들이 쉬운 예가 된다. 가령 '두문불출'이란 말에는 조선 초 고려 유민들이 모여 살던 두문동이란 마을의 이야기가 들어있고, '함흥차사'라는 말에는 초기 조선의 정치적 상황과 관련된 이야기가 들어있다. 그런가 하면 소쿠리, 동전, 버선, 초가삼간, 동치미, 디딜방아, 육자배기, 정(情), 한풀이 등 수많은 어휘 하나하나가 직접적으로 민족 문화의 항목이 된다.

그러나 꼭 구체적인 배경 설화가 있는 관용구들에만 민족 문화가 들어있는 것은 아니다. "산산이 부서진 이름"(김소월 〈초혼〉), "비난수하는 마음"(김소월 〈비난수하는 맘〉), "초록이 지쳐"(서정주, 〈푸르른 날〉), "약든 가슴"(고려가요 〈만전춘별사〉) 같은 시적 표현들은 직접 민족문화적 함의를 드러내지는 않는다. 그러나 우리는 그 아름다운 표현 안에 들어 있는 민족의 심성을 짐작할 수 있다. 소설의 경우 그러한 짐작이 한층 용이하다. 〈심청전〉이나 〈흥보전〉은 조선시대 판소리계 소설이다. 민족적 함의를 지닌 세부로 이미 가득한 작품이지만, 그뿐 아니라 이야기 구조, 등장인물의 언행, 결말을 짓는 방식 등에서도 우리 민족의 심성이나 소망이 강하게 반영되어 있다.

소설의 결말과 관련하여 한 가지 예를 들자면, 자기만 잘 되면 되지 나쁜 놈을 벌하거나 복수하는 일은 별로 중요하지 않게 생각하는 심성이다. 〈흥보전〉의 놀부는, 판본에 따라 차이는 있지만 별로 벌을 받지 않고 끝나며, 〈춘향전〉에서 변사또에 대한 징벌도 대충 다루어진다. 복수나 징벌보다 고난의 시간이 끝나고 결말을 장식하는 것은 한결같이 흥겹고 행복한 잔치판이다. 〈심청전〉에서는 전국 봉사대회가 열려 수많은 봉사들이 눈을 뜬다. 〈흥보전〉에서는 흥보 가족이 타는 박 속에서 온갖 보화가 쏟아진다. 〈춘향전〉에서는 어사가 나타나 주인공과 백성들을 모두 행복하게 만든다. 이러한 심성들도 민족문화적 교양의 주요 부분일 것이며, 이러한 부분은 국어 교과 밖에서는 배우기 난처한 것이 아닌가 한다.

6. 국어교육과 보완적 교양

교육과정을 구성하는 데 가장 어려운 문제의 하나는 무엇을 우선해서 가르칠 것인가를 정하는 일이다. 알면 좋은 것이라고 다 교육과정에 넣을 수는 없다. 무엇을 가르치고 무엇을 가르치지 않을 것인가를 선택하는 것은 항상 어려운 문제이다. 그리고 제도의 성격상 한번 선택된 것을 선택에서 제외하는 일에는 상당한 반발이 따른다. 그래서 과목도 늘고 내용도 늘어간다.

일반적으로 과목의 분화와 증가는 전체적으로 더 많은 영역을 포괄하는 효과보다는 특정 영역을 심화하고 대신 소외 영역이 더 많이 생겨나는 효과를 낳는다. 국어 과목에서 문학이나 독서나 고전 같은 과목을 분화시키면 그것들이 국어라는 한 과목 속에서 통합적으로 존재할 때보다 소외되는 영역이 많아진다. 이것을 전문화의 아이러니라고 할 수 있다.

중등학교 교육과정에서도 특정 과목에서 다루기 곤란하거나 애매하여 소외된 영역들이 있을 것이다. 이러한 현상은 교육 시스템이 정교해지고 강화되어 과목 간 경계가 뚜렷해질수록 심해진다. 이 문제에 대하여 현재 우리 사회 혹은 교육계가 대처하는 방식은 그 필요성이 제기될 때마다 과목을 새로 만드는 것이다. 성교육이 필요하면 성교육 프로그램이나 과목을 만들고, 경제교육이 필요하면 그러한 프로그램이나 과목을 만들고, 환경교육이 필요하면 또 그렇게 한다. 그러나 이러한 대증적(對症的), 즉흥적 방식이 바람직한 결과로 이어지기는 어려워 보인다.

이와 관련하여 국어교육은 두 가지 역할을 할 수 있다. 하나는 바탕교육으로서의 국어교육이다. 환경 문제와 관련하여 생각해 보면, 환경 위기에서 중요한 것은 환경 의식의 고취이다. 환경 의식은 사람들의 심성 속에 자연스레 녹아있을 때가 가장 바람직하다. 환경이라는 의식이 없더라도 생명을 존중하고 모든 존재를 소중히 여기고 아끼는 마음과 태도가 있다면 오히려 그것이 환경의식의 바람직한 모습이다. 많은 훌륭한 문학작품은 생명에 대한 외경과 존재에 대한 겸손과 애정이 바탕이 된다. 가령 봄의 꽃밭의 아름다움을 노래한 서정주의 〈상리과원〉 같은 시는 자연과 생명의 찬란한 기쁨을 기리는 노래다. 〈상리과원〉에서 노래하고 있는 마음은 그 자체로 환경의식의 튼튼한 바탕이다. 즉 국어교육으로서 〈상리과원〉 읽기는 명시적이고 전문화된 환경 교육보다 더 환경교육적일 수 있다.

다른 하나는 보완적 교양으로서의 국어교육이다. 국어교육은 매우 큰 포용력으로 교양교육적 요구에 부응할 수 있다. 이러한 국어교육의 교양적 역할은 교양과목들이 분화되고 국어교육이 담당하는 교양의 영역이 줄더라도 그대로이다. 교양의 경계가 교양의 실질을 전부 아우르지 못하고 오히려 교양에서 소외되는 영역이 많이 존재하기 때문이다. 국어교육은 이러한 영역을 두루 수용할 수 있다. 성인지 감수성이나 남녀평등에 관한 좋은 글을 배울 수도 있고, 인간 본성에 관한 좋은 글이나 인공지능의 마음 문제에 관한 좋은 글도 배울 수 있다. 국어교육에서 보완적으로 다룰 수 있는 교양의 영역은 다양하고도 넓다. '한옥의 아름다움', '삼국유사 이야기', '현대사회와 지구촌', '과학과 미신', '성선설과 성악설' 등과 같은 주제들도 국어교육에 포함할 수 있는 보완적 교양들이다.

한 가지 유념할 점은 중등학교 교육은 보통 교육이라는 것이다. 협소하게 설정된 심화과목들은 보통 교육의 이념과 어울리지 않는다. 중등학교의 모든 교과는 보통 교육이어야 하며, 한정된 과목에서 포괄하지 못하는 '보통의 교양 영역'은 국어교육에서 통합적으로 다루어질 수 있다. 국어교육은 이러한 역할에 적합하다.

7. 교양교육으로서의 국어교육

언어 기능 그 너머에 있는 언어의 영역, 즉 세계의 모습과 경험을 추체험할 수 있는 언어공간을 통틀어 교양이라고 말할 수도 있을지도 모른다. 앞서 언급했지만, 높고 깊은 수준의 의사소통을 위해서는 높고 깊은 수준의 교양 또는 지적 사유적 능력이 전제되어야 한다. 결국 언어 교육이 심화단계로 가면 언어 기능 교육보다 교양교육의 성격을 더 많이 띠게 된다. 국어교육의 상당 부분은 이미 교양교육이다.

20세기 한국에서 국어교육은 대학에서도 중요한 것이었다. '대학국어' 또는 '교양국어'라는 이름으로 모든 대학생의 필수 교양과목이었으며, 그 내용은 주로 다양한 주제를 지닌 고금의 명문들로 구성되었다. 문학이 중심이긴 했지만, 문화 전반에 대한 이해나 역사와 철학적 사유를 담은 글들도 적지 않았다. 그것은 '교양국어'라는 과목명에서 드러나듯 대학생으로서 지성인으로서 지녀야 할 교양을 제공하는 것이 주된 목표였다고 할 수 있다.

그러나 20세기가 끝날 무렵 대학에서의 국어교육은 큰 변화를 맞는다. 필수 교양이던 '대학국어' 과목이 시대의 도전에 직면하여 위상이 점차 약화된 것이다. 오늘날 국어교육은 필수 교양으로서 대학생들의 교양교육을 책임질 필요가 이전보다 크게 줄어들었다. 그 이유는 사회가 복잡해지고 학문이 세분화됨에 따라 과거 통합적인 교양에 속하던 분야들이 독립하여 새로운 전공 분야가 되었기 때문이다. 여기에 더하여, 대학이 팽창하면서 교양이라는 범주하에 각양각색의 수업이 개설되어 대학생들의 교양교육을 담당하게 된 점도 언급할 수 있다. 말하자면 이전에는 '대학국어'에 포함될 수 있었던 영화나 신문 또는 사상이나 환경에 관한 내용들이 각각 전문 영역이 되고, 그 내용 또한 다른 여러 교양 수업에서 다룰 일이 되면서 '대학국어' 자체의 역할과 몫은 축소된 것이다. 이후 대학의 국어교육은 '사고와 표현' 등의 이름으로 바뀌어 글쓰기와 논리 교육에 치중하는 식으로 변화한다.

전문 교육기관인 대학에서의 국어교육이 그 교양교육적 기능을 새로 만들어지는 다양한 과목에 맡기고 대신 학문 연구의 기초가 되는 '논리적 글쓰기' 교육에 집중하는 것은 바람직한 변화로 보인다. 그러나 보통 교육기관인 중등학교에서의 국어교육이 세분화되고 그에 따라 교양교육적 기능이 약화되는 상황은 반성과 재고의 여지가 있다. 현재 고등학교 국어교육은 1학년에서만 배운다. 2학년부터는 '문학', '독서', '화법과 작문', '언어와 매체'라는 심화과목 중 일부를 선택하여 배운다. 이러한 분화, 심화된 과목들이 국어교육의 교양교육적 기능을 대신할 수 있을 것인가. 국어교육의 통합적 교양교육이 지금과 같은 심화과목들로 분류되거나 묶일 수 있는지도 의문이 든다.

앞서 언급했듯이 모국어를 배우는 능력은 본능과 같은 것이므로 따로 교육할 필요가 없다. 그리고 국어를 말하고 듣는 것 자체가 국어교육의 목적일 수도 없다. 엄밀하게 말하여 국어 기능은 더 중요하고 근본적인 목적을 위한 수단이 될 뿐이다. 그 수단을 수월하고 정확하게 사용하여 세계를 배우고 의사소통을 잘하는 것이 국어교육의 궁극적인 목적이다. 이와 관련하여 우리는 한국어가 28개 자음과 모음의 규칙적 조합에 그치는 것이 아니라 한국어의 글과 말로 표현된 모든 것의 총화가 곧 한국어라는 관점을 존중할 필요가 있다. 즉 국어교육은 28개의 자음과 모음의 규칙적 조합 방법을 배우는 것을 넘어서 수천 년 동안 한국어로 표현된 지식과 문화와 사유의 총화를 섭렵해 가는 먼먼 과정이라고 할 수 있을 것이다.

결국 한국어로 된 교재를 가지고 하는 모든 공부는 일종의 국어교육이라고 할 수 있다. 그러나 국어교육의 범주를 무한정 넓게 잡을 수는 없는 만큼, 다른 특정 과목이 포괄하지 못하는 영역에 대한 통합적 교육을 국어교육이라고 할 수 있으며, 이러한 국어교육은 교양과 밀접하게 관련된다. 이 점이 중등학교 국어교육의 기본 성격이 되어야 할 것이다.

국어교육을 이처럼 통합적이고 느슨한 범주로 생각하는 것은, 국어교육의 정체성을 약화시킨다는 비판이 있을 수 있다. 그러나 통합적이고 느슨한 범주가 오히려 국어교육의 강한 정체성이 될 수도 있다. 이러한 국어교육의 정체성은 언어 기능 그 너머로 나아가, 도구적 교양과 내면적 교양과 민족문화적 교양 그리고 보완적 교양까지 포괄함으로써 가능하다. 이 4가지 교양교육의 범주조차도 서로 중복되고 느슨한 경계를 지닌 것이다. 국어교육이 정말 중요한 것이 되는 것은 국어교육에 대한 이러한 이해의 지평 위에서일 것이다. 국어교육은, 학년이 높아질수록 언어 기능 그 너머의 영역으로 나아가 한국어로 쓰인 다양한 주제의 좋은 글을 읽고 배우는 일과 글쓰기 공부를 근간으로 하여야 한다. 전문 교육기관인 대학에서는 '교양국어'가 없어졌지만, 보통 교육기관인 중등학교에서는 여전히 국어교육이 필수 교양교육이 되어야 할 것이며 나아가 국어교육의 교양교육적 성격이 보다 강화되고 중시되어야 할 것이다.

중등 국어교육에서 교양의 위상과 가치

정재림

'국어교육은 왜 하는가?'
다른 모든 근원적인 질문과 마찬가지로
이 질문도 수시로 제기되어
국어교육의 이념을 신선하게 유지해야 한다.
—이남호

1. 들어가며

교양은 교육의 장(場)에서 자주 접하게 되는 용어이다. 하지만 용어가 사용되는 상황과 맥락에 따라, 교양은 상당히 다른 의미를 갖는다. 어떤 맥락에서는 교육과 거의 동일한 개념으로 사용되기도 하고, 어떤 상황에서는 인문학 중심의 고전 교육이라는 제한된 용법으로 쓰이기도 한다. 이는 독일어 'Bildung'이 일본어 교양(教養)으로 번역되었다가, 다시 우리나라 교육계에 정착하는 과정에서 여러 의미가 덧입혀졌기 때문으로 보인다.

본 연구는 중등 국어교육에서 교양이 갖는 의미와 가치를 살펴보는 데 목적을 둔다. 대학에는 교양교육 과정이 존재하는 만큼, 교양 및 교양교육에 대한 논의가 활발하게 이루어져 온 것이 사실이다. 대학 교양교육은 전공 지식과 교양 지식의 균형과 역할, 교양교육의 가치와 목적에 대해 많은 고민과 논의를 해왔다. 대학 교육과 비교할 때, 우리나라 중등 교육에서는 교양에 대한 관심이 상대적으로 적었던 것으로 보인다. 하지만 공교육의 지향성을 보여주는 국어과 교육과정 문서에서는 교양에 대한 언급이 드물지 않게 확인된다. "문화적 교양", "중견 국민으로서의 교양"(1

차, 2차 교육과정), “문화적 소양과 다원적 가치에 대한 이해를 바탕으로 인류 문화를 향유하고 발전시키는 교양 있는 사람”(2015개정 교육과정) 등이 이러한 예이다.

이 글은 국어과 교육과정과 국어교육사를 중심으로 하여, 중등 국어교육에서 교양이 어떠한 위상과 가치를 부여받아 왔는지 검토하고자 한다. 교양이라는 키워드를 중심으로 국어교육을 반추함으로써 국어교육의 정체성을 재고하는 것이 가능하리라고 기대하기 때문이다. 먼저, 교양의 개념과 국어교육사의 흐름을 살펴보고, 국어과 교육과정 시기별 교양의 위상과 의미를 검토할 것이다. 이를 토대로 하여, 미래지향적인 국어교육의 모습과 지향점을 고찰하고자 한다.

2. 교양의 개념과 국어교육의 정체성

2.1. 교양·교양교육의 개념과 의미

《표준국어대사전》에 의하면, ‘교양’은 다음과 같이 풀이된다.[1]

〈명사〉 〈1〉 가르치어 기름.
〈2〉 학문, 지식, 사회생활을 바탕으로 이루어지는 품위. 또는 문화에 대한 폭넓은 지식.

---

1 ‘교양’과 유사한 의미를 갖는 용어로 ‘도야’, ‘소양’을 들 수 있다.
- **도야** 〈명사〉 〈1〉 도기를 만드는 일과 쇠를 주조하는 일. 또는 그런 일을 하는 사람. 〈2〉 훌륭한 사람이 되도록 몸과 마음을 닦아 기름을 비유적으로 이르는 말.
- **소양** 〈명사〉 평소 닦아 놓은 학문이나 지식.

'가르치어 기름'이라는 첫 번째 풀이가 '교육'과 거의 유사한 의미를 갖는다면, 두 번째 풀이인 '품위' 또는 '폭넓은 지식'은 교양인에게 요구되는 자질이나 능력을 뜻한다. 중등 국어교육에서의 교양이 갖는 의미와 가치를 논구하기 위해서는 적어도 세 가지 측면에서 교양의 의미를 검토할 필요가 있다. 교육학에서의 교양, 대학 교양교육에서의 교양, 그리고 우리나라 1950–70년대 문화적 특징으로서의 교양주의가 그것이다.

교양의 개념과 정의에 대해서는 교육학자 사이에 이견이 존재하지만, 학자들은 교양이라는 용어가 독일어 'Bildung'에서 유래하였으며 일본을 거쳐 우리나라 교육학계에 정착하게 되었다는 점에는 일치된 의견을 보인다(안성찬 2009, 이명실 2017, 백승수 2019). 정영근(1996, 21–22)은 Bildung이 18세기 후반 독일에서 일어난 신인본주의 사상에 의해 주창된 이념으로, "인간이 자신의 고유한 모습을 추구하고 획득하는 과정", "개별적 인격으로서의 인간이 자기 자신의 고유함을 형성해 가는 과정"으로 이해된다고 설명한다.

화이트헤드(2004, 37)는 교양과 단편 지식을 구분하며 단지 박식한 사람은 가장 쓸모없는 사람이라고 단언하며, 학교교육이 삶의 흐름과 연관되지 않는 '생기없는 관념(inert idea)'을 주입하는 데 치우쳐있다고 비판한다. 그에 따르면, "교양이란 사고력의 활동", "아름다움과 인도적 감정(人道的 感情, 자비심, humane feeling)에 민감한 감수성"이며, 교육의 의무는 "교양과 특수 영역의 전문 지식을 겸비한 인간"을 길러내는 것이라고 역설한다. 백승수(2019, 145)는 신인본주의 시대 교양은 "빌둥의 인간 형성, 도야, '인간 능력의 조화로운 발달'의 의미를 강하게 함의하고 있었으며, 훔볼트가 강조한 '교양과 학문의 일치'를 추구하는 경향"이 있었다고 설명한다. 그는 교양 및 교양교육의 번역과 관련한 난맥상을 정리하며, 교양교육이 '자유 강조형 교양교육', '인문 강조형 교양교육', '기초 강조형 교양교육' 등의 의미로 사용되면서 정체성의 혼란을 초래하고 있다고 지적하였다.

또 하나 주목할 만한 사실은 신자유주의적 자본주의 체제하에서 교양교육에 대한 시선이 이중적이라는 점이다. 교양 및 교양교육이 비실용적이라고 비판되는가 하면, 교양교육이 융복합 시대를 선도할 대안처럼 고평되기도 한다. 어떤 관점에서 보면 교양에 대한 관심이 저하되고 교양교육이 추락한 것처럼 보이고, 어떤 면에서 보면 교양교육이 부흥을 맞이한 것처럼 보인다(김건우 2018). 홍은영(2015, 195-196)은 교양의 가치와 위상에 대한 모순된 관점이 교양교육에 내재된 아이러니와 모순으로부터 기인한다고 지적한다. "교양교육은 체제의 요구에 순응하여 실용적인 지식과 능력을 전달하는 방향으로 계속해서 나아가야 하는가 아니면 (그럼에도 불구하고) 인문학 본래의 보편적 이상을 척도로 삼아 성숙한 인간을 양성하는 방향을 고수해 나아가야 하는가"라고 질문하며, 교양교육이 "비판적 사고, 주체성, 창의성, 인간성 등과 같은 인류의 보편적 가치"를 지향하지만 동시에 "자신의 의도와는 반대로 오히려 자본주의 체제의 재생산에 관련"되기 쉽다는 것이다.

박영주(2017, 300)는 대학 안에서는 인문학(교양)이 위축되고, 대학 밖에서는 인문학(교양)이 대중적 인기와 관심을 끌게 된 것이 역설임을 지적하면서, 교양과 인문학이 전인교육을 목적으로 하며 "인간 자신과 세상에 대한 이해, 사람다운 삶에 대한 부단한 성찰, 그 성찰의 결과를 실천하는 학문"임을 강조한다. 즉 교양과 인문학이 "스스로 생각하는 법, 스스로 느끼는 법을 가르치고 배우는 학문"이며 "이러한 학문을 이수하면서 자신의 인생을 주체적으로 주도할 수 있는 능력"을 기르게 된다는 것이다. 교양교육은 '자신, 타자, 세계에 대한 이해, 인간다운 사람에 대한 성찰'을 목표로 하며, 교양교육이 추구하는 인간상은 '자기 인생과 세상을 주체적으로 주도하는 사람'이라고 요약해 볼 수 있다(박영주 2017; 손동현 2019). 그런데 이렇게 규정되는 교양교육의 목표는 중등 국어교육의 목표 및 추구하는 인간상과 먼 거리에 있지 않다. 차이점이 있다면, 국어교육에서는 '언어 활동'을 중심으로 하여 이와 같은 목표를 성취하고자 한다는 데에 있을 것이다.

중등 국어교육에서의 교양 논의는 교육학계와 대학 교양교육의 교양 담론으로부터 적지 않은 영향을 받은 것으로 보인다. 그런데 교육학계, 대학 교양교육 외에 1950–70년대 지성계, 문학 · 문화계에 형성되었던 교양 및 교양주의 담론이 국어교육에 직 · 간접적인 영향을 미쳤을 가능성도 배제할 수는 없다. 최기숙(2010, 136–137)은 1950년대 교양(교육)을 제도적 차원과 대중적, 문화적 활동으로 나누어 이해할 필요가 있다고 주장한다. 1950년대 대학에 교양교육 과정이 제도적, 학제적으로 정착되었으나, 대학 교양 과목 편제 차원에서의 교양은 "전공 공부를 이수하기 위한 도구 획득으로서의 외국어 소통 능력 및 배경 지식"인 '교양 知'의 섭렵으로 축소되었고, 다른 한편 "학생들은 생활적 차원에서 독서와 문화 향유, 사회 참여의 형태로 대학생의 교양을 문화적으로 형성하고 실천하며 확산해가는 경향성"을 보였다고 분석하였다.

천정환(2009) 또한 1950년대 후반부터 '교양', '교양주의'가 우리나라 문화의 핵심 키워드로 떠올랐으며, 이 영향으로 교양을 표제로 한 전집 · 총서 · 신서 등이 출간되었고 교양주의의 새로운 국면이 시작되었다고 지적한다. 천정환(2011)은 1960–70년대에는 미국 자유교양운동을 수입하여 우리나라에 자유교양운동이 일어나게 되었으며, 이것이 1960년대 독서문화의 형성에 영향을 끼쳤다고 설명한다. 교양과 고전을 연결시키는 사고, 고전을 읽는 것을 '교양의 핵심'이자 '인문주의의 중핵'으로 보는 담론도 이 시기에 형성되었다고 말한다. 한국 지성계, 문화 · 문학계에 교양, 교양주의 담론이 떠오른 1950–70년대는 1차 교육과정(1955), 2차 교육과정(1963), 3차 교육과정(1973) 시기로, 국어과 교육과정에서 보편적, 일반적 '교양'이 국어교육의 목표로 강조되었던 시기와 일치한다는 점에 주목할 필요가 있다.

2.2. 국어교육의 성격과 목표에 대한 담론들

'국어교육은 무엇인가', '국어교육은 왜 필요한가'와 관련해서는 상이하고 다양한 견해가 공존해 왔는데, 이는 근본적으로 언어에 대한 관점, 언어교육의 역할에 대한 견해 차이에서 비롯된다고 하겠다. 국어교육사에서 언어와 언어교육의 역할에 대한 대표적인 관점으로 도구적 관점, 사고력 관점, 문화주의 관점, 고급언어능력 관점 등을 들 수 있다. 우리나라 국어과 교육과정을 살펴보면, 국어교육의 목표, 성격, 내용, 방법 등이 교육과정 시기별로 변해왔다는 것을 확인할 수 있다. 국어과 교육과정의 역사를 정리하는 방법은 여러 가지일 수 있지만, 대부분의 연구자들은 5차 교육과정이 국어교육의 성격 및 내용에 큰 변화를 가져온 시기라는 평가를 내놓는다(한철우 2004; 이남호 2011; 김창원 2013).

이남호(2011; 2014)는 20세기 전반 국어교육은 근대 민족국가의 형성과 밀접한 관련을 가지며, 1차~3차 국어과 교육과정 또한 20세기 전반 국어교육의 이념을 대체적으로 따르고 있다고 평가한다. 즉 국어교육의 목표를 "국민들이 효과적으로 언어(한국어)를 사용할 수 있게 하는 것", "국민들에게 우리 문화에 대한 소양과 자긍심을 심어주는 것"(2011, 5)으로 보았다는 것이다. 그런데 4차 교육과정 이후 국어교육의 목표가 명료화, 구체화되었으며, 이로 인해 '중견 국민의 교양', '민족문화에 대한 소양과 자긍심'이라는 추상적 목표가 보이지 않게 되었다고 설명한다. 특히, 이남호(2014)는 5차 교육과정이 국어과가 내용 중심의 교과에서 기능 중심으로 변하는 분수령이 되었다고 지적한다. 이때를 기점으로 국어교육의 영역 세분화와 공고화가 이루어지고, 정신과 내면의 형성이라는 목표를 지향했던 국어과의 폭이 좁아지는 결과가 초래되었다고 평가한다. 국어교육의 일차적 목표가 국어로 된 담화와 텍스트를 이해하고 표현하는 능력의 신장에 있는 것이 사실이긴 하지만, 언어 기능에 대한 지나친 강조가 오히려 균형 있는 국어교육을 어렵게 하였다는 지적이다.

한철우(2004)는 언어 사용 기능을 국어과의 핵으로 하고 언어와 문학을 부(副)로 해야 한다는 5차 교육과정의 입장을 비판적으로 성찰하며, 6차, 7차 교육과정의 의의를 '문자를 읽고 쓸 수 있는 기초 기능'을 넘어서서 '고등 정신 기능' 신장에 국어교육의 궁극적 목표를 두고자 했다는 점에서 찾았다.[2] 기초 문해력을 넘어서는 고등 정신 기능과 문화 능력이 강조됨에 따라, 국어교육의 목표를 사고력 신장에 두는 사고력 관점의 접근, 문법과 문학의 특성을 국어문화로 묶는 문화적 관점 등이 대두되기도 하였다.[3] 주목할 만한 또 하나의 사항은 분절적 국어교육에 대한 대안으로 통합적 국어교육이 다시 강조되었다는 것이다. 4차, 5차 교육과정 이후 국어교육의 영역이 기능, 문법, 문학으로 분화되고, 국어국문학과 차별되는 학문적 특수성을 확보하게 된 것이 사실이다. 하지만 국어교육학의 고유하고 특수한 정체성을 추구하는 과정에서 '영역주의'(이삼형 2012), '과목주의'(남민우 2015)의 폐해가 생겨났다. 분절적 국어교육의 한계와 문제점을 지적하는 연구자들은 국어교육이 영역을 넘어선 통합교육 또는 융합교육을 지향해야 한다고 역설한다(이삼형 2012; 남민우 2015; 이성영 2019).

---

2 한철우(2004)는 언어 기능, 문법, 문학의 독자성을 인정하는 느슨한 형태의 통합을 지지한다. 그는 4차 교육과정 이전의 교육과정은 '가치관 교육', '교양 교육'의 성격을 띠고 있어 '언어 능력에 대한 교육'을 소홀히 하였다고 평가한다. 하지만 언어 기능 중심의 교육이 행동주의 심리학에 기반한 기능 중심 교육으로 치우치는 폐해를 보였으며, 7차 교육과정은 이를 보완하는 입장이라고 본다.

3 윤여탁(2015)은 국어교과의 네 가지 특성을 '도구 교과', '문화 교과', '이념적 교과(비판적 사고 능력)', '예술 교과'로 정리하였다.

3. 국어과 교육과정 시기별 교양의 위상과 의미

본 장에서는 1차 국어과 교육과정~2015개정 국어과 교육과정에서 교양이라는 용어가 등장하는 대목을 확인하며, 중등 국어교육에서 교양이 차지하는 위상과 의미를 검토하고자 한다.

1차 교육과정

1차 교육과정에서는 '국민학교 교육의 목표와 국어 교육', '고등학교 국어의 목적'에서 교양이라는 용어가 확인된다.

> 국어 교육의 사명은 첫째 학습자의 언어 능력을 발달시켜서 모든 학습을 원만히 하며, 둘째로 국어 문화를 전달하여 문화적 교양을 섭취케 하며, 셋째로 언어 생활을 개선 향상케 하는 데 있다. (국민학교 교육과정, 밑줄은 인용자)[4]

교육과정은 국민학교 국어과 목표를 세 가지로 서술하고 있는데, '언어 능력의 발달', '언어 생활의 개선'과 함께 '국어 문화를 전달하여 문화적 교양을 섭취하게 하는 것'을 목표로 제시하였다.

> 고등학교 국어 교육에도 반영되어야 할 것으로 고등학교 국어과 학습의 목표는 사회적인 요구에 적합한 것이어야 하며, 개인적인 언어생활의 기능을 쌓는 것이어야 하며, 중견 국민으로서의 교양을 갖추는 것이 되어야 할 것이다. (고등학교 교육과정, 밑줄은 인용자)

4 교육과정은 '국가교육과정정보센터(http://www.ncic.go.kr/)'에서 인용하였다.

중학교 교육과정에는 교양에 대한 별도의 언급이 없지만, 고등학교 교육과정에서는 교양이 여러 차례 등장하고 있다. 고등학교 교육과정에서는 언어 기능의 향상과 더불어 '중견 국민으로서의 교양'이 국어과의 중요 목표임을 분명히 하고 있다. 국어과에서 강조하는 '중견 국민으로서의 교양'의 의미가 무엇인지는 이어지는 설명에서 확인할 수 있다.

> 끝으로 중견 국민으로서의 교양이라 함은 언어생활에 관한 교양을 말하는 것으로, 이를 언어 사용에 관한 면과, 문학을 감상하고 이해하는 면으로 나누어 생각할 수 있다. 언어 사용에 나타나는 교양이란 국어를 정확하고 품위 있게 사용하는 것이므로 길게 설명할 필요가 없을 것이나, 문학을 바르게 이해하고 감상한다는 것은 그것이 특히 고등학교 국어과 학습에서 중요하게 다루어질 성질의 것이기 때문에, 철저한 지도가 있어야 할 것이다. 학생들 개개인의 소질과 취미에 따라서는 문학을 즐기는 학생과 그렇지 아니한 학생과의 구별이 생길 수 있을 것이나, 문학 및 예술이 인간 생활을 화락하고 명랑하게 하는 것임을 생각할 때, 어느 정도의 기초적인 이해와 감상의 태도 및 능력이 모든 학생에게 갖추어져야 할 것이다. 문학을 모르는 메마른 심정에서 아름답고 거룩한 인간성을 찾아볼 수 없다고 하면, 중견 국민으로서의 교양을 위한 문학 지도는 상당히 중시되어야 할 것이다. (고등학교 교육과정, 밑줄은 인용자)

1차 교육과정은 중견 국민이 갖추어야 할 교양을 '언어생활에 관한 교양'이라고 말하며, 이를 '언어 사용에 대한 교양'과 '문학에 대한 교양'으로 나누어 설명한다. 교양을 '언어 사용에 대한 교양'과 '문학과 관련한 교양'으로 나누는 이 구분은, 이후 국어과 교육과정에서 교양을 나누는 큰 틀로 계승된다는 점에서 주목할 만하다. 언어 사용과 관련한 교양은 '국어를 정확하고 품위 있게 사용하는 것'을 의미하는 것으로, 문학과 관련한 교양은 '문학을 바르게 이해하고 감상하는 것'으로 설명된다. 특히, 1차 교육과정은 '문학과 관련한 교양'에 대해 상세한 설명과 강조를 덧붙이고 있어 주목을 요한다. 즉 '문학을 바르게 이해하고 감상하는 것'이 "고등학교 국어과 학습자에서 중요하게 다루어질 성질의 것"으로 "철저한 지도"가 있어야 함이 강조된다.

교육과정은 문학을 이해하고 감상하는 교양이 문학에 소질과 취미를 둔 학생에게만 필요한 것이 아니라고 설명하며, "문학 및 예술이 인간 생활을 화락하고 명랑하게 하는 것"이라는 문학의 의의와 가치를 강조하고, "어느 정도의 기초적인 이해와 감상의 태도 및 능력"이 모든 학생에게 필요함을 명시하고 있다. "문학을 모르는 메마른 심정에서 아름답고 거룩한 인간성을 찾아볼 수 없다", "중견 국민으로서의 교양을 위한 문학 지도가 중시되어야 한다"라고 강조하는 부분에서, 1차 국어과 교육과정이 지향하는 바가 언어 사용 능력의 향상뿐만 아니라 심성과 인격 형성까지를 포괄하고 있음을 짐작할 수 있다.[5]

2차 교육과정

2차 교육과정은 큰 틀에서 1차 교육과정과 그 흐름을 같이하며, 교양이 언급되는 부분도 거의 비슷하다. 2차 교육과정에서 교양에 대한 언급이 추가적으로 이루어지는 부분이 있는데, 이를 인용하면 아래와 같다.

---

5 이 시기 다른 과목 목표에서도 교양이라는 용어를 쉽게 찾아볼 수 있다. "고등학교 수학과는 수학과 일반 목표를 달성하는 데 있어, 중학교 수학 교육의 기초 위에 **교양으로서의 수학**을 지도하여, 수학을 좀 더 고도인 사회/생활 속에 활용시킬 수 있는 능력을 기르는 데 있다"(수학), "음악의 체험을 통하여 아름다운 정서와 인격을 갖춤으로써 **가정인, 사회인, 국제인으로서의 교양**을 높이고 애국 애족의 정신을 기름에 있다"(음악), "왜냐하면 고등 교육에 이를수록 외국어 지식이 가져오는 실용 가치와 **교양 가치**는 증대되는 것이기 때문이다"(영어) (1차 고등학교 교육과정, 밑줄은 인용자).

남의 의견을 존중하여 듣고, 자기 교양을 높이는 데에 힘쓰도록 한다. (국민 학교 6학년 듣기 학년 목표, 밑줄은 인용자)

세련된 국어의 교양을 쌓아 건전한 사상의 소유자로서 민주 생활을 개선할 수 있도록 한다. (고등학교 국어과의 목표, 밑줄은 인용자)

목적에 따라서 각종 서적을 선택하여 읽고, 교양을 높이며, 각종 참고서나, 문헌을 적절히 이용하는 태도를 양성하도록 한다. (고등학교 국어I 읽기 지도 목표, 밑줄은 인용자)

3차 교육과정

3차 교육과정에서 교양이라는 용어는 고등학교 목표 부분에서 한 차례 등장한다. 고등학교 국어과 목표를 인용하면 다음과 같다.

1. 교양 있는 생활에 필요한 국어 사용의 기능과 성실한 태도를 길러서, 효과적이고 품위 있는 언어 생활을 영위하게 한다.
2. 국어를 통하여 사고력, 판단력 및 창의력을 함양하고, 풍부한 정서와 아름다운 꿈을 길러서, 원만하고 유능한 개인이며, 건실한 중견 국민으로 자라게 한다.
3. 국어를 통하여 지식과 경험을 더욱 넓히고, 문제를 발견, 해결하는 힘을 길러서, 스스로 자기의 앞길을 개척하고, 사회 발전에 적응하며 나아가 이를 선도하는 데 참여하게 한다.
4. 국어와 국어로 표현된 문화를 깊이 사랑하고, 이에 대한 이해를 넓게 하여, 민족 문화 발전에 기여하게 한다.

1차, 2차 교육과정 국어과 목표와 비교해 보면, 3차 교육과정 고등학교의 목표 서술에 큰 변화가 없음을 알 수 있다. 하지만 교양이라는 표현이 자주 등장하던 1차, 2차 교육과정과 달리, 3차 교육과정에서는 교양이라는 용어가 문면에서 물러난 것으로 보인다. 첫 번째 목표인 "교양 있는 생활에 필요한 국어 사용의 기능과 성실한 태도를 길러서, 효과적이고 품위 있는 언어 생활을 영위하게 한다"는 1차, 2차 교육과정의 '언어 사용에 대한 교양'에 해당한다고 볼 수 있다.

표면적으로 보면 3차 교육과정에서는 교양의 다른 한 축을 이루었던 '문학에 대한 교양'이 나오지 않는 것처럼 보인다. 하지만 내용상 네 번째 목표 "국어와 국어로 표현된 문화를 깊이 사랑하고, 이에 대한 이해를 넓게 하여, 민족 문화 발전에 기여하게 한다"가 '문학에 대한 교양'에 해당한다고 볼 수 있다. 따라서 3차 교육과정에서는 1차, 2차 교육과정에서 '문학에 관한 교양'으로 칭해지던 것이 '국어 문화', '민족 문화'로 대체되고, 명시적인 교양은 국어 생활에 필요한 국어 사용 기능, 효과적이고 품위 있는 언어 생활 기능으로 제한되어 표현되는 것으로 볼 수 있다.

4차 교육과정

4차 교육과정 시기에는 목표 서술이 영역별로 이루어지는 특징을 보이는데,[6] 각 영역별로 기능 신장, 국어 발전, 민족 문화 발전이라는 용어가 사용된다. 교양이라는 용어는 다음과 같이 두 차례 등장한다.

글의 표현과 짜임을 바르게 이해하며, 교양에 필요한 책을 고루 읽게 한

---

6 4차 교육과정 고등학교 국어과 목표는 다음과 같다.
1) 말과 글을 통하여 사상과 감정을 창의적으로 표현하고, 비판적으로 이해하며, 합리적인 사고력과 판단력을 기른다.
2) 언어와 국어에 관한 체계적인 지식을 가지게 한다.
3) 문학에 관한 체계적인 지식을 습득시키고, 문학 감상력과 상상력을 기르며, 인간의 내면 세계를 이해하게 한다.

다. (중학교 2학년 목표)

교양에 필요한 책을 고루 찾아 읽는다. (중학교 2학년 독서 내용)

2007개정 교육과정

5차, 6차, 7차 교육과정에는 교양이라는 용어가 등장하지 않다가, 2007 개정 교육과정에서 교양이 다시 등장한다.

시사적 소재나 교양적 소재를 다룬 강연 (중학교 8학년 듣기 '담화의 수준과 범위', 밑줄은 인용자)

일상생활과 관련한 주제뿐만 아니라 사회적 쟁점이나 교양적 주제에 두루 관심을 가지고 접근할 수 있도록 다양한 담화 유형을 제공한다. (고등학교 화법 교수학습운용, 밑줄은 인용자)

'독서'는 국민 공통 기본 교육과정 '국어' 과목 중 '읽기' 영역의 내용을 심화ㆍ발전시킨 과목이다. 이 과목에서 학습자들은 독서에 대한 지식을 넓히고 독서 기능을 신장하며, 교양이나 학문, 직업, 여가 등 여러 가지 독서 목적에 따라 다양한 유형의 글을 풍부하게 읽어야 한다. (고등학교 독서 성격, 밑줄은 인용자)

독서를 통해서 여가를 즐기고 교양을 넓힌다. (고등학교 독서 세부내용, 밑줄은 인용자)

독서 지도를 위한 연간 계획을 수립하여 실천함으로써, 풍부한 교양을 쌓게 하고 독서를 생활화할 수 있는 자질을 형성하게 한다. (고등학교 독

서 교수학습방법, 밑줄은 인용자)

2007개정 교육과정에 등장하는 교양은 '문화적으로 폭넓은 지식'이라는 의미로 사용되는 경우가 많으며, '교양적 소재', '교양적 주제' 등 담화나 독서의 제재와 관련되어 있음이 특징이다. 특히, 독서 과목에서 여러 차례 등장하고 있다.

2009개정 교육과정

3차 교육과정~2007개정 교육과정에서 교양이라는 용어가 드물게 발견되는 것과 비교할 때, 2009개정 교육과정에서는 교양에 대한 언급이 증가함을 알 수 있다. 중학교 '듣기 · 말하기', '문법' 영역, '고등학교 국어I, II', '고전' 과목에서 교양이 자주 언급되는 것을 확인할 수 있다.

> **화법의 다양성을 이해하고 서로 다른 집단 간의 소통의 중요성을 안다.**
> 개인이 공적 상황에서 말을 할 때 다수의 국민이 소통하기에 편리한 표준어로 말하거나 언어 예절에 따라 표준 화법을 사용하는 것은 교양인의 중요한 화법 능력이다. 또한 지역 방언이나 사회 방언의 화법이 표준어나 표준 화법과 상호 보완적 관계에 있음도 이해하여야 한다. 개인이나 집단에서 화법의 차이가 때로는 사회적 갈등의 요인이 됨을 알고, 다양한 화법과 소통 방식의 차이를 이해하고 수용함으로써 교양인으로서의 문제 해결 능력을 높여야 한다. (중학교 듣기 · 말하기, 밑줄은 인용자)

> **어문 규범의 기본 원리와 내용을 이해한다.**
> 한글 맞춤법과 표준어 규정, 외래어 표기법과 국어의 로마자 표기법 등 주요 어문 규범의 기본 원리를 중요한 조항을 중심으로 탐구하고 규범을

벗어난 국어 사용의 사례를 찾아 바르게 고쳐 보는 활동을 하게 하되, 어문 규범을 알고 준수하는 것이 더 자유롭고 교양 있는 언어생활을 영위하는 길임을 인식하는 데까지 나아가도록 한다. (중학교 문법, 밑줄은 인용자)

위는 중학교 국어 '듣기 · 말하기', '문법' 영역에서 교양과 관련한 부분을 인용한 것이다. 교육과정에서 '표준어 사용', '표준 화법 사용', '어문 규범의 준수' 등을 교양인의 조건으로 제시하고 있어 눈길을 끈다.[7] 표준어, 표준 화법, 어문 규범과 같은 표준 언어의 사용과 준수를 교양 있는 사람의 요건 및 태도로 보는 규범적 언어관이 엿보이는 부분이다.[8]

고등학교 '국어I', '국어II' 과목에서도 '교양', '교양인'에 대한 강조가 확인된다. '국어I', '국어II'는 "**건전한 교양인**으로서 갖추어야 할 일반적인 국어 능력" 신장, "성숙한 민주 시민으로서 갖추어야 할 **심화된 교양 수준**의 국어생활"의 영위를 목표로 내세우고 있다. 다음은 '국어I', '국어II' 문법 영역 성취기준에서 인용한 것이다.

---

7 표기나 발음 등 언어 규범과 관련한 내용을 비슷하게 다루고 있는 2009개정 교육과정과 2015개정 교육과정의 서술을 비교해 보면, 2009개정 교육과정의 독특성이 확인된다. 2009개정 교육과정에서는 어문 규범을 알고 준수하는 것을 '더 자유롭고 교양 있는 언어생활의 영위'라고 표현하였지만, 2015개정 교육과정에서는 '학습자들의 언어생활을 개선', '단어를 올바르게 발음하고 표기하는 태도'를 언급하는 데서 그친다(2015개정 교육과정 성취기준 "[9국04-03] 단어를 정확하게 발음하고 표기한다. 이 성취기준은 국어생활에서 발화나 문장의 기본적인 단위인 단어의 발음 원리와 표기 원리를 익혀 실제의 국어생활에 적용하는 능력을 기르기 위해 설정하였다. 단어의 올바른 발음ㆍ표기의 원칙은 어문 규정에 명시되어 있는데, 표준어 규정 중 제2부 '표준 발음법'의 제2장과 제4장에서 학습자가 자주 틀리는 잘못된 발음이나 잘못된 표기를 중점적으로 다루어 학습자들의 언어생활을 개선하도록 하며, 단어를 올바르게 발음하고 표기하는 태도를 기르도록 안내한다.").

8 예컨대, '순화된 점잖은 말'의 사용을 교양 있는 사람의 기준(박갑수 1992), '표준어를 바르게 사용하는 것'이 교양인으로서 갖추어야 할 덕목이자 국민의 의무(최혜원 1999)로 보는 규범적 언어관에 가까운 것이다.

음운과 음운 체계를 이해하고 교양 있는 발음 생활에 대해 알아본다.
의미를 구분하는 최소 단위인 음운과 그 음운들이 지니는 체계를 이해할 필요가 있다. (…) 이러한 음운 체계의 이해를 토대로 주변에서 발음 생활을 본받고 싶은 사람들을 찾아보고 교양 있는 발음 생활의 방법에 대하여 알아본다. (국어I, 밑줄은 인용자)

한글 맞춤법의 원리와 내용을 알고 교양 있는 표기 생활에 대해 알아본다.
한글 맞춤법의 원리와 내용을 종합적으로 이해함으로써 학습자는 정확한 문자 생활을 할 수 있다. 소리대로 적되 어법에 맞도록 적는다는 한글 맞춤법의 기본 원리에 대한 이해를 바탕으로 하여 실제 국어 생활에서 한글 표기가 어떤 양상을 띠는지 탐구하여 교양 있는 표기 생활이 어떠해야 하는지 생각해 본다. 이를 교수·학습할 때는 실제 국어 자료를 사용하며, 맞춤법을 지키지 않음으로써 일어날 수 있는 불이익의 양상도 생각해 보며, 반대로 맞춤법에 맞는 교양 있는 표기 생활을 함으로써 얻게 되는 이점도 생각해 보도록 한다. (국어I, 밑줄은 인용자)

올바른 문장 표현과 효과적인 담화 표현의 양상을 탐구한다.
기본적인 문장 유형에 대한 이해를 바탕으로 올바른 문장 표현과 효과적인 담화 표현의 양상을 탐구한다. (…) 아울러 교양 있는 국어 생활을 위하여 올바른 문장 표현과 효과적인 담화 표현이 지녀야 하는 요소들을 생각해 볼 수도 있다. (국어II, 밑줄은 인용자)

위 성취기준의 내용은 정확한 발음과 표기를 강조하고 있으며, 이를 '교양 있는 국어 생활'로 설명하는 특징을 보인다. 2015개정 교육과정과 유사한 내용을 담고 있는 부분을 보면,[9] 2009개정 교육과정 성취기준에서 일컫는 '교양 있는 표기', '교양 있는 발음', '교양 있는 국어 생활'이 '정확하고 올바른 발음과 표기 생활'을 뜻한다는 것을 알 수 있다. 2009개정 교육과정에서 규범에 맞는 정확하고 올바른 국어 생활이 교양인의 덕목으로 강조되는 현상은, 1차, 2차 교육과정 교양의 한 축이었던 '언어에 대한 교양'이 규범적인 측면에서 강조된 것이라고 평가할 수 있다.[10]

2009개정 국어과 교육과정에서 교양이 문법 영역에서만 강조된 것은 아니다. 2009개정 교육과정 시기에 새로 등장한 '고전' 과목에서 교양, 교양인이라는 용어가 빈번하게 발견되는데,[11] 이는 고전 과목의 지향이 교양 형성에 있음을 짐작하게 하는 대목이다. '고전' 과목은 "우리나라와 세계의 고전을 제재로 한 통합적인 국어 활동을 통해 교양인이 갖추어야 할 수준 높은 국어 능력을 심화하는 과목"으로 정의된다. 교양으로서의 고전 교육의 가치와 중요성, 제재 범위 등을 설명한 몇 군데를 인용하면 다음과 같다.

'고전'에서 학습자는 고전을 바탕으로 다양한 국어 활동을 함으로써 교양

9 2015개정 교육과정에서는 정확성을 강조하지만 이를 교양과 대응시키지는 않으며, 정확성뿐만 아니라 적절성, 창의성을 함께 강조한다는 차이가 있다. "[12언매02-11] 이 성취기준은 국어생활을 영위하는 과정에서 지켜야 할 국어 규범에 대한 이해를 심화함으로써 정확한 국어를 사용하는 태도를 기르기 위해 설정하였다. 규범은 언어 사용에서 지켜야 할 기준이 된다는 점에서 정확성을 요구하지만 구어와 문어, 문학어와 일상어, 표준어와 방언, 현실 공간과 가상 공간 등에서 사용의 적절성 수준이 다르다. 규범에 대한 심화된 이해를 통해 언어의 정확성뿐 아니라 적절성과 창의성에 주목하도록 한다."

10 신희성(2018)은 문법교육이 언어의 역동적인 모습에 주목하고, 문법 범주 관련 성취 기준이 '이해 → 이해 · 탐구 → 이해 · 탐구 · 활용'의 순서로 지식에 대한 학습 행위가 점차 확장되는 경향을 보인다고 분석하였다. 이와 같은 경향을 상기하면, 2009개정 교육과정 문법에서의 규범적 교양에 대한 강조는 일시적인 현상으로 보아야 할 듯하다. 후술하겠지만 문법교육에서의 교양은 언어 규범적인 측면으로 한정되기보다는 확장된 의미의 언어로서의 교양으로 접근되는 것이 더 바람직할 것으로 보인다.

11 교육과정 개발과정에서 고전 과목의 명칭이 '고전과 교양'이었다는 점(민현식 외 2011; 이재형 2013, 348 재인용)에서 알 수 있듯, 고전 과목의 목적은 교양의 형성에 있다고 하겠다.

인으로서의 국어 능력을 심화하고, 수준 높은 국어 활동이 바람직한 삶과 세계를 추구하는 데 중요한 역할을 함을 인식하게 된다. (고전, 밑줄은 인용자)

인문, 사회, 과학, 예술, 문학 등 다양한 분야의 고전을 읽는 경험을 통해 학습자는 인간으로서 갖추어야 할 수준 높은 교양을 가질 수 있으며, 성인이 되어 학문 활동이나 직업 활동 등을 하는 데 필요한 전문적이고 다양한 소양을 갖출 수 있다. (고전, 밑줄은 인용자)

인문, 사회, 과학, 예술, 문학 등 다양한 분야의 고전을 통한 교양 형성의 중요성을 인식한다. 교양은 균형 잡힌 사고와 온전한 인격을 갖추게 하여 삶을 정신적으로 풍요롭게 할 뿐만 아니라 새로운 통찰 능력을 갖게 한다. 인문, 사회, 과학, 예술, 문학 분야의 고전을 두루 접하면서 우리는 이러한 교양을 형성하게 되고, 어느 한쪽으로 치우친 지식이나 편향된 사고방식에서 벗어나 세계를 제대로 이해할 수 있게 된다. 다양한 분야의 고전을 통해 교양을 형성하는 일의 중요성과 가치를 인식하게 한다. (고전, 밑줄은 인용자)

독서 과목 또는 문학 과목과의 차별성이 적다는 비판도 있지만, 고전 과목은 통합적 국어활동을 통해 '수준 높은 국어 능력'과 '교양의 형성'을 목표로 하는 것으로, 고등학교 국어과 교육과정의 '종결 단계', '최종적인 단계'에 해당하는 것으로 평가된다(이재형 2013). 인문, 사회, 과학, 예술, 문학 등 다양한 분야의 동서양 고전을 직접 읽음으로써 '교양인으로서의 고급 국어 능력' 및 '문제해결능력'을 갖추게 하겠다는 고전 과목의 취지는 1차, 2차 교육과정의 '문학에 대한 교양'을 더욱 적극적으로 계승·확장한 것으로 평가할 수 있다.

2015개정 교육과정

2015개정 교육과정에는 총론 '추구하는 인간상'에서 교양이 다시 명시적으로 등장한다.[12]

> 우리나라의 교육은 홍익인간의 이념 아래 모든 국민으로 하여금 인격을 도야하고, 자주적 생활 능력과 민주 시민으로서 필요한 자질을 갖추게 함으로써 인간다운 삶을 영위하게 하고, 민주 국가의 발전과 인류 공영의 이상을 실현하는 데에 이바지하게 함을 목적으로 하고 있다.
>
> 이러한 교육 이념과 교육 목적을 바탕으로, 이 교육과정이 추구하는 인간상은 다음과 같다.
>
> 가. 전인적 성장을 바탕으로 자아정체성을 확립하고 자신의 진로와 삶을 개척하는 자주적인 사람
>
> 나. 기초 능력의 바탕 위에 다양한 발상과 도전으로 새로운 것을 창출하는 창의적인 사람
>
> **다. 문화적 소양과 다원적 가치에 대한 이해를 바탕으로 인류 문화를 향유하고 발전시키는 교양 있는 사람**
>
> 라. 공동체 의식을 가지고 세계와 소통하는 민주 시민으로서 배려와 나눔을 실천하는 더불어 사는 사람

2015개정 교육과정은 추구하는 인간상으로 '자주적인 사람', '창의적인

---

12 2009개정 교육과정 추구하는 인간상에는 교양이라는 용어가 등장하지 않는다. "문화적 소양과 다원적 가치에 대한 이해를 바탕으로 인류 문화를 향유하고 발전시키는 교양 있는 사람"이 "문화적 소양과 다원적 가치에 대한 이해를 바탕으로 품격 있는 삶을 영위하는 사람"으로 표현되어 있다. '문화적 소양, 다원적 가치에 대한 이해를 바탕으로 인류 문화를 향유하고 발전시키는 사람'을 2009개정 교육과정에서 '품격 있는 삶을 영위하는 사람'으로 표상했다면, 2015개정 교육과정에서는 '교양 있는 사람'으로 이름 붙인 것이다.

사람', '더불어 사는 사람'과 함께, "문화적 소양과 다원적 가치에 대한 이해를 바탕으로 인류 문화를 향유하고 발전시키는 **교양 있는 사람**"을 내세우고 있다. '고등학교 국어' 과목에서 교양, 교양인이 등장하는 대목을 몇 군데 인용하면 다음과 같다.

> 교양인으로서 갖추어야 할 듣기, 말하기에 대한 지식과 기능, 태도를 심화하는 데 중점을 두어 설정하였다. (국어 고등학교 1학년 듣기 · 말하기, 밑줄은 인용자)

> 문학이 언어 예술이자 사회, 문화적 소통 활동이라는 점을 이해하고 교양인으로서의 문학 능력을 갖추는 데 중점을 두어 설정하였다. (국어 고등학교 1학년 문학, 밑줄은 인용자)

특히, "일상생활 및 직업 생활에서 업무를 수행하는 데 필요한 실용적 국어 능력"의 신장을 목표로 하는 '실용 국어' 과목에서 교양, 교양인을 강조하고 있어 주목할 만하다.

> 자신이 속한 공동체의 의사소통 장면에 대해 단편적인 언어 행위를 넘어 의사소통의 문화 차원에서 바라보는 시각을 기르고 교양을 함양하는 데 주안점을 둔다. (실용 국어, 밑줄은 인용자)

> 독서나 글쓰기에 대한 지식 습득보다는 글을 즐겨 읽으며 자신의 생각을 써 보는 활동을 통해 개인의 삶을 성찰하고 교양을 기르는 데 중점을 둔다. (실용 국어, 밑줄은 인용자)

2009개정 교육과정 '고전' 과목은 2015개정 교육과정에서 '고전 읽기'

로 과목명이 변경되는데, "고전을 통해 수준 높은 교양을 갖추어 다양한 분야의 진로에 필요한 지혜와 소양을 함양"한다는 목적을 보면 과목의 성격이 유지되고 있음을 알 수 있다.

> 고전 읽기 활동을 통해 통합적인 국어 능력을 신장하고 교양을 함양하며 바람직한 인성을 기른다. (고전 읽기, 밑줄은 인용자)

> 고전에 대해 오래되고 어려우며 재미없는 책이라는 편견을 버리고, 인간과 세계에 대한 이해를 확대하고 교양을 넓히기 위해 고전 읽기가 꼭 필요하다는 점을 깨닫도록 한다. (고전 읽기, 밑줄은 인용자)

> 고전의 수용 성취기준은 고전의 내용을 정확히 파악하고 그 가치를 이해하여 수준 높은 교양을 쌓는 데 중점을 두어 설정하였다. (고전 읽기, 밑줄은 인용자)

> 고전을 통해 알게 된 사실과 깨닫게 된 점을 바탕으로 삶의 다양한 문제에 대처할 수 있는 교양을 함양한다. (고전 읽기, 밑줄은 인용자)

> '고전 읽기' 과목 내, '고전 읽기'와 국어과의 다른 과목 간, '고전 읽기'와 다른 교과가 간, '고전 읽기'와 비교과 활동 및 학교 밖 생활과의 통합을 통해 수준 높은 교양을 갖추어 다양한 분야의 진로에 필요한 통합적인 지혜와 소양을 함양하는 데 중점을 둔다. (고전 읽기, 밑줄은 인용자)

2009개정 교육과정 '고전' 과목과 비교하여 2015개정 교육과정 '고전 읽기' 과목은 성격과 내용에서 큰 차이가 없지만, '고전 읽기' 과목이 보다 '통합적 국어 교육'을 지향하고 있다고 볼 수 있다.[13] 2009개정 교육과정

'고전'과 마찬가지로, 2015개정 교육과정 '고전 읽기'는 1차, 2차 교육과정에서 강조되었던 '문학에 대한 교양'을 더욱 적극적으로 계승하고 있는 것으로 평가할 수 있다.

4. 결론을 대신하여—국어교육에서 교양의 위상에 대한 재고찰

교육과정 시기별로 정리해 보면, 1차~3차 교육과정 시기에는 국어교육의 목표에서 교양이 상당한 비중을 차지했던 것으로 보인다. 이는 학문적 분화가 이루어지지 않아 국어교육이 교과 특수성보다 보편적, 일반적 교양교육에 초점을 두었다는 사실과 관련된다. 또한 1950~70년대 사회 전반에 유행했던 교양 및 교양주의 담론의 영향도 받은 것으로 보인다. 5차 교육과정 이후 국어교육의 특수성이 강조되면서 보편 교양으로서의 국어교육 목표가 덜 강조되며, 이 특징은 6차, 7차 교육과정에까지 이어진다. 즉 국어교육의 정체성을 언어 사용 기능의 신장으로 한정하던 시기에는 국어교육에서의 교양이 위축되었다고 볼 수 있다.

그런 점에서 2007개정 교육과정~2015개정 교육과정에 이르기까지 국어교육 목표로서의 교양이 다시 강조되고 있다는 사실에 주목할 필요가 있다. 이는 언어 사용 능력 향상에 치우쳤던 국어교육에서, 다시 인문학적 교양과 고등 사고력 및 문화 능력을 지향하는 국어교육으로 그 목표와 무게 중심이 조정된 결과로 볼 수 있기 때문이다. 물론 기초 문해력 교

13 조하연 · 주재우 · 김현정(2015, 195)은 2015개정 교육과정을 적극적으로 해석하고자 한다. 2009개정 교육과정에서는 국어활동이 '말하기, 듣기, 읽기, 쓰기'를 의미한 것과 달리, 2015개정 교육과정에서의 국어활동은 네 가지 기능 영역에 국한되지 않아 협의의 의사소통을 넘어서 통합 교과로서의 성격을 보이는데 이러한 특징이 '고전' 과목에서 확인된다는 것이다. 즉 "고전 읽기는 그 자체로 현재와 과거가 통합하는 통합적 국어 활동"이 된다고 평가한다.

육이 국어교육의 중요한 목표임을 간과할 수는 없지만(천경록 2019), 기초 문해력 신장에 국한된 국어교육이 필연적으로 그 한계에 부딪히게 된다는 점도 잊어서는 안 된다. 기초 · 기본 문해력 교육과 더불어 추구해야 할 국어교육의 목표가 무엇인지, 학습자의 발달에 따른 국어교육 내용에 대한 조정과 균형이 어떠해야 하는지에 대한 논의가 필요하다는 것이다.

국어과 교육과정에서 사용된 교양의 의미는 크게 둘로 나뉜다. '폭넓은 지식이나 품위'와 '교양 함양을 위한 텍스트나 제재'가 그것이다. 첫 번째 의미인 '폭넓은 지식이나 품위'가 국어교육 목적, 목표를 확인하게 해준다면, 두 번째 의미는 교양 함양을 위해 국어교육에서 가르쳐야 하는 내용이나 읽어야 할 구체적인 텍스트와 관련된다. 그런데 국어교육을 잘 받은 학습자가 갖추고 있을 것으로 기대되는 '폭넓은 지식이나 품위'가 매우 추상적인 것이 사실이다. 교양으로서의 국어교육이 실현되기 위해서는 국어교육이 추구하는 교양과 교양인의 모습을 좀 더 구체적으로 그려볼 수 있어야 한다. '폭넓은 지식이나 품위'라는 추상적인 목표로서의 교양은, 국어과 교육과정에서 다음과 같이 구체화된다.

첫째, 어문 규범이나 표준 발음, 표기법을 정확히 알고 사용하는 기초 능력
둘째, 높은 수준의 문학 · 문화 향유 능력
셋째, 정신 형성 및 고등 사고 능력

'어문 규범이나 표준 발음, 표기법을 정확히 알고 사용하는 능력'은 문법, 화법 영역과 관계된 것으로 교양인에게 요구되는 기초 능력에 해당한다. '정신 형성 및 고등 사고 능력', '높은 수준의 문학 · 문화 향유 능력'은 교양인의 지향점으로서의 사고 능력, 인문 · 예술 역량에 해당한다고 볼 수 있다. 또한 첫 번째 교양은 1차, 2차 교육과정에서의 '언어 사용에 대한 교양', 두 번째 교양은 '문학과 관련한 교양'과 관련이 있는 것으로 보인

다. 세 가지 교양을 표로 정리해 보면 다음과 같다.

교양/교양인	특징
A유형 정확하고 품위 있는 언어를 사용하는 교양인	- 언어의 도구성, 규범성, 의사소통 기능 강조 - 어문규범, 표준발음, 표기법 등 강조 - 기초·기본 문해력과 관련
B유형 문화적, 예술적 역량을 소유한 교양인	- 언어(텍스트)의 문화적, 예술적 의미 강조 - 예술성, 심미성 강조 - 문학 및 고전과 관련
C유형 비판적 사고력, 시민의식을 갖춘 교양인	- 사고력 관점, 비판적 교육 관점 - 성찰 능력, 시민의식 강조 - 독서, 고전과 관련

A유형과 B유형의 '교양/교양인'은 우리나라 교육과정에서 자주 확인되는 유형이지만, C유형은 우리 교육에서 상대적으로 적게 강조되었던 유형이다. 이는 비판적 문해력 교육이나 시민교육을 국어교육의 장으로 끌어들이기를 부담스러워하는 우리 교육 경향과 관련되는 것으로 보인다. 하지만 상급학교 단계에서는 비판적 문해력 교육이 불가피하다는 점, 민주시민으로서의 역량을 함양하는 것 역시 국어교육의 중요 목표라는 점을 상기하면, 앞으로 C유형의 교양에 대한 탐색도 필요할 것이다.[14] 이는 독서교육이나 매체교육에서의 비판적 문해력 교육, 문법교육에서의 '언어적 주체'(신명선 2007), '비판적 언어인식'(김은성 2013)에 대한 논의와 먼 거리에 있지 않은 것으로 보인다.

가드너(2013)는 다음 세대를 어떻게 교육해야 할 것인지를 물으면서,

14 최근 국어교육 논의에서 국어 교과가 '추구하는 인간상'을 새삼 주목하고 있는 것은 흥미로운 부분이다. '인문적 교양과 지적 사고력을 지닌 인간'(이남호 2011), '옳고 어질고 멋진 언어를 구사하는 품위 있는 언어생활인'(이성영 2019), '이상적인 국어 주체'(김창원 2016), '언어적 민감성과 실천 능력을 가진 언어적 주체'(신명선 2007) 등이 그것인데, 추구하는 인간상을 중심에 놓고 국어교육의 정체성을 재고찰한다면 국어교육의 지향점이 보다 분명해질 것으로 보인다.

이를 위해서는 우리가 추구해야 할 가치가 무엇인지를 먼저 생각해야 한다고 역설한다. 그는 불변하는 세 가치, '진(truth), 선(goodness), 미(beauty)'가 되살려져야 하며 학생들에게 가르쳐져야 할 가치라고 주장한다.[15] 즉 학교 교육이 학생으로 하여금 '진리(진실)는 무엇인가', '무엇이 선이고 이를 어떻게 실천하는가', '아름다움이란 무엇인가'와 같은 질문을 던지고 그 답을 찾도록 도와야 한다는 것이다. 이 논의에 따른다면, 국어교육은 '인문적 교양과 지적 사고력'을 갖춘 인간, '진선미의 가치'를 추구하는 인간을 길러내는 데도 기여할 수 있어야 한다. 기초 · 기본 문해력뿐만 아니라 고등 사고력과 문화 능력을 포괄하는 수준 높은 교양을 형성할 수 있는 통합적 국어교육을 모색하는 것이 앞으로의 과제일 것이다.

참고 문헌

김건우. (2018). 〈교양 현대문학 교육이라는 '제도적' 문제〉. 《반교어문연구》(반교어문학회) 49, 113−134쪽.

김대행. (1990). 〈언어 사용의 구조와 국어교육〉. 《국어교육》(한국어교육학회) 71, 161−193쪽.

______. (2005). 〈국어생활 · 국어문화 · 국어교육〉. 《국어교육》(한국어교육학회) 119, 1−20쪽.

김영범. (2017). 〈한국 근대시론의 형성과정 연구—임화 · 김기림 · 박용철의 경

15 진선미의 추구는 서양 철학과 교육에서만 확인되는 담론이 아니다. 우리나라 개화기나 근대 초기 교육 및 문화 담론에서도 '지덕체', '지정의', '진선미' 담론이 확인된다. 김영범(2017)은 국권 피탈 시기 '덕체지(德體智)'의 국민교육 강령이 강조되다가 그 효력을 상실하고, 1920년대에는 '지정의(知情意)' 본성론, 1930년대에는 '진선미(眞善美)' 가치론이 각각 담론을 주도했으며 이는 문학(文學) 개념의 형성과 깊은 관련이 있다고 설명한다.

우〉. 고려대학교 대학원 박사논문.
김은성. (2013). 〈비판적 언어인식과 국어교육〉. 《국어교육연구》(국어교육학회) 46, 139−181쪽.
김창원. (2016). 〈국어 교과의 정당성과 정체성에 대한 회의〉. 《한국초등국어교육》(한국초등국어교육학회) 40, 71−96쪽.
남민우. (2015). 〈과목 중심주의와 통합적 문학 교육〉. 《청람어문교육》(청람어문교육학회) 55, 33−61쪽.
박갑수. (1992). 〈표준어 써야 "교양 있는 사람"〉. 《어문연구》(한국어문교육연구회) 20, 454−455쪽.
박영주. (2017). 〈대학 교양교육과 인문학적 소양〉. 《동아인문학》(동아인문학회) 41, 291−310쪽.
백승수. (2019). 〈교양교육의 명칭 재정립을 통한 교양교육의 재개념화〉. 《교양교육연구》(한국교양교육학회) 13(1), 141−161쪽.
손동현. (2019). 《대학교양교육론》. 철학과현실사.
신명선. (2007). 〈문법교육에서 추구하는 교육적 인간성에 관한 연구〉. 《국어교육학연구》(국어교육학회) 28, 423−458쪽.
신희성. (2018). 〈양태 범주의 문법 교육적 위상 제고를 위한 시론〉. 《국어교육학연구》(국어교육학회) 53(4), 5−47쪽.
안성찬. (2009). 〈전인교육으로서의 인문학〉. 《인문논총》(서울대학교 인문학연구원) 62, 99−126쪽.
윤여탁. (2015). 〈창의적 문화 세대를 위한 국어교육의 지향〉. 《국어교육연구》(국어교육학회) 57, 1−22쪽.
이남호. (2011). 〈21세기 한국에서의 국어교육〉. 《한국어문교육》(고려대학교 한국어문교육연구소) 10, 1−21쪽.
______. (2014). 〈국어교육의 성격과 내용에 관한 일 고찰〉. 《한말연구》(한말연구학회) 35, 133−155쪽.
이명실. (2017). 〈'도야' 개념의 수용에 관한 일 고찰〉. 《한국교육사학》(한국교육사학회) 39(4), 61–90쪽.

이삼형. (2012). 〈국어과 교육과정의 영역주의와 기능주의에 대한 비판과 대안〉. 《국어교육연구》(국어교육학회) 51, 1–22쪽.

이성영. (2019). 〈국어교육의 탈경계적 모색—'품위 있는 국어생활인'을 중심으로〉. 《국어교육》(한국어교육학회) 166, 1–30쪽.

이재형. (2013). 〈2009 개정 교육과정에 따른 '고전' 과목에 대한 비판적 검토〉. 《작문연구》(한국작문학회) 17, 337–358쪽.

정영근. (1996). 〈도야이념과 인간교육〉. 《한국청소년연구》(한국청소년정책연구원) 24, 16–29쪽.

조하연 · 주재우 · 김현정. (2016). 〈'고전' 과목이 시사하는 통합적 국어 활동의 지향〉. 《새국어교육》(한국국어교육학회) 108, 173–202쪽.

천경록. (2019). 〈국어교육 철학의 흐름과 미래 전망〉. 《국어교육학연구》(국어교육학회) 54(2), 180–207쪽.

천정환. (2009)). 〈처세 · 교양 · 실존 1960년대의 '자기계발'과 문학문화〉. 《민족문학사연구》(민족문학사학회) 40, 92–134쪽.

천정환. (2011)). 〈교양의 재구성, 대중성의 재구성—박정희 군사독재 시대의 '교양'과 자유교양운동〉. 《한국현대문학연구》(한국현대문학회) 35, 281–315쪽.

최기숙. (2010). 〈1950년대 대학생의 인문적 소양과 교양 '지(知)'의 형성—1953~1960년간 〈연희춘추/연세춘추〉를 중심으로〉. 《현대문학의 연구》(한국문학연구학회) 42, 123–167쪽.

최혜원. (1999). 〈국어의 표준 발음〉. 《국어문화학교》(국립국어연구원) 5, 1–22쪽.

한철우. (2004). 〈국어교육 50년, 한 지붕 세 가족의 삶과 갈등〉. 《국어교육학연구》(국어교육학회) 21, 499–527쪽.

홍은영. (2015). 〈아도르노의 '절반의 교육'에 대한 비판을 통해 본 교양교육〉. 《교육의 이론과 실천》(한독교육학회) 20, 193–212쪽.

화이트헤드, 알프레드 노스. (2004). 《교육의 목적》. 오영환 옮김. 궁리.

가드너, 하워드. (2013). 《진선미》. 김한영 옮김. 북스넛.

포스트휴먼 시대 교양교육의 위상과 방향

고려대학교 공통교양 과목 <자유정의진리>를 중심으로

오연경·조재룡

1. 들어가며

오늘날 인공지능의 등장과 함께 도래한 새로운 기술 환경은 지식 체계의 재편 및 인간 사회 전체의 광범위한 구조적 변화를 예고하고 있다. 인공지능이라는 비인격적 행위 주체의 가능성은 그동안 인간만을 유일한 행위 주체로 간주해 온 인식 체계와 사회 제도에 전환적인 변수가 등장했음을 의미한다. 이러한 전환적 시대에 대한 전망을 담은 대표적 용어가 '4차 산업혁명'이다. 이는 인공지능, 사물인터넷, 나노기술, 바이오기술 등 첨단 과학기술로 추진되는 초지능·초연결 사회의 혁명적 변화를 예고한다. 그러나 기술의 비약적 발전이 인간을 초월하게 될 사회는 산업 혁명의 역사라는 연속성 안에 포섭될 수 없을 만큼 근본적인 문명사적 전환을 가져올 것으로 보인다. 이러한 전환은 과학기술 혁명이 가져올 사회 변화의 속도, 범위, 깊이, 충격만이 아니라 인간 개념 및 그것에 기반한 인류 문명의 질서 그 자체가 맞이할 존재론적 변화를 의미한다.

오랜 기간 인류의 지적 전통과 문명적 질서의 토대가 되어왔던 휴머니즘의 위기는 이미 1960, 70년대 포스트구조주의의 거센 비판에 의해 시작되었다. 포스트구조주의는 고전적 휴머니즘이 인간을 세계 역사의 중심에 놓으려는 오만한 기획이자 역사적 구성물로서의 '인간' 개념을 보편적 인간론으로 확장하려는 폭력적 기획이었다는 것을 폭로했다. 이러한 반(反)휴머니즘이 근대 휴머니즘적 주체가 배제해 왔던 타자들의 반격으로 추동된 정치적 · 사상사적 담론에 의한 것이었다면, 최근 대두하고 있는 포스트휴머니즘은 전통적 '인간' 개념에 대한 기본 참조틀을 근본적으로 바꾸어놓을 과학기술의 혁신에 기반한 것이다. 과학기술에 의해 수명과 건강, 신체적 · 정신적 능력이 향상된 인간, 기계와 결합하여 사이보그화한 인간의 가능성은 호모 사피엔스와는 질적으로 다른 새로운 인류, '포스트휴먼'의 탄생을 예고하고 있다.[1] '포스트휴먼'은 인간 또는 인간성에 대해 포스트구조주의 철학자들이 시도했던 것과는 또 다른 의미의 해체/탈구축을 요구한다.

로지 브라이도티는 "무엇이 인간/휴먼으로 간주되는가에 대한 휴머니즘의 제한된 개념"이 더 이상 통용될 수 없는 전환적 시대를 맞이하여 "포스트휴먼적 선회"가 필요하다고 말한다(브라이도티 2015, 27). 그에 따르면 우리 시대의 과학 혁명은 주체성에 대한 기존의 정의와 실천에 강력한 대안들을 만들어내고 있으며, 인간중심주의를 넘어 인간과 인간 아닌 주체들의 공동체와 연계성의 근거를 재설정하도록 요구하고 있다(브라이도티 2015, 68-74). 포스트휴먼적 선회에 대해서는 학자마다 그 사유의 방

---

1 칼루스와 헤어브레히터에 따르면 포스트휴머니즘은 '포스트휴먼-이즘'과 '포스트-휴머니즘'의 두 갈래로 나눌 수 있다. 포스트휴먼-이즘은 소위 '트랜스휴머니즘'으로 알려진 것으로, 기술 발전으로 인간의 한계를 극복한 트랜스휴먼이 등장할 것임을 예언하고 첨단기술이 인간의 능력을 넘어서는 특이점에 도달할 것이라고 주장한다. 이와 달리 포스트-휴머니즘은 '비판적 포스트휴머니즘'이라 부르기도 하는데, 기술의 발달이 휴머니즘의 극복을 선도한다고 보고 새로운 인간관, 인간과 기술의 새로운 관계에 관심을 기울인다(한국포스트휴먼연구소 · 한국포스트휴먼학회 2016, 277-278). 포스트휴먼 시대 인간 개념의 변화를 바탕으로 교양교육의 방향을 모색하고자 하는 본 논문은 후자의 관점(휴머니즘 극복에 대한 긍정적 전망은 유보하더라도)에서 출발하고 있음을 밝힌다.

향을 달리하고 있지만, 무엇보다 분명한 것은 현대 문명을 정초하고 있는 '인간' 개념이 근본적인 전환을 요청받고 있다는 사실이다. 전환적 시대에 교양교육이 주목해야 하는 것이 바로 인간 재개념화를 요청하고 있는 이러한 역사적 계기이다. '교양'이나 '교육'이나 모두 인간 정신의 개발 및 인격의 형성과 관련된 활동이라고 할 때, 그 핵심을 이루는 인간 개념의 혁명적 전환은 교양교육 역시 과거의 제도화된 개념과 형식으로부터 벗어나 대안을 마련할 것을 요청하고 있다. 이 글은 포스트휴먼 시대 교양교육의 위상에 대한 재조명을 바탕으로 새로운 세계에 대한 전환적 사유를 견인하는 교양교육의 방향에 대해 논구하고, 이러한 미래형 교양교육의 현단계 가능성을 고려대학교 공통교양 과목 〈자유정의진리〉의 교육과정을 통해 타진해 보고자 한다.

2. 전환적 시대 교양교육의 위상과 방향

2.1. 시대적 요청과 교양교육의 위상

역사적으로 살펴보면 교양을 뜻하는 독일어의 'Bildung(형성)'이나 영어의 'Culture(경작)'는 인간성의 개발을 통한 완전한 인격의 형성을 의미한다. 근대 유럽의 교양교육은 고대 그리스로마의 문화적 이상에 입각해 있다는 점에서 고전적 휴머니즘의 산물이라 할 수 있다. 오늘날의 교양교육 역시 여전히 보편적 인간 또는 보편적 인간성이라는 가치에 토대를 두고 있다. 이처럼 교양은 역사적으로 인간중심주의, 유럽중심주의, 이성중심주의에 토대를 두고 형성되어 온 '인간' 개념과 밀접하게 결부되어 있다. 그렇다면 21세기 과학기술 혁명과 함께 '포스트휴먼적 선회'가 요구되는 상황에서 전통적 교양 역시 유비적으로 말하자면 '포스트-교양'에 버금가는 개념적 선회를 요청받는다고 볼 수 있다. 포스트휴머니즘이 고전적 휴머니즘의 쇠퇴를 선언하고 인간중심주의를 넘어서는 '포스트휴먼 주체'에 대한 정교한 대안 이론을 발전시키고자 하는 것과 마찬가지로, 전환적 시대의 교양교육 역시 '리버럴 아츠(Liberal Arts)'의 이념을 넘어 새로운 인간성에 기반한 대안적 개념과 이론을 필요로 하고 있다. 이러한 대안적 이론에 대한 탐구는 보다 지속적인 연구와 전문적 역량을 요구하는 일일진대, 이 글에서는 전환적 시대 교양교육의 새로운 위상과 방향성에 대한 모색을 통해 이후의 본격적인 연구를 위한 토대 마련에 기여하고자 한다.

교양교육의 새로운 위상은 교양이 근본적으로 '인간성'과 긴밀하게 관련되어 있다는 데서 찾을 수 있다. 과학기술의 발전으로 비인격적 지능 또는 인간–기계 지능이 현실화된다고 할 때, 그동안 인간성의 본질로 여겨왔던 주체성이나 자율성은 더 이상 생물학적 인간에게만 귀속될 수 없는 것이 된다. 나아가 인간 이외의 자율적인 행위 주체의 등장은 생물학적 인간 위주로 설계된 기존의 인식 체계 및 사회 시스템 전반에 근본적이고 구조적인 재편을 요구할 것이다. 인간과 인간, 인간과 자연, 인간과 기계가 맺어온 전통적 관계가 전혀 새로운 차원의 변화를 맞이할 것이다. 다시 말해 포스트휴먼 시대는 현생 인류가 축적해 온 기존의 지식 체계 및 문명적 질서에 대한 전방위적 재검토와 전복적 재설계를 요청하는 시대인 것이다. 이러한 시대에 교양교육은 무엇을 해야 할 것인가.

앞당겨 말하자면 교양교육은 인류 문명사에 대한 비판적 성찰을 바탕으로 포스트휴먼 시대에 필요한 새로운 차원의 인간성을 탐구하는 데 기여하는 교육이 되어야 한다. 인간성의 도야, 모범적 인격의 형성이라는 고전적 교양 개념은 더 이상 통용되기 어렵다. 주어진 문화적 이상으로서의 인간성, 인간다운 인간이라는 준거가 성립할 수 없는 시대가 되었기 때문이다. 오늘날 인간 또는 인간성은 유동적이고 혼종적인 개념, 물질에서부터 다른 생명체, 나아가 비-인간 주체와의 전 지구적 연결 속에 놓인 새로운 차원의 개념으로 숙고되기를 요청받고 있다. 따라서 역사적으로 인간성과 깊이 연루되어 온 교양교육이야말로 인간성에 대한 개념적 숙고와 재설계라는 시대적 사명을 감당해야 한다. 포스트휴먼 시대 교양교육의 위상이 여기에 있다. 표준적 지식 전수와 학문적 전통에 몰두하는 전공교육만으로는 전환적 시대의 미래에 대비하기 어렵다.

2.2. 미래 변화에 대응하는 교양교육의 방향

그렇다면 이러한 시대적 요청 앞에서 대학 교양교육은 어떤 방향으로 나아가야 하는가. 현재 대학 교양교육은 고대 그리스로마로부터 이어져 온 '자유교육(Liberal Education)'의 전통과 근대 시민사회 이후 확산된 '일반교육(General Education)'의 이념을 복합적으로 지향하고 있다. 교양교육의 이러한 복합적 성격 때문에 혼란이 가중된다는 비판도 있지만, 자유교육과 일반교육이 공통적으로 담고 있는 교양교육의 성격은 특정한 내적 본질이 아니라 대학 구조 안에서의 관계성에서 찾아야 한다. 이러한 교양교육의 구조적 위상은 칸트의 《학부들의 논쟁》(1798)에서 발견할 수 있다(칸트 2012). 칸트는 대학의 본질을 타율적 지성을 담당하는 상급학부와 자율적 지성을 담당하는 하급학부의 끊임없는 변증법적 갈등으로 파악한다. 그에 따르면 상급학부의 분과 학문들은 자신에게 본질적인 것을 탐구하지만, 하급학부에 해당하는 철학은 본질적인 것 바로 그 자체에 대해 메타적으로 탐구한다. 이러한 하급학부의 위상 덕분에 대학은 자기반성의 계기를 구조적으로 내면화하게 된다는 것이다.

칸트의 학부론은 시사하는 바가 크다. 자유교육과 일반교육에서 '자유(liberal)'와 '일반(general)'의 의미는 역사적 본질에서 찾을 것이 아니라 칸트가 말한 자기반성의 구조적 관계성에서 찾아야 할 것이다. 교양교육은 여타 분과 학문과의 긴장된 관계 속에서 성찰과 통찰의 소임을 맡아야 한다. 과학기술의 혁명적 발전으로 인류 문명의 오랜 구조와 합의에 대한 재검토와 재설계가 강력히 요구되는 시대에 그러한 소임의 중요성은 더욱 커지고 있다. 교양교육은 지금까지의 문명이 합의해 온 인간성이나 인간다움이라는 고유한 가치를 도야하고 완성하는 교육이 아니라 과학기술의 혁명이 가져올 변화와 더불어 기존의 가치를 성찰하고 새로운 차원의 인간성을 탐구하는 교육이 되어야 한다. 다시 말해 교양교육은 전수된 지식과 가치를 의심하는 자기반성적 성찰의 계기, 분과 학문의 논리를 메타적으로 조망하는 총체적 통찰의 계기로서 전공교육과의 구조적 긴장관계 속에 놓여야 한다.

이러한 교양교육의 현실적 구현을 위해서는 세 가지 측면에서의 방향성을 확보해야 한다. 첫째, 교양교육이 분과 학문의 자기반성적 계기로 작용하기 위해서는 학제적 · 융합적 지평을 마련해야 한다. 교양교육은 각 분과 학문의 내적 논리 및 학문 간 경계로부터 벗어나 메타적 지평에서의 성찰과 통찰의 기회를 제공하는 교육이 되어야 한다. 최근 전공교육에서도 융합적 지식과 새로운 지식 창출 능력이 강조되고 있지만, 학과 및 단과대학 중심의 대학 교육과정에서 인문 · 자연 · 사회 · 예술 계열을 아우르는 융합 교육을 전면화하기는 어렵다. 분과 학문의 정통성을 타자화하고 전수된 전문성을 학제적 네트워크 속에서 조망하는 기회는 교양교육을 통해 구조적으로 기획되어야 한다.

둘째, 교양교육이 포스트휴먼 시대 새로운 차원의 인간성에 대한 탐구 능력을 함양하기 위해서는 교육 방법의 혁신을 강구해야 한다. 전수해야 할 교육 내용이 정해져 있는 전공교육에서 교육 방법은 목적을 달성하기 위한 일종의 수단이다. 이와 달리 자기반성적 성찰과 총체적 통찰을 목표로 하는 교양교육에서 교육의 내용이란 바로 그 성찰과 통찰의 계기를 내면화하는 태도라 할 수 있다. 따라서 교양교육에서는 새로운 지적 태도를 수행하는 교육 방법 자체가 곧 목적이자 내용이라고 해도 과언이 아니다. 교양교육의 설계에서 방법론적 패러다임의 전환이 핵심이 되어야 하는 이유가 여기에 있다.

셋째, 전공교육과 교양교육의 균형 및 긴장 관계를 구조화하기 위해서는 중핵 교육과정 모델로 교양 과목을 개발해야 한다. 중핵 교육과정(core curriculum)은 모든 학생들이 공통으로 반드시 이수해야 할 교육 내용을 중심으로 중핵적인 경험을 장려하는 모델로, 광역화된 학문 영역별로 최소한의 과목을 이수하도록 하여 균형 잡힌 경험을 장려하는 배분이수 교육과정(distribution requirement curriculum)에 대비되는 개념이다(백승수 2012, 343). 앞서 살펴본 학제적 · 융합적 지평 및 성찰과 통찰의 경험을 조직화하기 위해서는 혁신적 교육 방법을 적용한 학제적 중핵 과목의 개발이 필요하다. 학문 영역별로 분산된 몇몇 과목의 이수나 담당 교수의 개인 역량에 좌우되는 교수법으로는 앞서 말한 두 가지 방향성을 조직화하기 어렵기 때문이다. 아울러 중핵 과목의 개발은 각 대학의 교육 이념 및 지역성을 기반으로 교양교육의 특성화를 가능하게 함으로써 동형화 · 실용화되고 있는 대학 교양 교육과정의 문제를 해소할 수 있을 것이다.

3. 혁신적 교양 과목의 설계와 실제

이념적 · 이상적 · 이론적으로 교양교육의 혁신 방향을 제시하는 것은 어렵지 않은 일이다. 4차 산업혁명이나 포스트휴먼 시대를 맞아 교양교육 강화의 필요성 및 그 혁신 방향에 대해서는 일정 정도의 합의된 지향점과 공감대가 형성되어 있는 것도 사실이다.[2] 그러나 문제는 현실화를 시도

2 대학교육협의회 산하 한국교양기초교육원은 2016년 〈대학 교양기초교육의 표준 모델〉 제시, 2017년 〈제4차 산업혁명시대 대학교양교육 발전방안 토론회〉 개최 등을 통해 대학

할 때 마주하게 되는 수많은 장벽들이다. 한국 대학의 학사 구조, 대학 운영의 생리, 학과 중심의 이해관계, 교양 담당 교수 임용 제도의 한계, 대학 행정의 보수적 성향 등이 난맥상을 이루고 있다. 가령 2011년 시작된 경희대학교 후마니타스 칼리지가 한국 대학 교양교육의 혁신 사례로 주목을 받은 이래 이렇다 할 후속 사례가 뒤따르지 못하고 있는 것도 이러한 현실의 어려움을 방증한다.[3] 이 글은 2018년 고려대학교 교양 교육과정 개편의 일환으로 신설된 공통교양 과목 〈자유정의진리〉를 통해 앞서 말한 세 가지 혁신 방향의 현실화 가능성과 그 실제를 살펴보고자 한다.

3.1. 학제적 중핵 과목의 특성화

고려대학교 교양교육원은 급변하는 미래와 시대적 요구에 대응할 수 있는 교양교육의 혁신을 위해 학생 중심의 토론형 공통교양 과목을 개발하기로 하고 2016년 '교양교육개혁자문위원회'와 '신설 공통교양 교안 제작위원회'를 발족하여 교육과정 설계 및 교안 개발에 착수하였다. 2017년 '공통교양 교육과정 개편안' 발표 후 일 년간 신설 교양과목의 파일럿 프로그램 운영 및 피드백을 거쳐 2018년 6학점 필수 이수 과목으로 〈자유정의진리I · II〉를 개설하였다. 2018년 교양 교육과정 개편은 2004년 이후 14년 만의 전면적 개편으로, 여기서 교양교육 혁신의 중심축을 담당한 것이 〈자유정의진리〉 과목이다. 기존의 공통교양 과목 중 〈사고와 표현

교양교육의 발전 방향에 대한 숙의의 자리를 마련해 왔다.

3 학부교육선도대학(에이스) 사업에 힘입어 교양교육 담당 단과대학을 설립한 사례들이 있다(가천대학교 가천 LAC, 동국대학교 다르마 칼리지, 이화여자대학교 Hokma 교양대학, 계명대학교 타블라 라사 칼리지, 순천향대학교 향설나눔대학 등). 교양 교육과정과 기초학문 학과가 통합된 이러한 단과대학 모델은 '한국형 리버럴아츠칼리지'라고 불린다(안현효 2016). 그러나 한국형 리버럴아츠칼리지는 학사 구조의 개편이 핵심이며, 이러한 개편에 따른 중핵 교양 과목의 개발 사례는 후마니타스 칼리지 이후 찾아보기 힘들다.

1 · 2〉(6학점)를 〈글쓰기〉(2학점)로 축소하고 신규 공통교양(6학점)을 새로 개발한 것은 이 과목에 강력한 혁신의 의지가 담겨있다는 것을 보여준다.

〈자유정의진리〉라는 교과목명은 고려대학교의 교훈인 '자유, 정의, 진리'에서 가져온 것으로, 고려대학교의 교육 이념과 실천적 지성의 전통을 계승한다는 의미와 함께 인류 지성사의 보편적 가치를 성찰의 대상으로 삼아 교양교육의 기틀을 잡겠다는 상징적 의미를 지니고 있다. 이러한 전통적 · 상징적 의미를 지닌 교과목명은 교양교육의 동형화 추세에서 벗어나 고려대학교의 교육 이념을 실현하고 미래지향적 인재를 길러낼 수 있는 특성화된 교양 과목을 만들겠다는 지향을 드러낸다. 〈자유정의진리〉는 1학년 신입생을 위한 필수 중핵 과목으로 I을 이수해야만 II를 수강할 수 있는 단계적 교육과정으로 설계되어 있다. 4,000명 내외의 대규모 수강생을 대상으로 하는 중핵 교육과정의 특성상 공통 교육 내용의 선정, 교수학습 방법의 표준화, 효율적인 학사 운영 등 현실화 과정에서 복합적인 고려와 정밀한 설계가 요구될 수밖에 없다.

〈자유정의진리〉의 과목 개요와 목표를 살펴보면 아래와 같다.

> 〈자유정의진리〉는 필수 공통교양으로 개별 전공들 간의 장벽을 초월하여 인문학, 사회과학, 자연과학을 망라한 인류 지성사의 다양한 주제들을 탐구하는 과목이다. 본 교과목은 4차 산업혁명과 함께 급변하는 시대에 세계가 당면한 문제를 직시하고 미래 사회를 준비하는 인재로 성장하는 데 필요한 비판적 · 창의적 · 융합적 사고 능력을 배양하는 것을 목적으로 한다. 다양한 전공의 학생들이 모여 함께 토론하고 협력하는 수업을 통해 스스로 질문을 생산하고 해결해 가는 주체적인 사고 능력을 함양하고 사유의 교류와 지성의 협력의 장을 경험하게 하기 위한 교육과정을 운영하고 있다.[4]

이 과목은 우선적으로 학제적 · 융합적 성격을 표방한다. 인문학, 사회과학, 자연과학을 망라한 인류 지성사의 다양한 주제가 교육 내용이라 할 수 있겠지만, 궁극적인 교육 목표는 그러한 주제들에 대한 탐구와 성찰을 통해 비판적 · 창의적 · 융합적 사고 능력을 배양하는 것이다. 비판적 · 창의적 · 융합적 사고 능력이란 교육 내용 자체에서 주어지는 것이 아니라 어떤 활동과 경험을 조직하느냐에 따라 함양되는 것일진대, 이를 위해 강조하고 있는 두 가지가 '질문을 생산하고 해결하는 경험' 및 '교류와 협력의 경험'이다. 혁신적 교육 방법을 적용한 학제적 중핵 과목의 개발은 교육 내용의 선정 · 구성과 학습자 활동의 조직 · 설계가 유기적인 조화를 이룰 때 성공할 수 있다. 이를 위해 〈자유정의진리〉는 '플립트 클래스(flipped class)'를 도입하여 학습자 중심 교육 방법의 혁신과 모듈형 융합 콘텐츠의 개발이라는 두 가지 목적의 달성을 꾀했다.

3.2. 학습자 중심 교육 방법의 혁신

플립트 클래스(flipped class)란 블렌디드 러닝의 한 형태로, 먼저 온라인으로 사전 학습 후 강의실에서는 학습한 내용에 대한 토론이나 실습을 진행하는 역진행 수업 방식을 말한다. 기존의 수업이 강의실에서 동일한 내용을 학습한 후 각자 개별 과제를 수행하는 순서로 진행되었다면, 플립트 클래스는 온라인으로 동일한 내용을 학습한 후 강의실에서는 협력과 실습 중심의 활동을 수행하는 반대의 순서로 진행된다. 플립트 클래스의 의의는 교수자 중심의 내용 전달 강의와는 달리 학습자의 자기주도 학습 및 상호작용이 적극적으로 이루어진다는 데 있다. 최근 플립트 클래스가 유행처럼 확산되면서 온라인 콘텐츠 개발에 관심과 투자가 집중되고 있지

---

4 고려대학교 교양교육원 홈페이지(https://ge.korea.ac.kr) 참고.

만, 실제 플립트 클래스에서 핵심적이고 중요한 것은 학습자 중심의 오프라인 활동의 설계다. 〈자유정의진리〉는 플립트 클래스 기반의 4단계 교수학습 과정을 기본 모델로 표준화하였다.

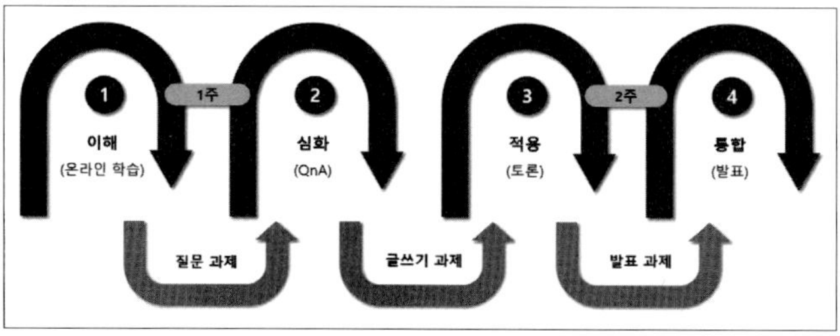

<그림 1> <자유정의진리> 4단계 교수학습 과정

'온라인 학습 → QnA 수업 → 토론 수업 → 발표 수업'으로 이어지는 교수학습의 실제는 '이해 → 심화 → 적용 → 종합'의 발전적 전개 과정을 구현한 것이다. 4단계 교수학습 과정을 하나의 사이클(cycle)로 볼 때, 한 사이클은 4차시 2주 단위로 진행되며 각 주제별 단원마다 동일한 사이클이 반복된다. 한 단계에서 다음 단계로의 이행을 매개하는 것은 학습자의 과제 수행이며, 이를 통해 각 단계의 유기적인 연계성이 확보된다.

1단계 '이해'는 강의실 수업 전에 학습자 자율적으로 공통 온라인 콘텐츠를 학습하는 단계다. 다음 절에서 자세히 살펴보겠지만 〈자유정의진리〉는 교양교육원에서 자체 개발한 온라인 콘텐츠를 공통 교안으로 사용한다. 학습자는 정해진 기간 동안 온라인 콘텐츠를 학습한 후 '질문' 과제를 제출한다. 일반적으로 온라인 학습을 확인하는 과제는 간단한 퀴즈나 단답형 서술과 같은 내용 확인용 과제인 경우가 많다. 그러나 〈자유정의진리〉에서는 학습자가 교수자에게 자기만의 해석과 문제의식을 담은 '질문'을 제출한다. 학습자가 제출한 '질문'은 다음 단계 학습 활동의 재료가 된다.

2단계 '심화'는 온라인 콘텐츠에 대한 다양한 학습자들의 문제의식을 공유하고 쟁점을 심화하는 QnA 수업이다. QnA라고 해서 학습자가 제출한 질문에 교수자가 답변하는 것이 아니라, 학습자들의 질문을 유형화·의미화하여 구성원들에 의해 형성된 고유한 쟁점의 흐름을 만든 후 학습자 상호 간의 QnA를 공유하는 것이다. 이러한 활동을 통해 학습자들은 동일한 콘텐츠에 대해 각기 다른 다양한 관점과 의견을 공유하면서 상호 배움과 지적 교류를 경험하게 된다. QnA 수업 후 제출하는 글쓰기 과제는 글쓰기 능력을 연마하기 위한 것이 아니라 다음 단계인 토론 수업을 준비하기 위한 것이다. 토론 준비서에 해당하는 짧은 글쓰기 과제는 온라인 콘텐츠와 연계된 문제에 대해 자신의 의견과 논거를 정리해 보게 함으로써 토론을 위한 사유와 성찰의 시간을 갖게 하는 데 목적이 있다.

3단계 '적용'은 협력 토의나 논쟁을 통해 사고를 확장하고 QnA 수업과 글쓰기를 통해 발전된 문제의식을 현실에 적용해 보는 토론 수업이다. 토론이 학습자 중심으로 내실 있게 이루어지도록 하기 위해서는 학습자의 사전 준비와 교수자의 정교한 설계가 필요하다. 〈자유정의진리〉는 학습자에게는 글쓰기 과제를 통해 사전 준비의 시간을 갖게 하고, 교수자에게는 각 단원의 주제 및 토론 논제에 적합한 토론 모형을 개발하여 제공하고 있다. 이러한 양방향적 설계를 통해 학습자는 글쓰기 과제와 연계된 기본 논제 및 한 단계 확장된 심화 논제를 중심으로 의견을 교류하면서 의사소통 능력 및 협업 능력을 신장시킬 수 있다.

마지막으로 4단계 '종합'은 협동 학습을 통해 탐구 주제를 선정하고 내용을 조직하여 팀별 프레젠테이션을 수행하는 발표 수업이다. 발표조는 구성원들의 전공 및 관심 분야나 현실 문제로 확장하여 실천적 탐구의 기회를 갖게 되고, 발표조 외의 학습자들은 질의응답에 참여하여 동료를 통한 상호 성장을 경험하게 된다. 온라인 학습, QnA, 토론을 거쳐 발표까지 진행되는 동안 학습자는 온라인 콘텐츠에 제시된 인류 지성사의 다양한 주제들이 지금–여기의 나를 통해 재배치되고 의미화되는 것을 경험하고 동료들과의 협업을 통해 지식의 조합 및 생성을 시도하게 된다. 발표가 끝난 후에는 단원 리뷰를 포함한 평가지를 작성하여 본인의 학습 과정을 성찰하고 종합적인 정리의 시간을 갖도록 한다.

4단계 교수학습 과정의 의의는 학습자 중심 교육을 효과적으로 구현한다는 데 있다. 〈그림 1〉에서 상단의 화살표는 교수자의 설계와 촉진 활동을 통한 학습 단계의 진도를 보여주고, 하단의 화살표는 학습자의 자기주도적 활동을 통한 내면화의 경로를 보여준다. 이처럼 교수자와 학습자의 상호 지원하에 진행되는 교육과정은 표준화된 틀 안에서 이루어지면서도 각 분반 수업의 내용과 질은 차별화되는 양면적 성격을 지니게 된다. 1단계에서 제공된 공통 온라인 콘텐츠는 지적 자극과 동기를 부여하는 사고의 재료일 뿐 실제 수업의 내용을 이루는 것은 학습자들의 질문, 문제의식, 의견, 토론, 발표 등의 활동과 경험이기 때문이다.[5] 앞서 말했던 교육방법 자체가 곧 내용이 되는 교양교육의 혁신 방향이 여기서 확인된다.

이러한 학습자 중심 수업을 성공적으로 만들어주는 물적 토대 중 하나가 바로 인적 구성이다. 일반적으로 필수 공통교양 과목은 기능 교육에 초점을 두고 학과별로 분반을 강제 배정하는 경우가 많다. 그러나 〈자유정의진리〉는 단과대나 학과 구분 없이 자율적인 수강 신청을 통해 분반을 형성한다.[6] 그 결과 다양한 전공의 혼종적 집단이 구성되어 전공의 경계

5 흔히 플립트 클래스에서 공통 온라인 콘텐츠를 제공하는 것이 교수자의 역할을 축소하거나 지나치게 중앙집권적인 표준화를 가져온다는 우려가 제기되기도 한다. 그러나 이러한 우려는 교육의 중심이 강의나 강의 내용에 있다고 생각하는 고정관념에 따른 것이다. 공통의 온라인 콘텐츠는 전수되어야 할 지식이나 권위적 정전이 아니라 지적 자극의 계기, 재배치와 재조합을 통해 얼마든지 변용 가능한 사고의 재료이다. 공통 온라인 콘텐츠를 사용하는 플립트 클래스 수업에서 오히려 소그룹 학습자 활동을 설계·지원하고 피드백을 제공하는 교수자의 퍼실리테이션(facilitation) 역량은 더욱 중요해지며, 학습자 의존적인 강의실에서의 경험과 활동은 획일화되는 것이 아니라 다양화·차별화된다.

6 2018년 1학기부터 2019년 1학기까지 〈자유정의진리〉는 튜토리얼 제도를 도입하여 80명

를 아우르는 협력 학습이 활발하게 이루어질 수 있게 된다.[7] 앞서 교양교육의 혁신 방향으로 언급했던 학제적 · 융합적 지평은 분과 학문을 결합한 학제적 커리큘럼이나 융합형 콘텐츠를 통해서 마련될 수도 있지만, 인적 요소의 학제적 구성을 통해 더욱 극대화될 수 있다. 각기 다른 전공, 관심사, 배경을 지닌 구성원들 간의 협력 학습은 학제적 태도를 형성하는 데 가장 큰 자극이 된다.

3.3. 모듈형 융합 콘텐츠의 개발

앞에서 살펴보았듯이 〈자유정의진리〉는 인문학, 사회과학, 자연과학을 망라한 인류 지성사의 다양한 주제들을 탐구하며 비판적 · 창의적 · 융합적 사고 능력을 배양하는 것을 목적으로 한다. 이를 위해 플립트 클래스 기반의 학습자 중심 교육과정을 설계하여 방법론적 혁신을 이루고자 하였다. 이러한 4단계 교수학습 사이클에서 학습 동기를 유발하고 지적 자극을 제공하는 견인차 역할을 하는 것이 온라인 콘텐츠다. 온라인 콘텐츠라 하면 흔히 교수자가 등장하여 숙련된 강의 장면을 영상으로 연출한 것을 떠올린다. 이와 달리 〈자유정의진리〉 온라인 컨텐츠는 교수자가 등장하여 강의하는 형식이 아니라 학제적 · 융합적 주제들을 조직하여 이미지와 텍스트의 결합으로 구성한 다큐멘터리 형식이다.[8] 몇 장면을 예시로

분반을 20명 단위 4개의 소그룹으로 나누어 소그룹 토론 차시를 조교(teaching fellow)가 담당하도록 하였다. 이후 2019년 2학기부터 튜토리얼 제도를 폐지하고 30명 단위의 분반으로 운영하고 있다.

7 대학에서 다양한 학과의 학습자들과 강의를 들을 수 있는 기회는 1, 2학년 때 몇몇 선택 교양 과목을 제외하면 거의 없다고 할 수 있다. 〈자유정의진리〉에서 다양한 학과의 학습자들 간에 이루어지는 토론, 협력 학습, 발표를 보면 이질적 집단의 구성이 얼마나 놀라운 교육 효과를 가져오는지 알 수 있다. 그러나 연구나 교육에서 학제적 접근이 강조되고 있음에도 불구하고 전공 중심 학사 구조의 경직성 때문에 이러한 이질 집단의 교육이 거의 이루어지지 못하고 있는 것은 안타까운 현실이다.

제시하면 아래와 같다.

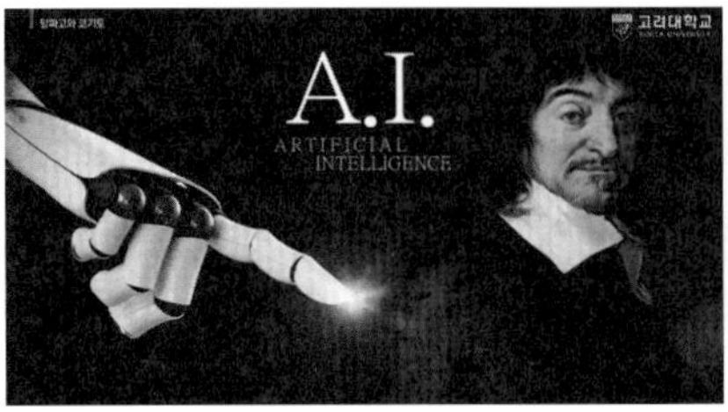

<그림 2> <알파고와 코기토>

<그림 3> <공간과 장소>

<그림 4> <몸의 역사>

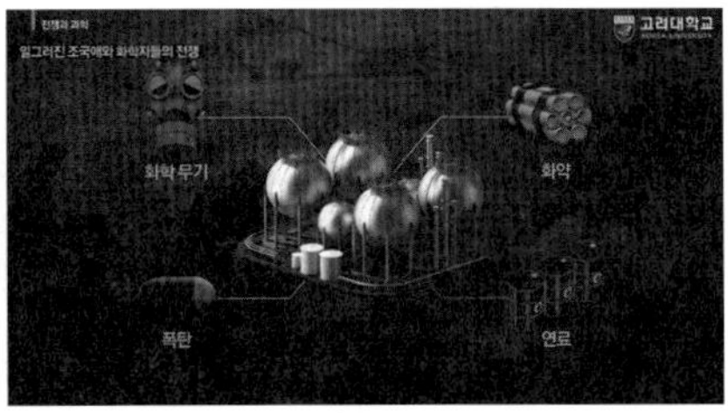

<그림 5> <전쟁과 과학>

그런데 온라인 콘텐츠가 교육과정에서 차지하는 역할 및 위상에 대해 새로운 이해가 필요하다. 전공교육에서 교재는 해당 분야의 표준적 가치 체계를 전수하는 지식의 보고이자 일종의 정전이라 할 수 있다. 교재는 교육을 위한 수단이자 매개이기도 하지만 전통과 권위의 집약체이기도 하다. 그러나 온라인 콘텐츠의 성격과 위상은 기존 교재와는 다르다. 이미지와 텍스트로 구성된 영상물은 학습자에게 권위 있는 교재보다는 여러 콘텐츠들 중의 하나로 여겨진다. 그렇기 때문에 지식의 권위에 복종하여 수용하려는 태도보다는 자신의 관점에서 취사선택하거나 비판적으로

8 온라인 콘텐츠 개발과 동영상 제작은 상당한 인적 · 물적 투자를 필요로 하는 일이고, 교육 목표 및 방법에 적합한 영상 프로토타입을 결정하고 제작 시스템을 갖추는 것 역시 노하우의 축적을 요하는 일이다. 〈자유정의진리〉는 2017년~2018년 코어사업의 지원을 받아 1기 동영상 제작을 완료하였고, 2019년~현재까지 대학혁신지원사업의 지원을 받아 2기 동영상 제작을 진행 중에 있다.

해석하려는 태도를 갖기 쉽다. 비판적 · 창의적 · 융합적 사고력을 키우기 위한 교육과정에서 온라인 콘텐츠의 비권위적이고 개방적인 특성은 단점이기보다는 장점이 될 수 있다. 여러 번 반복해서 학습할 수 있고 자유로운 시간 활용이 가능하고 다양한 자료를 검색하면서 학습할 수 있다는 온라인 콘텐츠의 기본적인 장점 외에 비판적 수용과 창의적 해석, 지식의 생성과 활용 등 전환적 시대에 필요한 태도를 형성하는 데 적합하다는 장점이 있다.

온라인 콘텐츠의 또 다른 특성은 유연성과 재구성 가능성에 있다. 텍스트 교재는 수정하거나 새롭게 편집하기가 어렵다. 그렇다고 매번 교재를 새로 쓰거나 개정판을 내기도 힘들다. 이에 반해 온라인 콘텐츠는 수정, 개정, 재구성, 재배치 등이 얼마든지 가능하다. 최근 지식의 폭발적 증가, 지식 수명의 단축, 지식의 융합적 성격 등 지식의 지형도가 급격히 변하고 있다. 온라인 콘텐츠의 유연성은 이러한 지식의 변화에 대응하기에 적합하다. 한편 온라인 콘텐츠의 재조합 가능성은 모듈형 교육과정을 가능하게 해준다.

2018년부터 2020년까지 〈자유정의진리〉 단원 구성의 추이를 보면 모듈형 교육과정의 기능과 효과를 알 수 있다. 온라인 콘텐츠는 완결된 하나의 콘텐츠 안에서 수정과 개정도 용이하지만, 학기 또는 일 년 단위로 콘텐츠들의 재배치와 재구성을 통해 교육과정을 새롭게 짜는 것도 가능하게 해준다. 지속적인 콘텐츠 개발이 가능하다면 융합 주제별 콘텐츠 은행을 구축한 후 학기마다 필요한 콘텐츠를 영역별로 균형 있게 선정하여 새로운 교육과정을 조직할 수 있을 것이다. 특히 융합 교육과정에서는 각 단원의 주제도 중요하지만 단원들의 순서와 배치에 따라 의도하지 않은 새로운 학제적 연결성이 생성되면서 학습자의 반응과 경험이 달라지기도 한다. 분과 학문의 내적 논리 및 학문 간 경계로부터 벗어나 학제적 지평에서의 성찰과 통찰의 기회를 제공하는 교양교육에서 온라인 콘텐츠는

연도	자유정의진리 I	자유정의진리 II
2018년	1강 알파고와 코기토 2강 생동하는 언어 3강 이성의 역사 4강 욕망과 무의식 5강 구조와 현상 6강 예술과 테크놀로지 7강 비판정신과 대학의 가치	1강 시각과 인식 2강 공간과 장소 3강 시간과 인간 4강 몸의 역사 5강 법과 정의 6강 진리탐구와 대학의 미래
2019년	1강 알파고와 코기토 2강 이성의 역사 3강 욕망과 무의식 4강 구조와 현상 5강 생동하는 언어 6강 예술과 테크놀로지	1강 시각과 인식 2강 몸의 역사 3강 공간과 장소 4강 시간과 인간 5강 법과 정의 6강 비판정신과 대학의 미래
2020년	1강 알파고와 코기토 2강 이성의 역사 3강 욕망과 무의식 4강 구조와 현상 5강 시각과 인식 6강 예술과 테크놀로지	1강 공간과 장소 2강 몸의 역사 3강 법과 정의 4강 전쟁과 과학 5강 과학기술과 자본 6강 비판정신과 대학의 미래

자유로운 지식의 조합과 생산적인 연결을 통해 유연하고 개방적인 교육과정을 운영할 수 있게 해주는 효과적인 수단이 될 수 있다.

4. 나오며

포스트휴먼 시대는 현대 문명을 정초해 온 '인간' 개념이 근본적인 전환을 요청받고 있는 시대이다. 다시 말해 현생 인류가 축적해 온 기존의 지식 체계 및 문명적 질서에 대한 전방위적 재검토와 전복적 재설계가 필요한 시대인 것이다. 특히 과학기술의 발전으로 비인격적 지능 또는 인간-기계 지능의 등장이 눈앞으로 다가오고 있는 현실에서 그동안 인간성의 본질로 여겨 왔던 주체성이나 자율성에 대한 재검토가 필요하다. 인간 이외의 자율적인 행위 주체의 등장은 생물학적 인간 위주로 설계된 기존의 인식 체계 및 사회 시스템 전반에 근본적이고 구조적인 재편을 요구할 것이며, 인간과 인간, 인간과 자연, 인간과 기계가 맺어 온 전통적 관계가 전혀 새로운 차원의 변화를 맞이할 것이다.

전환적 시대에 교양교육이 주목해야 하는 것이 바로 인간 재개념화를 요청하고 있는 이러한 역사적 계기이다. 인간 정신의 개발 및 인격의 형성과 관련된 교양교육은 그 핵심을 이루는 인간 개념의 혁명적 전환과 무관할 수가 없다. 역사적으로 인간성과 깊이 연루되어 온 교양교육이야말로 인간성에 대한 개념적 숙고와 재설계라는 시대적 사명을 감당해야 한다. 다가올 시대 교양교육의 위상이 여기에 있다. 교양교육은 인류 문명사에 대한 비판적 성찰을 바탕으로 포스트휴먼 시대에 필요한 새로운 차원의 인간성을 탐구하는 교육이 되어야 한다. 이 글은 포스트휴먼 시대 이러한 교양교육의 위상에 대한 재조명을 바탕으로 교양교육 혁신의 방향을 논구하고, 고려대학교 공통교양 과목 〈자유정의진리〉를 통해 혁신적 교육 방법을 적용한 학제적 중핵 교양 과목의 가능성과 그 의의를 검토해 보았다.

지식과 학문, 교육과 학습의 의미가 급격하게 변화하고 있는 시대에 현행과 같은 방식의 대학은 곧 종말을 맞이할 것이라는 위기론이 대두하고 있다. 각 대학마다 시대의 변화에 부응하는 혁신을 위해 온갖 대책과 전략을 동원하고 있다. 이러한 변화의 요구와 복잡한 이해관계 속에 놓여있는 오늘날의 대학에서 교양교육의 혁신을 이루어낸다는 것은 상당히 어려운 일이다. 그러나 인공지능, 데이터, 융합 등의 키워드가 대학의 생존 전략처럼 유통되는 현실에서 대학 자체의 내재적 구조로서 교양교육의 학제적·융합적 역할을 강화하는 것은 학과별 경쟁 논리에서 벗어나 상생하는 길이 될 수 있다. 다양한 학과 출신의 학습자들이 다양성과 차이로부터 배우고 협력과 토론을 통해 성장하고 세계를 해석하고 변화시키는 비전을 공유하는 혁신적 교양교육이 이루어진다면, 그 교육의 성과는 대학의 큰 자산이자 생존전략이 될 것이다.

참고 문헌

백승수. (2012). 〈한국 고등교육의 교양교육과정 형성 과정 분석〉. 《교양교육연구》(한국교양교육학회) 6(4), 321−352쪽.

안현효. (2016). 〈교양교육을 통한 인문학 살리기—학사구조의 문제〉. 《교양교육연구》(한국교양교육학회) 10(2), 131−155쪽.

한국포스트휴먼연구소·한국포스트휴먼학회 편저. (2016). 《포스트휴먼 시대의 휴먼》. 아카넷.

브라이도티, 로지. (2015). 《포스트휴먼》. 이경란 옮김. 아카넷.

칸트, 임마누엘. (2012). 《학부들의 논쟁》. 오진석 옮김. 도서출판b.

2부 문학을 통한 교양교육의 의미와 가치

대학 교양교육으로서 고전 읽기

계명대학교 〈교양세미나〉 교과목 사례를 중심으로

최애순

1. 들어가며

대학에서 인문학이 사라지고 있다. 특히 고전교육은 찾아보기 힘들다. 국문과에서조차 학생들에게 공감이 가지 않는다는 이유를 들어 고전이나 근대문학은 읽히지 않는다. 최근 발표된 소설을 읽히거나 1990년대 혹은 2000년대 이후 소설을 읽힌다. 대학의 위기에 맞서서 학생들의 흥미와 재미 욕구를 가장 우선시하는 교육과정 편성에서 '고전'은 점점 설 자리를 잃게 되었다. 그럼에도 불구하고 교양과목에서 고전을 읽히려는 노력들은 간간이 보이기도 한다. 그러나 이런 노력들은 학생들이 책을 사야 하는 실질적인 부담 때문에 쉽지 않다. 더군다나 저작권 문제로 수업 자료를 학생들에게 제공할 수도 없는 상태에서 교재를 만드는 데도 부담이 따른다. '고전'이란 오랜 기간에 걸쳐서 정전으로 인정받은 작품이어야 하므로, 국문학에서 찾으려면 오랜 기간에 걸친 작품 중에서 저작권 문제가 걸리지 않은 작품으로 한정해야 한다는 문제가 따른다. 또한 실제 수업에서 다루는 데는 시간상의 제약이나 학생들이 읽어야 한다는 전제가 따를 경우, 장편보다는 단편(문학인 경우)을 선호하기도 한다. 이처럼 대학에서의 고전 읽기 수업은 여러 난관에 봉착해서 과목들이 점점 사라지거나 읽히지 않게 되는 것을 목도할 수 있다.

고전 읽기 수업은 도서 목록과 연계될 수밖에 없다. 고전이라고 지칭하는 목록들을 만드는 작업은 오랜 세월을 거쳐서 진행되어 왔지만 아직도 유동적이다. 그런데도 반복해서 고전 목록에 오르는 작품들은 점점 고전으로서의 지위를 굳혀가게 되고, 각 학교에서 고전수업으로 가르치는 목록에도 오르게 된다. 그러나 고전 목록의 선정 기준에는 늘 지배 이데올로기와 힘의 논리가 작용하고, 어디에서 선정하는지에 따라 추가되기도 하고 배제되기도 하는 일들을 겪는다. 한국 대학에서 가르치는 고전 목록에는 한국 작품이 반드시 들어갈 수밖에 없지만, 안타깝게도 외국에서 편성한 도서 목록에 한국 고전이 들어간 사례를 찾아보기는 쉽지 않다. 한국 고전이 반드시 들어가야 하는데도 막상 읽히려면 저작권 문제 때문에 교재에 넣을 수 없거나 새로 책을 편성할 경우에도 고전문학이나 근대문학 초창기 작품으로 한정할 수밖에 없는 한계가 있다. 문학을 예로 들자면, 한국 작품 중에서 고르고 고르다 결국 김만중의 〈구운몽〉이나 이광수의 작품이 목록에 들어가게 될 수밖에 없는 이유이기도 하다.

여러 난관이나 시행착오를 거치면서도 고전을 읽고자 하는, 혹은 읽히고자 하는 목적은 무엇일까. 그리고 대학에서 고전을 가르치는 이유는 무엇일까. 인문학이 사라지고 학과가 통폐합되고 학생들은 고전을 읽지 않고도 생활하는 데 불편하지 않다. 그렇다면 대학에서 학생들의 생활의 편리나 이기와는 거리가 먼 '고전'읽기 수업을 왜 오늘날에도 수행하는 것일까. 대학 교양교육의 강조는 대학 구조조정이나 대학의 위기와 함께 맞이한 것이라서 씁쓸하기도 하다. 교양교육은 아직도 전공과의 세력다툼에서 자리보존을 위한 힘겨루기를 하거나 어느 전공도 속해있지 않기 때문에 누구나 가르칠 수 있는 영역이라는 편견과 무지 속에서 언제 어떤 과목이 사라질지도 모르는 위태로운 상태에 놓여있다. 그런데도 교양교육에서 고전 읽기를 하는 이유와 그것을 통해 얻는 효과는 무엇일까. 안현효는 대학에서 교전읽기 교육은 '통합인문 교양교육'의 핵심과정이라고 강조한다(안현효 2019, 99−123). 김건우는 좀 더 과감하게 문학교육이 거주할 새로운 장소로 전공이 아닌 '교양' 영역을 제시한다(김건우 2018, 113−132). 대학에서 인문학, 고전, 문학은 더 이상 전공이 아닌 '교양'으로 존립해야 함을 역설하고 있다.

이 글에서는 대학 교양교육에서 고전 읽기를 통해 무엇을 얻고자 하는 것인지 사례를 들어 따라가 보기로 하겠다. 고전이 우리에게 선사하는 것은 현대사회에서 홍수처럼 쏟아져 나오는 지식이나 정보가 아니다. 그렇다면, 교양교육에서 고전 읽기를 통해 얻는 효과는 무엇일까. 본 논문에서 대학에서의 고전읽기는 어떤 활동들로 채워지고, 어떻게 수용되는가를 따라가 보기로 한다.

대학에서 교양교육으로 고전읽기 수업을 진행하고 있는 경우는 의외로 많지 않다. 영남대학교의 〈명저읽기〉 수업은 사라졌고, 현재까지 지속되는 고전 읽기 교과목 사례는 조선대학교의 〈명저읽기〉, 한양대학교의 〈고전읽기융합전공〉과 경희대학교의 〈고전읽기〉이다. 이 글에서는 계명대학교에서 필수 교양과목으로 3학점을 이수하도록 하는 〈교양세미나〉 교과목을 중심으로 교양교육으로서의 고전 읽기 사례를 보여주고자 한다.

2. 대학에서의 고전 읽기와 고전 텍스트 선정의 문제

대학에 교양 수업을 통해 이루어지는 '고전' 교육은 가장 일차적으로 '무엇을 읽힐 것인가'의 문제에 부딪힌다. 고전이란 예전에 쓰인 작품으로 시대의 차이를 뛰어넘어 변함없이 읽을 만한 가치는 지닌 문헌 자료들을 일컫는다(이승환 외 2018, 13). 따라서 고전이라고 할 경우의 텍스트는 동시대 사람들이 선정한 것이 아니라 이전 시대의 문헌 중에서 보편적으로 계속해서 정전이나 읽어야 할 목록에 오르는 작품을 말한다. 고전이란 어느 한 시기에는 베스트셀러였다가 다음 시기에는 읽히지 않는 책이 아니라, 오랜 시간이 지나서도 여전히 읽히는 책을 말한다. 그래서 고전이라고 했을 경우에는 어느 정도의 시간이 흘러서도 가치를 인정받는 책이라는 의미가 들어가 있다. 시간의 흐름과 불변의 가치가 함께 결합하여 고전 목록을 만들어낸다고 볼 수 있다. 그러나 고전 목록은 고정된 것이 아니다. 새로운 작품이 다음 시기에 들어갈 수도 있고, 어떤 작품은 빠지기도 한다. 그런데도 반복적으로 목록 선정에 오르는 작품들이 보편성을 획득하고 고전으로서의 지위를 굳히게 된다. 그러나 대학에서 고전 읽기 수업을 진행할 경우 각 대학마다 읽어야 할 고전 목록이 조금씩 차이가 나기도 하고, 국내 대학과 외국 대학의 목록이 다르기도 하다. 고전 목록 선정에는 보편성과 동시에 국지성(지역성)이 함께 작용한다고 볼 수 있다. 고전 읽기 수업을 하는 대학들은 고전 목록을 뽑아내는 데 고심을 한다. 그리고 무엇을 읽을 것인가의 텍스트 선정과 고전 읽기 수업이 함께 진행될 때, 고전 읽기 수업은 일시적으로 그치지 않고 지속적으로 유지될 수 있다.

계명대학교에서 〈교양세미나〉 교과목이 계속해서 고전을 읽히는 과목으로 현존할 수 있었던 것은, '계명대학교 도서목록 타불라라사 120선'[1]과 연계되었기 때문이다. 타불라라사 120선 이외에도 서울대학교, 서강대학교 등에서 뽑은 대학생이 읽어야 할 세계고전이나 권장도서, 추천도서 등의 고전 선정 목록은 많이 있다. 국내뿐만 아니라 하버드, 시카고 등 세계 유명 대학에서도 명저 100선, 200선 등을 제시하는 고전 목록이 널려 있다. 시대가 바뀌어도 국내외 대학들은 앞다투어 대학생에게 고전을 읽

1 원래는 115선이었는데, 계명대학교 개교 50주년을 맞이하여 2019년 120선으로 새로 개편하였다.

으라고 강조하고 있다. 그만큼 '고전'의 중요성은 4차 산업혁명 시대에도 아무리 강조해도 지나치지 않다는 것을 증명해 주는 것이다. 그러나 고전 목록이 있다고 해서 실질적으로 효과로 이어지기는 쉽지 않다. 계명대학교는 타불라라사 120선 목록을 계명교양총서로 편찬하여 교양 교과목과 독서인증제, 독후감 경시대회 등의 비교과 활동으로 활용하고 있다.

학생들은 〈교양세미나〉 교과목에서 배울 교재 4권을 1학년 1학기 초에 교재와 함께 배부받는다. 계명대학교는 타불라라사 120선 도서 목록 중에서 〈교양세미나〉 수업에서 활용될 핵심도서를 선정하여 한 학기에 4권씩 읽도록 하고 있다. 이때 각 영역이 골고루 배정되도록 하는 것을 원칙으로 하되, 1학년 대상 교양으로 모든 학생에게 읽혔을 경우의 효과를 고려하여 문학(10권)이 가장 많은 비중을 차지하고, 그 뒤에 철학과 역사(5권), 사회와 문화(3권), 과학과 기술(2권)로 구성되어 있다.

몇 년 동안 가르쳐 본 교수자들의 의견을 수렴한 결과 학생들에게 고전을 읽히는 과정에서 전공에 상관없이 교양으로서 가르치기에 적합한 것은 '문학' 작품이라는 결론을 얻었다. 그중에서도 서사가 있는 소설이었음을 감안하여 한 학기 4권 중에 문학(소설) 작품을 2권씩 배치하였다. 그러나 소설 역시 긴 장편은 수업시간에 다루기가 힘들어 단편을 선택하게 되거나, 수업시간을 고려한 계명교양총서의 적합한 분량 등 여러 가지 해결해야 할 문제들이 늘 따라다닌다. 나머지 두 권은 사회와 역사, 과학기술 관련 책들로 구성했다. 따라서 〈교양세미나〉 수업 사례 중 본 논문에서는 중요하게 다루어지는 문학 관련 부분을 대표적인 예로 가져왔음을 밝힌다. 특히 문학은 가르치다 보면, 학생들의 전공과 상관없이 어렵지 않게 읽을 수 있고 더불어 '통합된 사고력'을 기르는 데 도움이 된다. 가령, 문학을 가르치기에 앞서 교수자는 교재 안내를 하게 되는데 이때 그 작품을 읽는데 도움이 되는 시대적 배경과 작가의 삶에 관한 배경지식을 학생들에게 심어준다.

<표 1> Tabula Rasa 핵심도서 20선 목록(<교양세미나> 교과목 교재 목록)

영역 구분	도서명	저자	편·역자
철학과 역사 (5권)	1. 배움의 기쁨을 기록한 논어	공자	김윤조
	2. 소크라테스의 변론, 크리톤, 향연	플라톤	유원기
	3. 삼국유사	일연	박성현
	4. 프로테스탄티즘의 윤리와 자본주의 정신	막스 베버	문성화
	5. 역사(권장→핵심)	헤로도토스	배은숙
문학과 예술 (10권)	6. 구약성경(욥기, 전도서, 시편)	정중호	
	7. 구운몽	김만중	김영찬
	8. 셰익스피어 희곡선—햄릿, 리어왕, 맥베스, 로미오와 줄리엣	윌리엄 셰익스피어	김종환
	9. 르네상스 미술의 이해	김경미	
	10. 이방인·시지포스의 신화	알베르 카뮈	김지은
	11. 카프카의 명작 단편선 (권장→핵심. 기존 '변신'도서명 변경)	프란츠 카프카	장희권
	12. 무정(권장→핵심)	이광수	최애순
	13. 아Q정전(권장→핵심)	루쉰	최은정
	14. 마음(신규)	나쓰메 소세키	안영희
	15. 벨킨이야기(신규)	알렉산드로 푸쉬킨	조미경
사회와 문화 (3권)	16. 자유론(1번 사용한 후 '미국의 민주주의'로 교체)	존 스튜어트 밀	유원기
	17. 소통과 공감의 길라잡이—명심보감	범립본	권상우
	18. 정선 목민심서(영역 변경. 철학과역사→ 사회와문화)	정약용	김기주
과학과 기술(2권)	19. 지구환경 위기와 생태적 기회(신규)	김종원	
	20. 바이오테크놀로지와 생명윤리(신규)	유민	
글로벌리더십/진로탐색(0권)			

* 상기 도서 모두 계명대학교출판부에서 간행.

1. 〈철학과 역사〉 영역의 도서는 총 5권이므로 매년 1권씩 활용한다.
2. 〈사회와 문화〉 영역 도서는 총 3권, 〈과학과 기술〉 영역 도서는 총 2권이다. 두 영역의 도서를 합한 도서가 5권이므로 매년 1권씩 활용한다.
3. 〈문학과 예술〉 영역 핵심도서는 총 10권이므로 매년 2권씩 활용한다.
4. 적용 순서는
   1) 개발된 도서 중에 미사용 도서
   2) 계명교양총서에서 선정된 핵심도서
   3) 개발 예정 도서
   4) 개발도서 중 활용했거나 활용 중인 도서 순으로 한다.
5. 동양과 서양 도서를 적절하게 안배한다.

영역 간의 경계 허물기
—문학 작품에서 역사적(시대적) 배경지식의 활성화

작가가 살았던 시대적 배경과 작가의 삶은 작품을 읽고 현대 독자들이 공감하거나 이해하는 데 도움이 된다. 더불어 대학 교양교육으로서의 고전 읽기에서 문학은 문학 텍스트뿐만이 아니라 시대적 배경이나 역사 이야기가 함께 뒷받침되므로, 인문고전에서 문학, 역사, 철학의 전공 영역의 '경계'를 두기보다 이 영역들이 고전 읽기와 공감과 소통이라는 목표 아래 현대사회와 비교하여 학생들이 자신의 삶을 반추하는 계기로 삼는 데 의의가 있다. 고전 시대에 철학, 수학, 과학, 문학의 경계가 없었듯이 고전 읽기에서 전공이나 영역을 강조하는 것은 불필요하다. 학생들의 이해에 도움이 된다면 《셰익스피어 희곡선》을 읽는 과정으로 르네상스나 16세기 문화 부흥을 함께 들여다볼 수 있다. 역사와 문학, 철학과 문학, 철학과 역사, 그리고 인간의 삶은 서로 '경계'로 구획되지 않는다. 그러므로 고전 읽기로서의 인문학은 대학교양에서 전공과 상관없이 전체 학생에게 가르치는 필수 과목으로서의 가치를 지닌다. 계명대학교 〈교양세미나〉 교과목은 1학년을 대상으로 전체 학생에게 가르치는 필수과목이다. 대학마다 〈명저읽기〉 혹은 〈고전읽기〉라는 교양과목이 있지만, 학교 전체에서 도서 목록을 만들어서 그것을 전체 학생의 교양 수업과 연계시키는 커리큘럼을 가진 사례는 흔치 않다. 그런 면에서 계명대학교 〈교양세미나〉 교과는 앞으로 영역의 구분이 없어지고 미래 4차 산업혁명 시대에 필요한 융복합 인재를 양성하는 데 필수적인 교양교육을 지속적으로 수행하고 있다고 볼 수 있다. 대학 교양교육으로서의 고전 읽기는 전공 영역 간의 경계를 허물면서 역사, 철학, 문학, 사회, 과학의 영역이 하나로 '통합'된 사고로 확장된다. 인문학 혹은 고전읽기가 한 전공에서 담당하는 것보다 '교양'으로서 적합한 이유이다(안현효 2019, 101).

3. 독후 활동과 고전을 읽는 이유

〈교양세미나〉 교과목의 교육목표는 '동서양의 고전을 읽고 **발표와 토론**을 통해 합리적 사고와 종합적 판단력을 길러 개방적이고 폭넓은 안목과 도덕적 인성을 갖출 수 있도록 하는 것이다. 이를 위해 독서와 **발표에 필요한 다양한 방법**을 익히고, **토론을 통해 합리적 의사소통 능력**을 기르도록 한다'는 것이다. 〈교양세미나〉의 교과목 활동에서는 독서하기 못지 않게 '발표'와 '토론'이 강조된다. 대부분 고전 읽기 수업은 글쓰기가 많이 강조(황인순 · 김보현 2017, 31-54)되지만, 계명대학교의 〈교양세미나〉는 발표와 토론이 강조되어 교재에 따라 다양한 활동으로 진행된다. 물론 글쓰기도 한 활동으로 들어간다. 그러나 발표와 토론이 글쓰기보다 비중이 결코 작지 않다는 데 〈교양세미나〉 교과목의 의의가 있다.

〈교양세미나〉 교과목은 크게 독서하기와 독서 후 활동으로 나뉜다. 기본적으로 시험을 보지 않고 활동이 많은 수업이라 참여 점수가 포함되므로 학생들의 적극적인 참여를 유도한다. 코로나 이후 원격수업에서 교수자들의 가장 큰 고민도 수업 활동에 관한 부분이었다. 〈교양세미나〉 교과목의 독서 후 활동은 발표, 토론, 글쓰기로 이루어진다. 발표하기는 여러 방법들을 고안하는데 그중 《셰익스피어 희곡선》과 《구운몽》을 중심으로 살펴보고, 토론하기는 《아Q정전》과 《이방인》의 사례를 들어보기로 하겠다. 한국 고전은 저작권 때문에 고전문학이나 1910년대에서 1920년대까지의 작품을 선정해서 읽히는 수밖에 없다. 〈교양세미나〉 핵심도서 중 한국 고전은 《구운몽》과 2021년 교재로 사용될 《무정》이 전부이다. 《무정》은 2021년 선정 목록이라 아직 가르치기 전이고, 이미 가르친 사례는 한국 문학으로는 《구운몽》이 유일하다. 《구운몽》에 대해서도 교수자들의 의견이 분분했다. '재미가 없다'라든가 '학생들이 이해하기 어렵다'든가 하여 빼버리자는 의견도 많았으나 결국 한국 고전 중에 대체할 작품이 마땅치 않아 선정하는 쪽으로 결정이 되었다.

3.1. 발표하기 활동—《구운몽》과 《셰익스피어 희곡선》

《구운몽》—고전의 현대적 변용, 다시 쓰기-패러디 창작

《구운몽》은 고전이라 내용이 어렵고 이해되지 않고 학생들에게 재미가 없다라는 견해가 많았다. 그러나 의외로 온라인상에서 구운몽 패러디 영상물 제작이 활발하게 이루어지는 것을 볼 수 있다. 《구운몽》은 고전의 현대적 변용 부분에 주목하여 학생들이 발표하였고, 각 조들은 다양한 아이디어로 고전 《구운몽》을 패러디하였다. 고전이라 낯설고 생소하게 느껴질 수 있는 《구운몽》을 새롭게 재창작하는 활동은 줄거리도 익히고 현대식으로 적용하여 비판적 사고를 기르는 데 도움을 줄 수 있다. 현대적 변용에서 중요한 것은 각색 의도이다. 즉 비판하고 싶은 점을 각색하여 현대적으로 새롭게 변용해 보는 것이다. 아래는 학생들의 각색 작품 중 의도를 밝힌 부분이다.

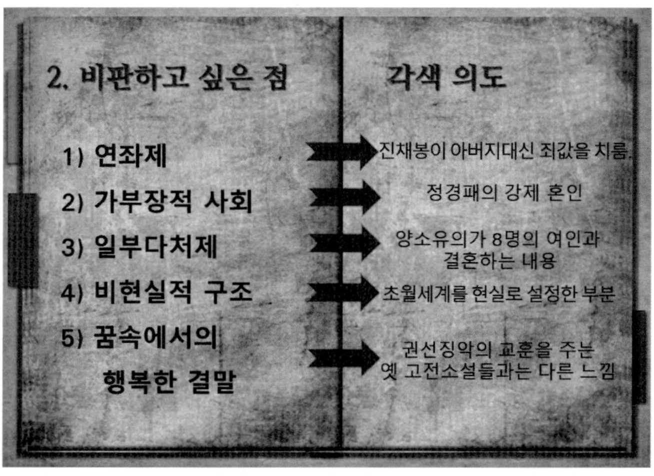

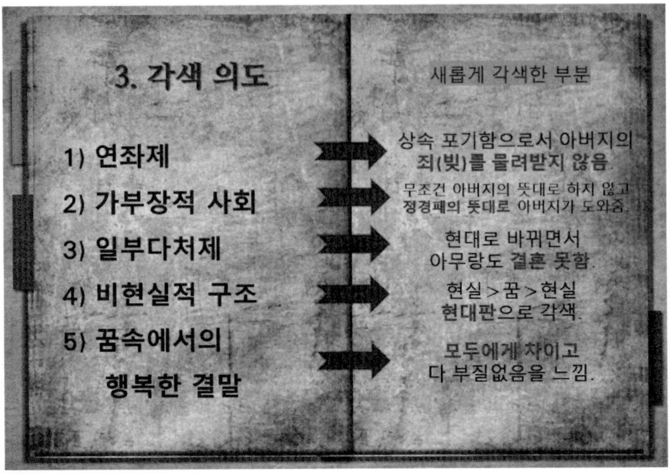

《셰익스피어 희곡선》—인상 깊은 장면이나 대사를 엮어 연극하기

《셰익스피어 희곡선》 안에 들어 있는 작품은 〈멕베스〉와〈로미오와 줄리엣〉이다. 희곡이기 때문에 대사가 인상적이긴 하나 요즘 시대가 아니므로 과장된 언어나 몸짓이 있어 감정이입하기 힘들 수도 있다. 희곡 작품이므로 스스로 따라 읽어보거나 실제 대사를 외워서 연극으로 활동해 보는 것이 중요하다. 연극 활동은 조별 작업으로 이루어지며, 각각 역할을 맡아서 수행한다. 인상 깊은 대사를 따라 읽거나 연극으로 표현해 보는 활동은 작중 인물에 감정이입하는 데 도움이 된다.

문학 작품 읽기에서 가장 초점이 맞추어지는 부분은 인물들에 대한 공감과 이해이다. 맥베스, 뱅코우 등의 인물에 감정이입하여 '내가 만약 맥베스라면', '내가 만약 뱅코우라면' 등을 가정하고 맡은 역할에 몰입하도록 유도한다. 감정이입하여 자신이 연기했던 인물이나 다른 사람이 연기했던 역할을 함께 연극으로 재현한 이후, 각각의 인물에 대한 공감 정도를 토론으로 확장하기도 한다.〈맥베스〉의 유명한 대사인 '피는 피를 부른다(Blood will have blood)'와 같은 문구를 암기하기도 하면서 셰익스피어가 언어의 마술사임을 실감하도록 한다.

〈교양세미나〉 발표하기 활동은 교재마다 다르게 주어지는 것이 특징적이고, 기본적인 이해를 위해 얼마나 이해하였는가를 보는 개념 혹은 내용 정리 발표로 진행되기도 한다.

3.2. 토론하기 활동—《이방인》, 《아Q정전》, 《논어》

《이방인》—독서토론과 조별 토론대항

〈교양세미나〉에서 중요한 활동은 토론하기이다. 〈교양세미나〉 교과목 토론 활동은 크게 독서토론과 찬반이 갈리는 조별 토론대항으로 나뉜다. 독서토론은 책을 읽으며 나오게 되는 여러 질문/의문/비판 형태의 토론 주제를 뽑아서 다양한 이야기를 나누는 활동이다. 이때 토론 주제를 조원들끼리 의논하여 한 조당 2개 정도씩 제시하도록 한다.

1조 이방인은 과연 누구인가?
　　뫼르소 재판의 과정이 공정했는가?
2조 엄마의 죽음에 대한 뫼르소의 태도
　　카뮈가 말하는 죽음의 의미
3조 뫼르소에게 마리는 어떤 의미였는가?
　　카뮈는 왜 뫼르소라는 인물을 창조했을까?
4조 뫼르소는 마리를 사랑했는가?
5조 뫼르소가 생각하는 진정한 삶의 가치는 무엇인가?
6조 뫼르소는 과연 이방인인가?
　　뫼르소는 왜 살인을 저질렀을까?

《이방인》을 읽은 후 각 조마다 뽑은 토론 주제를 보면, 이것만 이야기해도 어느 정도 글의 핵심 요지가 드러나게 됨을 알 수 있다. 토론 논제를 글쓰기 주제로 확장하는 이유는 여기에 있다. 독서토론이 자유롭게 의견을 개진하는 것이 특징이라면, 조별 토론대항 주제는 찬반이 갈리는 것으로 선정해야 한다는 것이 전제로 깔린다. 조별 토론대항 주제는 문학 작품인 경우는 작중 인물(혹은 행동)에 대한 공감/감정이입 정도에 관한 것이 많다.

《이방인》은 세 죽음을 둘러싸고 인물의 행동에 공감이 가는지에 대한 조별 토론대항이 펼쳐졌다. 그 핵심에는 '뫼르소라는 인물의 행동에 공감할 수 있는가'가 자리한다. 즉 뫼르소라는 인물을 이해하는 데 초점이 맞추어지게 되면서, '나라면 어떻게 했을까'에 집중하게 된다. 주변에서 뫼르소와 같은 인물을 대할 때 어떻게 하는가/나 자신은 뫼르소인 적이 없었는가/ 나는 이방인이 아닌가 등의 의문이 이어지게 된다.

《이방인》 조별 토론대항

1조, 6조　엄마의 죽음에 대한 뫼르소의 태도—공감할 수 있는가/없는가

2조, 5조　아랍인에 대한 뫼르소의 살인—이해할 수 있는가/없는가

3조, 4조　뫼르소의 살인에 대한 재판(사형선고)—재판과정이 타당한가/부당한가

조별 토론대항까지 하고 나면, 누군가는 뫼르소를 끔찍하게 싫어하기도 하고, 누군가는 뫼르소를 그렇게 몰고 간 사회를 들여다보기도 한다. 극명하게 갈리는 의견을 들여다보면서 사회에서 이방인으로 사는 것이 얼마나 힘겨운 것인가를 새삼 알 수 있게 된다. 뫼르소가 아니더라도 사회에서 정상으로 여기는 삶에서 벗어나는 순간, 살아가기가 힘들다는 사실을《이방인》 토론을 통해 학생들은 피부로 느끼게 된다.

《아Q정전》의 독서토론과 시사토론(왕따 문제 등)으로의 확대

루쉰의 《아Q정전》을 읽기 전, 학생들은 '정신승리법'이 정확히 어떤 의미인지, '정신승리네'라는 말을 하면서도 그 말이 어디로부터 기인하는지 몰랐다. 루쉰의 《아Q정전》을 읽은 후, 학생들은 '정신승리법'이라는 용어에 대해서 다시 한번 알게 되고, 나 자신도 아Q처럼 자기합리화를 하던 순간이 있었음을 인식하게 된다.

《아Q정전》에서 독서토론은 '아Q에게 정신승리법이란 최선의 방법이었을까'로 진행해 보면서, 아Q라는 인물에 집중해서 감정이입해 보도록 유도한다. 그런 후, 아Q와 같은 인물이 있으면 어떻게 대할 것인지의 문제, 즉 왕따 문제 등으로 확장하여 시사토론으로 이끌어갈 수도 있다. 시사토론이라고 하더라도 독후 활동의 연장이기 때문에 책 내용이 반드시 들어가는 것을 전제로 한다.

문학에서 다루는 주제 중 현대 대학생들에게 적용해 볼 만한 것들은 사회에서의 왕따 문제와 나와 다른 사람, 즉 이방인에 대한 이해이다. 그런 면에서 《이방인》과 《아Q정전》을 읽고 함께 토론해 보는 과정은 내가 얼마나 나와 다른 사람에 대해 얼마나 반감을 가지고 있는지를 새삼 인식하게 한다. 만약 뫼르소나 아Q와 같은 인물이 내 주변에 있다면 나는 어떻게 대할 것인가에 대한 가정으로부터 시작하는 것도 문학 독서토론으로 적절하다.

나와 다른 사람이라고 하여 편견을 가지고 대하진 않았는지, 혹은 사회의 관습화된 정형으로부터 벗어날 경우 얼마나 살기 힘든지 등에 관해 한번 생각해 보는 것만으로도 타인을 이해하고 공감하는 데 도움이 될 수 있다. '죽음에 슬퍼해야 한다', '죽음은 슬픈 것', '장례식장에서는 눈물을 흘려야 한다'라는 관습들은 다른 방식으로 죽음을 대하는 사람들을 격리시키고 배제해 나간다. 가족관계도 마찬가지이다. 현대사회의 가족은 친밀하지 않을 수도 있다. 모든 감정을 공유하지 않을 수도 있다. 문학 속에서 나와 다른 삶을 이해하는 법이나 혹은 내가 미처 깨닫지 못했던, 관습화된 사회 때문에 숨겨왔던 감정에 마주하기도 한다. 그러면서 서로 소통하고 공감하는 법을 배우는 것이 〈교양세미나〉 토론활동의 목표이다.

교양교육으로서의 고전 읽기는 등장인물에 감정이입을 하거나 공감하는 능력을 길러줄 수 있다. 인간은 살아가면서 직접 체험할 수 있는 부분이 극히 제한되어 있다. 문학은 직접 경험할 수 없는 영역에 대한 이해와 공감 능력을 길러줌으로써 나와 다른 사람을 이해하고 함께 살아갈 수 있도록 해준다. '이방인'이나 '정신승리법'과 같은 용어는 책을 읽기 전에는 나와는 상관없는 것들이었다. 그러나 책을 읽고 토론하는 과정을 통해 학생들은 스스로를 반추하게 된다. '나는 이방인이었던 적이 없는가', '나 역시 편견으로 다른 생각을 가진 사람을 몰아 붙인 적이 없는가', '나는 왕따거나 주변으로부터 인정받지 못한 적이 없는가', '나도 아Q와 같은 사람을 왕따시키거나 무시한 경험이 없는가' 등의 토론을 통한 비판적 사고를 통해 '나 자신'에 대해 온전히 들여다보게 하는 기회를 제공한다. 고전 읽기의 가장 일차적인 목적은 바로 '**나 자신을 돌아보는 것**'이다.

사회과학 서적에서의 토론활동—《논어》와 현대사회와의 비교

《논어》는 현대 대학생들에게 케케묵은 옛 말씀으로 인식된다. 줄거리 위주가 아니라 공자와 제자들 사이의 말씀들을 엮어놓았기 때문에 글의 형식 자체도 낯설다. 그러나 《논어》가 고전이라고 하여 《논어》에 적힌 모든 말들을 다 받아들여야 하거나 따라야 하는 것은 아니다. 현대사회와 맞지 않는 부분이 있으면, 왜 이 부분이 맞지 않는지, 과거와 현재 무엇이 달라졌는지를 비교해 보며, 현대사회를 다시 한번 돌아보는 데 의의가 있다.

학생들이 뽑은 《논어》 토론논제 예시

(1) 학문: "옛날의 배우는 자들은 자신을 위한 학문을 하였는데, 지금 배

우는 자들은 남을 위한 학문을 한다"라는 구절에서 자신을 위한(자신이 하고 싶은 학문)을 해야 할까 남을 위한(남에게 인정받고 미래에 안정적인 학문)을 해야 할까?라는 주제를 생각하게 되었습니다.

(2) 정치: 공자 말씀하셨다. "인도하기를 법령으로 하고 가지런히 하기를 형벌로 하면, 백성들이 면하기만 할 뿐 부끄러움은 없을 것이다. 인도하기를 덕으로 하고 가지런히 하기를 예로써 하면, 부끄러움도 있고 또 발라질 것이다"에서 볼 수 있듯이 공자는 법령과 형벌이 아니라 덕과 예에 의한 정치를 주장합니다. 저는 '정치를 하는 데 있어서 법령과 형벌보다 덕과 예를 중시하는 것이 과연 실제로 실효성이 있을까'에 대해 토론해 보고 싶습니다.

(3) 효: "아버지는 자식을 위하여 숨겨주고 자식은 아버지를 위하여 숨겨준다"라는 구절에서 공자가 말하는 가족이 서로의 잘못을 숨겨주는 것이 과연 올바르고 정직한 행동일까?

위의 예시들은 학생들이 직접 뽑은 토론 논제들이다. 《논어》에서 가장 의견이 팽팽하게 대립되는 부분은 정치와 효에 관한 부분이다. 이외에도 제사 지내는 절차나 남녀유별 사상 등에 관한 부분도 팽팽한 대립을 이루는 의견이 많다. 서로 대립되는 의견들은 찬반 토론을 거치게 된다. 찬반 토론 중에 자신이 한 입장을 선택하여 논거를 들고 현대사회와 맞지 않는 이유를 제시하거나, 반대로 여전히 유효한 이유에 대해 논거를 들어 맞서기도 한다.[2] 이렇게 《논어》를 가지고 현대사회와 비교하여 찬반 토론으로 서로 다른 의견을 주고받음으로써, 과거와 현재, 혹은 나와 다른 생각을 가진 사람과 소통하게 된다(유종호 외 2018, 63-64).[3] 〈교양세미나〉 교과목

2 찬반 토론은 계명대학교 토론대회 방식으로 활용되는 칼 포퍼식 토론 방식을 교양 세미나 수업 시간에도 활용한다. 입론, 반론, 최종발언, 자유토론 발언자 등으로 구성된 한 조가 한 팀을 이루어 다른 조와 찬반 토론을 펼치는 것이다.

에서 토론을 가장 강조하는 것은 세미나 과목의 특성상 책을 읽고 나서 자기도 생각해 보지 못했던 부분과 공감하거나 소통하는 데 의의가 있기 때문이다. 서로 치열하게 근거를 들어 토론해 본 경험은 의견이 대립될 경우 혐오가 아니라 공감과 소통이라는 다른 쪽 문이 있다는 것을 알게 해준다.

고전이란 완벽하지 않다. 다시 읽어도 새로운 느낌을 주는 책이다. 고전이 지금 이 시대 이야기가 아니라고 하여 케케묵은 옛이야기에 머무른다면, 현대 우리가 읽는 의미가 없다. 고전 읽기 수업에서 가장 중요한 것은 **현대사회와의 비교**이다. 현대사회와 맞지 않는 부분은 비판하기도 하고, 혹은 과거에는 소중했던 가치가 현대사회에서 상실된 것을 비교해 보면서 무엇을 잊고 살아가고 있는가를 돌아보기도 한다. 그래서 고전 읽기의 가장 중요한 가치는 현대사회와의 비교를 통해 우리 자신의 삶을 돌아보는 것이다.

《논어》와 《자유론》, 《프로테스탄티즘의 윤리와 자본주의 정신》 같은 역사와 철학, 사회와 문화 관련 고전의 토론은 현대사회와 비교하여 '시사토론'에 가깝게 진행된다. 고전은 현대사회와 비교하여 현재 '나'의 삶에 연관될 때에 비로소 가치가 있다. 발표와 토론 활동으로 진행된 후, 기말고사 기간에 글쓰기로 마무리하게 된다. 글쓰기는 주로 주제가 있는 독후감(주로 문학 작품)/현대사회와의 비교를 통한 비판적 글쓰기(사회과학 혹은 자연과학 서적) 등으로 주어지게 된다. 각 교재가 끝날 때마다 간단한 독후 글쓰기를 작성하기도 한다.

---

3 명저 읽기 수업에서 토론의 중요성이 강조된 사례는 이 수업을 처음 창시한 컬럼비아 대학에서부터 찾아볼 수 있다. 토론 위주로 수업이 진행되었고 이 토론을 주재하기 위해 두 명의 교사가 배당되었으며, 이 두 명은 서로 다른 의견을 제시해야 한다는 암묵적 양해가 되어 있었다는 것이다.

4. 나오며

'고전'이 완벽할 필요는 없다. 고전을 비판하면서 현대를 반성하기도 하고, 현대가 과거와는 많이 달라졌음을 느끼기도 하고, 현재 상실된 가치를 새삼 되새기기도 한다. 《논어》에서 효의 강조는 학생들에게 가장 비판받는 부분 중 하나이다. 그러나 아들이 아버지를 죽이고 부모가 자식을 살해하는 뉴스를 매일 접하는 현대사회에서 예전에는 중요했던 효(가족관계)는 언제부터 중요하지 않게 된 것일까. 우리는 무엇을 잃어버리고 살아가고 있는가. 반대로 과거에는 중요하지 않았던 가치들이 새롭게 인식되기도 한다. 남녀가 유별하다든가, 여자는 이래야 한다라는 구절도 학생들에게 가장 많은 반감을 사는 부분이다. 그만큼 과거에 비해 남녀에 대한 인식이 달라졌음을 알 수 있다. 현재와 맞지 않는 부분에 반감을 가지고 비판하기도 하지만 잠시 현대사회에서의 우리 삶을 정지시키고 반추해 보는 계기가 되기도 한다. 고전은 현재 우리의 삶을 돌아보게 한다는 점에서 대학교육에서의 가치가 있다. 《프로테스탄티즘의 윤리와 자본주의 정신》을 읽으며 우리는 무엇 때문에 이렇게 바쁘게 시간에 쫓기며 살아가고 있는가에 대해 반문해 보거나, 지금 나의 직업이 내가 진정 좋아하는 일인가에 대해 한번쯤 생각해 보게 한다. 《자유론》을 읽고 자유를 주장하면서도 정작 나는 다른 의견을 내는 사람을 이상하다 여기고 배제시킨 적은 없는지 혹은 모두가 동의할 때 과감히 다른 의견을 내본 적이 있는지에 대해 스스로 돌아보게 한다. 그것이 바로 전자매체로 스킵해서 정보를 습득하고, 빠른 속도로 달리는 댓글에 젖어가고 있는 우리가 고전을 '정독'하는 이유이다.

참고 문헌

교양글쓰기 교재편찬위원회. (2009; 2014; 2015). 《교양글쓰기》. 계명대학교 출판부.

김건우. (2018). 〈교양 현대문학 교육이라는 '제도적' 문제〉. 《반교어문연구》(반교어문학회) 49, 113-134쪽.

안현효. (2019). 〈통합인문 교양교육에서 고전교육—대학교육 혁신에서 교양교육 강화 방안〉. 《교양교육연구》(한국교양교육학회) 13(3), 99-123쪽.

유종호. (2018). 〈서양의 고전—한 시험적 조망〉. 《고전강연 1 개론》. 민음사.

황인순·김보현. (2017). 〈대학 교양국어교육의 고전문학 텍스트 활용 연구—비평적 글쓰기를 위한 모형 구축을 중심으로〉. 《한국문학이론과 비평》(한국문학이론과비평학회) 77, 31-54쪽.

대학 교양 과정에서의 시 교육 연구

영화 <패터슨>의 활용 방안을 중심으로

송현지

1. 서론—'교양' 과정에서의 '시' 교육이라는 특수성

학습자가 수동적인 독자에 머물지 않고 주체적인 독자로 나아가게 하는 것은 문학 교육의 오랜 과제였다. "주체적 판단능력을 가진 주체적 독자의 부재"가 "문학 교육의 실패"를 보여주는 증거로 거론될 만큼(유종호 1995, 14) 학습자의 능동적이고 주체적인 작품 읽기는 문학 교육 방식의 유효성을 판별하는 데 있어 중요한 기준이었다. 이에 따라 그간의 시 교육 연구들은 지금까지 이루어진 교육 방식을 반성하며 학습자들이 시 작품을 주체적으로 읽게 하기 위한 여러 방안을 제안하여 왔다.

이는 대학 교양 과정에서 행해지는 시 교육에서도 마찬가지였다. 논자들은 교양으로서의 시 교육에 대한 의미 있는 제언들과 함께 실질적인 학습 전략을 제시하였는데 이 역시 교양 시 과목을 듣는 학습자들이 능동적인 주체의 위치에서 시를 읽을 수 있기 위함이었다. 그런데 이러한 연구들의 대부분은 '시'보다는 전공 교육과 구분되는 '교양교육'에 초점을 둠으

* 이 논문은 2019년 대한민국 교육부와 한국연구재단의 지원을 받아 수행된 연구임(NRF-2019S1A5B5A 07084516).

로써 교양으로서의 문학 교육 일반의 관점에서 시 교육의 방향성을 제안한다는 점에서 아쉬움을 남긴다.[1] 최근 들어 교양으로서의 시 교육이 다른 장르의 교양 문학 교육과 어떠한 점에서 변별되며, 이에 따라 어떤 점을 고려하여 교육하여야 하는가에 대한 논의가 진행되고 있으나[2] 이에 대한 논의는 여전히 충분하지 않은 상황이다.

대학 교양 과정의 시 교육의 경우, 학습자들을 능동적인 독자로 나아가게 하기 위한 방안을 모색하는 데에는 좀 더 섬세한 접근을 필요로 한다. 그것은 교양 과목을 수강하는 학습자들이 시를 수동적으로 읽는 원인이 조금 더 복잡한 연관관계 속에서 형성되기 때문이다. 이는 여러 논자들이 지적한 대로 학습자의 대부분이 문학을 전공하지 않는 학습자들이라는 사실 때문만은 아니다. 그보다 교양으로서의 시 교육을 수강하는 학습자들의 특수한 사정은 그들의 상당수가 중·고등학교 정규과정을 마친 이후

---

1 대표적으로 엄성원과 김낙현의 글이 그러하다. 그들의 연구는 중등 교육 과정과 대학 전공 과정에 치우쳐져 있던 시 교육 연구를 교양의 영역으로까지 확장시키는 성과를 거두었으나, 이러한 논의가 "심화된 학문으로서의 전공 교육"과 "보편적인 지성으로서의 교양 교육"이 어떻게 달라야 하는가에 초점을 둔 문학 교양 일반의 관점에서 이루어진 까닭에 교양으로서 행해지는 시 교육의 특수성을 세심하게 고려한 것은 아니었다(엄성원 2011; 김낙현 2014).

이에 반해, 유성호는 교양교육의 특수성에 주목하는 한편 시가 "고유하게 견지하고 있는 긍정적 몫과 기능"에 초점을 맞추어 교양 시 교육의 방향을 제시한다는 점에서 이 글에 시사하는 바가 크다. 이는 교양으로서의 시 교육의 정당성과 방향성에 대한 깊이 있는 고민의 결과로 보인다(유성호 2005, 11–32).

2 박한라와 최호영은 실제 교양 시 교육 현장에서 이루어질 수 있는 실질적인 학습전략을 설계하는 과정에서 교양 학습자들의 특수성에 많은 관심을 기울였다. 박한라는 대부분의 학습자가 시를 제대로 향유해 본 경험이 없다는 사실에 주목하여 교양 시 교육은 그들이 시를 향유하기 위한 여정을 만들어주는 데 그 중요한 가치가 있다고 보았으며, 최호영은 시적 경험이 부족한 학생들이 시 텍스트에 접근할 때 발생하는 문제점을 중심으로 논의를 진행하였다. 특히 최호영의 연구는 영화를 활용하여 시를 교육한 사례를 제시한다는 점에서 이 글이 제안하는 방안과 유사하다. 그러나 그는 학습자가 시를 구체적으로 이해하게 하는 방안으로서 영화를 활용하였다는 점에서 이 글이 영화를 활용하는 목적과는 상이하다(박한라 2020; 최호영 2020)

시를 접한 경험이 없고, 시집을 구매하거나 독서하는 경우가 거의 없다는 점이다. 이는 동일한 학습자들의 소설 독서 실태와 비교하여 볼 때 분명해진다.[3] 이러한 현상의 원인을 밝히는 것 역시 시 교육의 중요한 논제이겠으나 이는 이 글의 주제와도 어긋날 뿐만 아니라 다른 지면을 필요로 한다. 다만 이 글은 이로 인하여 대학 교양 과목을 수강하는 대부분의 학습자들이 시를 더욱 낯설고 어려운 장르로 여기게 되었다는 점에 교양으로서의 시 교육의 난점이 있다고 보고 이를 극복할 수 있는 방안을 생각해 보고자 한다.

---

3 이희중은 교양 문학 수업을 수강하는 학습자들을 다방면으로 조사하며 교양 학습자들의 시 독서량이 소설의 독서량에 비교할 때 매우 부족한 상태임을 드러낸 바 있다. 이희중이 학습자들에게 던진 질문 중 하나는 그들이 태어나서 몇 편의 시를 읽었는가에 대한 것이었다. 이에 대해 교양 과목의 학습자의 72%가 100편 미만의 시를 읽었다고 답할 정도로 시 독서량은 참담한 수치를 보여주었다. 한편, 그는 학습자들이 단편소설과 장편소설을 몇 편 읽었는가에 대해서도 질문하였는데, 이는 개인별 편차가 매우 심하였으며, 장편소설의 독서량은 우리 문학의 성취에 비해 상대적으로 과하다고 할 만큼 많았다(이희중 2005, 28−43). 그런데 이희중의 조사가 2004년에 시행되었을 뿐만 아니라 조사 대상이 18명 정도에 불과하다는 점에서 이는 현재 교양 학습자들의 독서 실태를 반영한다고 보기에는 무리가 있다. 이에 필자는 2018년 2학기, 대구 소재 사립 대학교에서 교양 과목으로 시 과목을 수강하는 교양 학습자들을 대상으로 설문조사를 함으로써 그 실태를 다시 살펴보고자 했다. 해당 과목의 수강인원은 51명이었으며, 이 중 어문학계열 전공자는 1명, 나머지 학습자들은 모두 비문학 전공 학습자들로 구성되었다. 중등교육 이후 시집을 구입하거나 도서관에서 대출한 경험이 있는가에 대한 질문에서 50명의 학습자들(98%)은 한 권도 없다고 응답하였으며, 그들이 알고 있는 시인은 윤동주, 서정주, 이상 등과 같은 중등교육과정에서 접한 시인들이 전부인 상태였다. 수업에 대한 요구사항을 묻는 질문에서 23명의 학습자들(45%)이 시를 어렵지 않게 가르쳐 달라고 대답하였으며, 18명의 학습자(35%)는 수업이 지루하지 않게 진행되었으면 한다는 응답을 제출하였다. 설문조사의 결과에서도 알 수 있듯 학습자들은 시가 낯설고 어려운 장르라는 막연한 인식을 가지고 있었으며, 수업을 진행하는 과정에서도 그들은 시인들을 역사 속의 존재로서 신비화하여 바라보거나 낭만주의적 관점에 의거하여 사고하는 경향이 있었다. 한편, 수업을 수강한 이유를 묻는 질문에서 36명의 학습자(70%)가 시에 흥미가 있어 수업에 자발적으로 수강신청을 하였다고 답변하였다는 점은 주목할 만한데, 이는 자발적으로 수업을 선택하여 수강한 학습자들조차 시에 접근하는 것을 한편으로는 두려워하기까지 한다는 사실을 보여준다. 이는 시에 대한 그들의 심리적인 장벽이 그만큼 높다는 사실을 증명하는 것이기도 하다.

시가 어려운 장르라는 선입견을 가지고 있는 상태에서 학습자는 자신의 감수성에 맞춰 주체적으로 시를 읽기 어렵다. 그들은 오히려 권위 있는 누군가에게 기대어 시를 이해하는 방식을 편안해하거나 극단적으로 말하자면 피동적인 독자에 머무르는 것을 선호하기도 한다. 이는 그간의 시 교육 장에서 골몰하였던 '작품 교육 방식의 변화'를 꾀하는 방법만으로는 작품을 대하는 그들의 수동적인 태도가 쉽게 해결되지 않는다는 사실을 짐작하게 한다.

또한 학습자들은 고등학교를 졸업한 이후 시를 접하지 않음으로써 시를 자신의 삶과 동떨어진 것으로 여기는데 이로 인해 학습자들의 학습 의욕이 높지 않다는 점 역시 생각해 볼 문제이다. 이러한 상황에서는 교양으로서의 시 교육의 가치가 아무리 좋은 것이라 하더라도 이를 실현하기는 어렵다. 즉, 교양 과정의 학습자에게는 매력적인 시 작품을 접하게 하는 일이나,[4] 그들의 작품 이해를 위해 새로운 교육 방법을 모색하는 일은 차후의 문제일 수 있다는 것이다.[5]

이러한 문제의식에서 이 글은 교양 과정에서의 시 교육을 효과적으로 진행하기 위해서는 학습자가 본격적으로 시 작품을 접하기 이전, 시에 보다 친숙해질 수 있게 하는 선행 작업이 필요하다는 판단 아래 학습자의 시에 대한 낯설음을 해소시키는 방안으로 영화 〈패터슨〉을 활용할 것을 제

---

4 유종호는 문학 교육의 첫걸음이 피교육자에게 매력 있는 작품을 접하게 함으로써 그들이 자연스레 그 매력의 포로가 되도록 하는 데서 시작해야 할 것이라고 주장하였다(유종호 2009, 44). 교양 학습자들을 교육하는 데 있어서도 좋은 시 작품을 읽게 하는 것은 중요한 일이다. 그러나 이러한 학습자의 상황에서는 그 첫걸음을 문학 작품으로 하는 방식은 재고할 필요가 있다.

5 물론, 시의 장르적 특성상 이는 문학 전공 학습자에게도 예외일 수는 없다. 그러나 그들은 문학을 전공으로 선택하였을 만큼 상대적으로 시에 흥미를 가지고 있을 가능성이 크며, 전공 교육과정을 수강하는 과정에서 시에 체계적으로 접근이 가능하다. 이에 반해, 교양 과정 학습자는 대부분 교양 과목을 통해 일회적으로 시를 접하는 데 그치는데 이러한 점에서 교양 학습자에게 이런 선행 과정이 더욱 요구된다고 볼 수 있다.

안하고자 한다. 이를 위해 먼저, 〈패터슨〉을 시 교육적 가치에 중점을 두어 분석한 후 이를 시 교육에 활용할 수 있는 구체적인 방안을 실제 사례를 바탕으로 살펴보도록 한다. 이 과정에서 교양으로서의 시 교육의 본질과 가치 역시 함께 논의될 수 있을 것으로 기대된다.

2. 〈패터슨〉을 활용한 시 교육의 가능성

2.1. 시와 시인에 대한 통념의 전복과 심리적 장벽의 해소

시 교육에서 영상 매체의 활용은 학습자의 주의를 집중시키고 흥미를 유발한다는 점에서 유용한 방안으로 논의되어 왔다. 학습자들이 시 작품을 본격적으로 접하기 전 그들에게 시와 관련된 영상을 감상하게 하는 일은 영상 매체에 익숙한 학습자들의 수업 참여도를 높이고 수업에 대한 장벽을 낮춘다는 점에서 유효할 수 있다. 짐 자무쉬 감독의 〈패터슨〉(2016)을 본격적인 시의 감상과 이해에 앞서 학습자와 함께 감상하고 토론할 것을 제안하는 이 글의 방법 역시 이러한 영상 매체 활용의 장점과 무관하지 않다.[6] 그러나 이 글이 〈패터슨〉을 예비 작업에 활용하려는 보다 근본적인

6 특히, 영화를 활용하여 시를 교육할 때 발생하는 여러 문제를 생각해 볼 때, 〈패터슨〉의 강점은 분명하다. 수업에서 영상 매체를 활용할 때의 대표적인 난점은 제한된 수업 시간 안에 영화의 감상과 그것의 이해를 위한 활동을 어떻게 분배할 것인가의 문제일 것이다. 영화의 러닝타임이 길 경우 수업 시간 내에 이를 모두 감상하기 어려우며, 그것이 가능하다 하더라도 시 교육이 아닌 영화 감상이 주가 되는 것은 수업의 목표에 어긋난다. 그렇다고 학습자들에게 이를 각자 집에서 감상해 올 것을 요청한다면 학습자의 참여를 기대하기 어려우며 이를 바탕으로 이루어지는 활동 역시 적극적인 태도로 이루어지기 어렵다. 그런데 〈패터슨〉은 주인공 패터슨의 일주일 동안의 일상의 반복으로 구성된 까닭에 수업 시간 동안 118분의 러닝타임을 모두 채워 학습자와 함께 감상하지 않아도 수업이 가능하며, 약 15분 단위로 이루어진 패터슨의 하루들을 취사선택하여 학습 자료로 구성하여 보여주는 것만

이유는 이 영화가 시와 시인의 존재에 대한 근본적인 질문을 유도한다는 점에 있다.

영화는 미국 뉴저지 주의 작은 도시 패터슨에서 버스 운전을 하며 틈틈이 시를 쓰는 패터슨의 일주일 동안의 일상을 시간의 순서대로 담는다. 그의 일상은 그가 운행하는 23번 버스의 노선과 같이 반복된다. 그는 매일 아침 아내 로라의 곁에서 일어나 아침을 먹고, 걸어서 버스 차고지에 출근을 한 후 노선대로 버스를 운행하다 점심을 먹는다. 버스 운전이 끝난 저녁이면 집에 와 아내와 저녁을 먹고, 반려견 마빈과 산책을 하다 그를 잠시 묶어둔 후 바에서 맥주를 한 잔 마시는 것으로 그의 하루는 마무리된다.

이 별다를 것 없이 되풀이되는 패터슨의 일상에서 우리의 눈을 사로잡는 것은 그가 시를 쓴다는 사실이다. 그는 이러한 일상을 영위하는 가운데 시를 쓰며, 거기에는 공간과 시간의 제한이 없다. 그는 아침을 먹거나 길을 걸으며 시상을 떠올리기도 하고, 자신이 썼던 시들을 머릿속에서 되짚어가며 고쳐보기도 한다. 이렇게 쓴 시들을 운전석에 앉아 노트에 옮겨 적는 것 역시 그의 일과 중 하나이다. 영화는 패터슨의 시작 노트와 풍경을 오버랩하며 일상과 시 쓰기의 경계가 없는 패터슨의 생활을 효과적으로 구현한다.

그런데 여타의 시와 관련된 영화들이 주인공이 시에 관심을 가지게 된 계기를 중심으로 시를 쓰게 되는 과정을 서사화하였다면,[7] 〈패터슨〉은 주인공이 시를 쓰게 된 계기는 무엇이며, 그가 왜 시를 쓰는지를 다루지 않

으로도 실제 교육 현장에서 충분히 활용할 수 있다는 점에서 효과적이다.

또한, 영화가 학생들이 이해하기에 지나치게 어렵다면, 영화를 설명하는 데 주객이 전도되는 상황이 발생할 수 있으나 〈패터슨〉은 일상과 시의 낭송이라는 단순한 서사들로 영화가 구성되어 있기에 영화에 대한 학습자의 이해를 크게 염려하지 않아도 되며, 여타의 시를 소재로 한 영화들에 비해 상대적으로 최근에 개봉된 영화라는 점 역시 학생들의 주목을 끌 수 있다.

는다. 카메라는 다만 패터슨의 지하실 책꽂이에 꽂힌 윌리엄 카를로스 윌리엄스의 시집들을 비춤으로써 그가 패터슨에서 나고 자란 이 시인의 시를 좋아한다는 사실을 암시하여 그의 영향을 추정하게 할 뿐이다. 영화가 패터슨이 시를 쓰게 된 계기나 과정 등을 보여주는 극적인 서사를 다루지 않음으로써 시를 쓰는 주인공은 신비화되지 않고, 그는 우리 주변에서 흔히 볼 수 있는 평범한 인물로 계속 머무른다.

이는 영화가 패터슨의 성격을 그리는 방식이기도 하다. 패터슨은 우리가 흔히 생각하는 예술가적 기질을 가지고 있지 않다. 패터슨을 연기하는 배우 애덤 드라이버의 얼굴에서 표정의 변화는 미미하게 이루어질 뿐이며, 그의 감정은 큰 기복이 없는 듯 보인다. 아내가 만든 특이한 요리를 먹을 때, 길을 가다 무례한 말을 건네는 젊은이들에게도, 심지어 버스가 고장이 나 도움이 필요할 때조차 그의 톤과 표정에는 큰 변화가 없다. 담담하고 무덤덤한 그의 모습은 그의 아내인 로라와의 대비를 통해 더욱 두드러진다. 컨트리 음악 가수를 꿈꾸며 어느 날 갑자기 기타를 주문하거나 컵케이크를 구워 부자가 되기를 바라기도 하며, 내키는 대로 인테리어와 의상을 수정하는 에피소드들에서 드러나는 로라의 즉흥적이고 변덕스러운 기질과 달리 패터슨은 그저 반복되는 일과를 성실하게 소화하며 감정이나 생각의 변화를 쉽게 드러내지 않는다. 로라의 모습이 우리가 일반적

---

7 대표적으로 마이클 래드포드 감독의 〈일 포스티노〉(1994)와 이창동 감독의 〈시〉(2010)를 〈패터슨〉과 비교해 볼 수 있다. 〈일 포스티노〉에서 우편배달부 마리오는 시인 파블로 네루다와의 만남을 계기로 시인이 되며, 〈시〉에서 미자는 우연히 시 수업을 들으며 시를 쓰게 되는데 두 영화는 그들이 어떻게 시를 쓰게 되었으며, 그들의 삶과 시가 어떠한 영향을 주고받는가에 주목한다. 이 중 〈일 포스티노〉는 노동을 하는 평범한 생활인이었던 마리오가 시인으로 변모한다는 점에서 〈패터슨〉과 같이 누구나 시인이 될 수 있다는 사실을 제시하는 듯 보인다. 그러나 영화가 시종 파블로 네루다에 대한 찬사로 이루어져 있으며 결말에서 마리오가 세계에 변화를 일으키는 정치적인 시를 쓰는 시인으로 성장하는 것으로 그린다는 점은 시인을 일상인과 구분하고 특별한 존재로 제시하는 것이다. 이는 〈패터슨〉이 담고 있는 시인에 대한 정의와 차이가 있다.

으로 상상하는 예술가의 모습에 가깝다면, 영화에서 묘사되는 패터슨의 기질은 오히려 생활인에 가까운 것이다.

영화는 패터슨의 삶이나 그의 기질이 별반 특별하지 않다는 점을 의도적으로 강조하는 것인데 이는 이 글이 〈패터슨〉을 교양 수업의 예비 과정에서 학습자들과 함께 감상하는 것을 제안하는 이유 중 하나이다. 〈패터슨〉은 이처럼 시인에 대한 일반적인 통념과 어긋나는 패터슨의 모습을 보여줌으로써 학습자로 하여금 '시인은 어떤 사람인가'에 대한 물음을 던지게 하기 때문이다. 영화를 감상하는 과정에서 학습자들은 단순히 패터슨을 시인이라고 할 수 있는가에 대한 질문을 던지는 것에서부터 '시인의 자질이란 무엇이며, 시인은 누구인가'라는 시인의 존재에 대한 본질적인 물음을 던지는 것으로 나아갈 수 있다. 이러한 과정을 통해 학습자들은 시인에 대한 자신의 생각이 선입견에 불과하였으며, 시인이 우리와 기질적으로 다른 개체이거나 신비한 존재가 아니라는 사실을 깨달을 수 있는 것이다.

그런데 〈패터슨〉이 건드리는 것은 시인에 대한 통념만이 아니라 시에 대한 통념이기도 하다. 영화는 시를 쓰는 패터슨의 진지한 모습을 비출 뿐, 그가 창작의 고통을 느끼거나 어렵게 시를 쓰는 모습을 단 한 장면도 삽입하지 않는다. 대신 영화는 패터슨이 일상에서 시의 소재를 얻고, 대상을 관찰하여 시를 쓰는 모습에 주목한다.

우리 집에는 성냥이 많다
언제나 손 닿는 곳에 둔다
요즘 우리가 좋아하는 제품은 오하이오 블루 팁,
전에는 다이아몬드 제품을 좋아했지만
그건 우리가 오하이오 블루 팁 성냥을
발견하기 전이었다

훌륭하게 꾸민, 견고한
작은 상자들로
짙고 옅은 푸른색과
흰색 로고는
확성기 모양으로 쓰여 있어,
마치 세상에 더 크게
외치려는 것 같다
"여기 세상에서 가장 아름다운
성냥이 있어요
4cm의 매끈한
소나무 막대는
머리에 거친 포도색 모자를 쓰고
차분하고도 격렬하게
오래도록 불꽃으로 타오를
준비를 하고
사랑하는 여인의 담배에
불을 붙여줄지 몰라요
난생처음이자
다시 없을 불꽃을
이 모든 걸 당신께 드립니다"
그 불꽃은 당신이 내게 주었던 것
난 담배가 되고 당신은 성냥 되어
혹은 나 성냥 되고 당신은 담배 되어
키스로 함께 타올라 천국을 향해 피어오르리라
—〈사랑 시(Love Pome)〉 전문[8]

패터슨이 이틀에 걸쳐 쓴 이 작품은 아침 식사를 할 때 그의 앞에 놓여 있던 "오하이오 블루 팁 성냥"을 보는 일에서부터 시작된다. 이 흔하고 사소한 일상의 사물을 보며 그는 그것이 어떠한 목소리를 내는가에 귀를 기울이고 이 과정을 통해 듣게 된 자신의 내면의 목소리를 시로 기록한다. 이처럼 그의 시 쓰기가 눈앞의 대상에 대한 관찰과 기록의 방식으로 이루어진다는 점은 시에 대한 학습자들의 경직된 생각을 풀어주기에 충분하다. 이 작품을 포함하여 패터슨이 쓴 7편의 작품을 통해 영화는 일상의 사물들이 시가 되는 과정을 보여줌으로써 깊은 사상을 가지고 있지 않아도, 그 안에 대단한 시적 발견이 없어도 시가 되는 다양한 예들을 학습자들이 경험하게 한다. 이는 패터슨이 좋아하는 윌리엄 카를로스 윌리엄스 시의 특징이기도 한데, 영화는 이러한 일상의 시화(詩化)가 패터슨의 아마추어리즘에서 비롯된 것이 아니라는 것을 증명이라도 하려는 듯 윌리엄스의 다음과 같은 시를 들려주기도 한다.

아이스박스
속에 있던 자두를
내가
먹었소

그것은
아마도 당신이
아침 식사를 위해
아껴두고 있었던 것

---

8 이 작품을 포함하여 〈패터슨〉에 실린 7편의 시들은 시인 론 파젯(Ron Padgett)이 영화를 위해 쓴 것이다.

나를 용서하오
자두는 맛있었다오
무척 달콤하고
무척 시원했다오
—윌리엄 카를로스 윌리엄스, 〈할 말은 이것뿐이오(This is just to say)〉 전문

이렇게 가볍고 유머러스한 시 역시 시가 될 수 있다는 사실은 '무엇이 시가 될 수 있는가'에 대한 우리의 고정관념을 전복시키며 시를 마냥 어렵게 생각할 필요가 없다는 사실을 깨닫게 한다. 학습자들은 패터슨이 일상의 사물을 세심하게 관찰하여 시를 쓰는 과정을 함께 경험하고, 이러한 과정에서 만들어진 자연스럽고 편안한 패터슨의 시들을 함께 읽으며 시를 쓰는 일, 그리고 이러한 방식에서 나온 시를 읽는 일이란 그리 어려운 것이 아닐지도 모른다는 생각을 가질 수 있는 것이다.[9]

이처럼 〈패터슨〉은 시와 시인에 대한 일반적인 통념에 제동을 거는 작품이라는 점에서 이를 본격적인 시 작품을 가르치기 이전, 교양 시 과목을 수강하는 학습자들과 함께 감상하는 일은 유효하다. 영화를 감상하며 학습자들은 시인은 누구이며, 시는 어떻게 창작되는 것인가에 대하여 능동적으로 사고함으로써 시인은 우리와 기질적으로 다른 개체이거나 신비한 존재가 아니며, 누구나 일상을 세밀하게 관찰한다면 시를 쓸 수 있다는 사실을 깨닫게 된다. 즉, 〈패터슨〉을 감상하는 과정에서 학습자들은 시와 시인을 신비화해 온 자신의 통념에 의문을 제기하고 이를 새로이 바라봄으로써 시에 대한 심리적인 장벽을 낮출 수 있는 것이다.

9 〈일 포스티노〉나 〈시〉와 비교하여 볼 때, 이는 〈패터슨〉을 교양 수업의 예비 과정으로 다루는 것이 왜 유용한지를 알려준다. 두 편의 영화 역시 시 쓰는 작업에 대해 다루고 있으나, 〈패터슨〉은 특히 시란 운율이 없어도, 거창한 시적 발견이 없어도, 일상의 작은 것들을 소재로 삼아서도 가능한 문학 장르임을 보여주기 때문이다.

2.2. 시(쓰기)의 가치 발견과 학습 의욕의 고취

앞서 살펴보았듯 시 교양 과목을 듣는 비문학 전공 학습자들 대부분은 시를 어렵게 여길 뿐만 아니라 시가 우리의 삶과 동떨어져 있다고 느낌으로써 그것이 우리의 삶에 어떠한 가치를 지니는가를 자각하지 못한다. 이처럼 학습 동기가 부족한 학습자들에게 시 작품을 먼저 가르친다면, 그들은 시를 기계적으로 학습하기 쉽다. 〈패터슨〉은 시 쓰기가 거창한 것이 아니라는 사실을 다루고 있는 한편으로, 일상 속 시(쓰기)의 가치를 다루고 있다는 점에서 본격적인 수업에 앞서 〈패터슨〉을 감상하는 일은 일상에서 시를 향유하는 일이 우리의 삶에 어떠한 영향을 주는가에 대해 생각해 보는 시간을 마련해 준다는 점에서 유용하다.

영화는 정해진 하루의 일과에 맞춰 생활하는 패터슨의 모습을 통해 반복되는 그의 일상을 보여준다. 그러나 영화가 그의 이러한 일상을 건조하게 담는 까닭은 우리의 삶이 무수한 반복으로 이루어진다는 것을 보여주기 위해서라기보다는 이러한 반복 속에서도 매일이 다를 수 있다는 사실을 보여주기 위함이다. 반복되는 일상의 지루함은 자칫 우리를 무기력하게 만들기 쉽고 타성에 젖은 채 세상을 바라보게 하기 쉽다. 그러나 영화는 이러한 무기력과 권태와는 무관한 듯 보이는 패터슨의 모습을 통해 하루하루를 다르게 만드는 시의 가치에 주목한다. 그의 하루는 늘 비슷하지만, 그가 일상의 사소한 변화들을 감지하여 매일 시의 다른 부분들을 이어 쓰거나, 새로운 시를 씀으로써 그에게 오늘은 어제와 다른 하루가 된다. 로라가 음악, 요리, 인테리어, 디자인, 회화 등 종목을 달리하며 매일을 새롭게 이어나간다면, 패터슨은 시 안에서 다른 세계들을 만들어내는 것인데 그것은 그의 삶에서 '또 다른 공간'을 마련하는 일이기도 하다.

어린아이 때는

세 개의 차원을 배운다.
높이와 넓이, 깊이
그것은 신발 상자 같다.
좀 더 자라면
네 번째 차원이 있다고 듣는다.
시간.
흐음
이런 말들도 한다.
5차원, 6차원, 7차원이 있다고…
난 일을 마치면
바에서 맥주를 마신다.
잔을 내려다보면
기분이 좋다.
—〈또 다른 공간(another one)〉 전문

세 개의 차원만을 알았던 어린아이의 시절과 달리, 나이가 들수록 삶은 복잡해진다. 이런 삶 속에서 패터슨에게 복잡한 생각들을 잠시 잊게 하는 것은 일을 마무리한 후 맥주를 마시는 일이자, 맥주를 마시는 일이 좋다는 자신의 감정을 시로 쓰는 일이다. 패터슨은 시를 씀으로써 일상의 복잡함에서 벗어나 또 다른 '차원'에 머무를 수 있는 것인데, 이때 시는 그의 감정을 분출하는 통로가 된다.

영화는 패터슨이 자신의 감정을 좀처럼 표출하지 않는 장면들을 여러 번 보여준다. 그는 아내에게 자신의 의견을 적극적으로 드러내지 않으며, 버스가 고장 난 사건에 대해서도 길게 이야기하지 않는다. 이러한 패터슨의 행동을 보고 있노라면 오히려 반려견 마빈이 더욱 자신의 내면을 잘 표출하는 듯 보일 정도이다. 또한, 그는 자신의 이야기를 하기보다 다른 사람의 이야기를 듣는 데 더욱 익숙해 보이기도 한다. 영화는 집에서는 아내 로라의 엉뚱하고 실현 가능성이 떨어지는 이야기를, 회사에서는 동료 도니의 하소연을, 그리고 바에서는 주인 닥과 손님 에버렛 등의 이야기를 묵묵히 듣는 패터슨의 모습을 반복하여 다루는가 하면, 그가 버스에 탄 다양한 승객들의 목소리를 듣는 장면들을 여러 차례 배치한다. 어린 아이의 이야기이든, 그것에 허세와 거짓이 섞여있든, 전혀 흥미롭지 않은 것이든, 그 이야기를 유심히 듣는 패터슨의 모습은 시인이 '보는 자'가 아니라 '듣는 자'라는 새로운 정의를 도출할 수 있게 하기도 하지만,[10] 시를 쓰는 일이 그에게 유일한 감정을 표출하는 통로이자 그의 삶에 있어 '또 다른 공간'이라는 사실을 드러내는 것이기도 하다. 시를 쓰는 순간만큼은 예민한 눈을 반짝이는 그가 시에서 터트리는 감정은 다음과 같다.

> 내가 당신보다 일찍 깼을 때, 당신이
> 날 향해 누워, 얼굴을
> 베개에 파묻고
> 늘어뜨린 머리칼을 보면
> 나는 용기를 내
> 당신을 들여다 봐
> 벅찬 사랑과
> 두려운 마음으로
> 행여나
> 당신이 눈을 떴을 때
> 화들짝 놀랄까 봐

---

10 진은영과 김경희 역시 시인을 '듣는 자'라는 점에 주목하여 영화 〈패터슨〉이 시인이 모든 존재들의 청자로서 존재하는 자리라는 사실을 보여준다고 설명한다. 즉, 이들의 논의에서 시인은 소수의 목소리들에 대한 유일한 청자이자, 마지막 청자라는 점에서 시인을 "일상의 모든 것을 잘 듣고 반응하고 쓰는 행위자"로 규정된다(진은영 · 김경희 2019, 187).

하지만 놀란 마음이 진정되면
알게 되겠지
내 가슴과 머리가
얼마나
당신으로 터질 것 같은지
터질 듯한 말들은
내 안에 갇혀 있어
마치 바깥 세상을 보지 못할까 봐
두려워하는
태어나지 않는 아이처럼
이제 벽에 난 창으로
옅은 빛이
투명하게 젖은 새벽 빛이
들어와
난 구두끈을 매고
아래층에 내려가
커피를 내려
—〈빛 (Glow)〉 전문

이 시를 이루는 격렬한 사랑의 말들은 입을 다물고 내내 무표정으로 있는 패터슨의 모습을 떠올려볼 때, 그가 갖고 있으리라 상상하기 어려울 만큼 격정적인 감정이다. 시상을 떠올리고 옮겨 적는 과정동안 이루어지는 주변의 숱한 방해에도 불구하고 그는 자신의 이러한 감정을 일관되게 지키며 시를 쓴다. 그는 시를 통해서 세상에게, 그리고 자기 자신에게 보다 솔직한 자신의 감정을 표출하는 셈이다.

학습자들은 이러한 장면들을 감상하면서 시가 일상의 감정을 정화하는 데 일조한다는 사실을 알 수 있다. 이는 비단 시를 쓰는 행위에 의해서만 이루어지는 것은 아닌데, 학습자들은 영화에서 낭송되는 패터슨의 시를 들음으로써 함께 감정이 고양되는 경험을 하게 되고, 이를 통해 시를 쓰는 행위뿐만 아니라 시를 읽는 과정 역시 카타르시스를 가져다준다는 사실 역시 깨닫게 된다. 시는 우리가 일상을 살아가는 동안 잊고 지냈던 우리의 감정을 끄집어내고, 알 수 없는 그 감정들에 이름을 붙여줌으로써 우리의 감정을 마주보게 하기 때문이다.

자신의 이야기를 다른 이에게 털어놓으며 삶을 견디거나 스마트폰을 통해 세상과 접속하는 방식에 익숙한 학습자들에게 패터슨의 이러한 감정 표출의 방식은 어쩌면 특별해 보일지 모른다. 그러나 영화는 그와 같은 방식으로 자신의 내면을 드러내는 여러 이들을 보여줌으로써 그것이 하나의 방식이 될 수 있음을 제시한다. 다만 그것이 어떠한 형식이냐에 따라 그들에게는 시인, 래퍼 등과 같은 이름이 붙여질 뿐인데 그것이 그들의 직업과는 무관하다는 사실은 예술을 전공하지 않은 이들 역시 예술을 일상에서 충분히 향유할 수 있다는 사실을 학습자들에게 전달할 수 있다.

또한, 영화는 패터슨이 어린 소녀와 이야기를 나누거나 퍼세익 폭포 앞에서 만난 일본 시인과 이야기를 나누는 장면들을 통해 학습자들에게 시가 우리의 삶에서 하나의 소통 방식이 될 수 있으며 시를 통한다면 남녀노소, 국적을 불문하고 서로에 대한 어떠한 편견 없이 소통이 가능하다는 사실을 깨닫게 한다. 패터슨이 어린 소녀의 시를 외워 아내에게 들려주고, 시인 폴 로렌스 던바의 시구를 래퍼가 되새기는 것은 시를 통해 서로가 서로에게 영감을 주고받는 구체적 장면들이다.

실의에 빠진 패터슨을 위로해 주는 것 역시 시인에 의해서이다. 〈패터슨〉의 가장 극적인 에피소드이자 이 영화의 클라이맥스는 로라의 성공적인 컵케이크 판매를 축하하기 위하여 그들이 영화를 보러 간 사이 마빈이 패터슨의 시작 노트를 물어뜯어 놓으면서 발생한다. 아내 로라의 강권에 못 이겨 1년 만에 노트를 복사할 생각을 했을 만큼 패터슨에게는 시를 출판할 마음이 없었으나 정작 노트에 빼곡히 썼던 자신의 시가 사라져 버리자 그는 큰 실의에 빠진다. 이런 패터슨을 위로하는 것은 노트의 조각들을 컴퓨터 작업을 통해 맞출 수 있다는 로라의 말이 아니라, 그가 마음을 추스르기 위해 혼자 산책하러 갔다 만난 일본 시인의 다음과 같은 말이었다. "때로는 텅 빈 페이지가 가장 많은 가능성을 선사한다."

일본 시인의 저 말은 역설적인데, 범박하게 말하자면 역설은 새로운 관점에서 사물을 바라보게 한다. 이는 일본 시인이 패터슨의 말들을 '시적'이라고 한 것과 같은 맥락에서 이해할 수 있다. 패터슨은 그 말을 들으며 무엇이 시적인 것이냐고 반문하지만, 시란 자신의 관점에서 세상을 바라보는 일이며 누가 무엇을 어떻게 보느냐에 따라 세상의 어떤 것들도 시가 될 수 있는 것이다. 일본 시인의 저 말은 패터슨이 자신의 상황을 다른 관점에서 바라보게 하며 그가 시 쓰기를 다시 시작하는 힘을 준다. 학습자들은 이 장면을 감상하며 패터슨과 마찬가지로 '시적'이란 것의 의미를 다시 궁리해 볼 수 있으며, 시가 우리의 삶을 다른 관점에서 바라보게 한다는 사실을 배우게 된다.

패터슨이 이 새 노트에 적는 시들이 어떤 시가 될 것인가를 짐작하는 일은 그것이 시 본연의 가치와 밀접한 관련이 있다는 점에서 주목할 만하다. 패터슨이 빈 노트에 쓰게 되는 시의 성격은 그가 이 노트에 처음 쓴 시이자, 영화에 마지막으로 등장하는 다음의 시를 통해 짐작할 수 있다.

흘러간 노래가 있다
할아버지가 흥얼거리시던 노래
이런 질문이 나온다,
"아니면 차라리 물고기가 될래?"
같은 노래에

같은 질문이 나온다
노새와 돼지로
단어만 바꾼
그런데 종종 내 머릿속에
맴도는 소절은 물고기 부분이다
딱 그 한 소절만
"차라리 물고기가 될래?"
마치 노래의 나머지는
노래 속에 없어도 되는 것처럼
—〈한 소절(The Line)〉 전문

어린 시절 들었던 노래의 여러 소절 중에서 한 구절이 유독 그에게 맴도는 것은 그 구절이 그에게 가장 특별하게 다가왔기 때문이다. "같은 노래"의 "같은 질문"에 단어만 바꾼 저 노래의 구절처럼 패터슨은 반복되는 일상들을 살아가는 가운데 드러나는 미묘한 차이의 순간을, 그 빛나는 시적인 순간들을 새 노트에 적을 것이다. 그러한 순간들을 다시 포착하기 위해서 그는 세상을 조금 더 유심히 바라보고 세상의 목소리에 귀를 기울일 것이다. 그러한 특별한 순간들을 기록하기 위해 세상을 바라볼 때, 일상은 권태롭지 않으며 세상은 새롭게 보인다. 이런 관찰은 세상을 좀 더 진지하게 그리고 애정을 기울여 보게 하는 것이다. 시를 쓰기 위해 사물을 오래 바라보고 그것의 숨은 의미를 찾아내는 과정에서 세상이 새로운 모습으로 우리에게 다가올 수 있다는 점에서 이는 시 본연의 가치이다. 학습자들은 〈패터슨〉을 통해 이러한 시 본연의 가치를 깨닫고, 교양으로서 시를 배우는 까닭 역시 이해할 수 있다.

이처럼 〈패터슨〉은 시를 쓰는 일이 거창한 일이 아니라는 사실과 함께 그것이 세상의 목소리에 좀 더 유심히 귀를 기울이며, 세상과 소통하는 또 다른 형식임을 보여준다. 또한 시란 새로운 세상과 접속할 수 있는 하나의 형식이며, 다른 이들과 대화할 수 있는 창구가 될 수 있다는 사실 역시 알려준다. 일반인인 패터슨이 시를 쓰며 일상을 견디고, 세상과 소통한다는 점은 비문학 전공 학습자들에게 특히 시사하는 바가 크다. 그의 모습은 시를 전공하지 않더라도 예술가와 생활인의 삶을 동시에 사는 것이 가능하다는 점을, 시를 향유하며 살아가는 삶의 가치를 보여주기 때문이다. 시를 알고, 이해하는 일이 우리의 삶과 동떨어진 것이 아니라, 우리의 삶을 변화시킬 수 있는 힘이 있다는 사실을 깨닫는 것은 교양 과정에서의 시 교육의 지향점이라는 점에서 〈패터슨〉 감상의 효과는 크다고 하겠다.

3. 〈패터슨〉을 활용한 수업 사례

이 장에서는 〈패터슨〉의 시교육적 가치를 바탕으로 〈패터슨〉을 실제 교육 현장에서 활용한 사례를 소개함으로써 그 구체적인 교수 학습 방안을 제안하고자 한다. 이 글이 수업의 실제 사례를 제시하는 것은 〈패터슨〉의 활용이 교육 현장에서 실효성을 발휘할 수 있음을 증명하고자 함이다.

〈패터슨〉을 활용한 수업방식은 2018년 9월부터 2018년 12월까지 대구 소재 사립 대학교에서 개설된 〈시와 예술의 만남〉이라는 교양 과목에 적용되었다.[11] 이 수업은 3학점으로 매주 2번 각 75분씩 진행되었으며 총 수강생은 51명이었다. 〈패터슨〉을 중심으로 한 학습은 2주 1차시부터 2

11 이 과목은 학습자들이 다양한 예술 장르의 상상력과 시적 상상력의 교섭과정을 탐색하는 과정을 통해 시의 본질과 가치를 모색하게 하려는 목적으로 설계된 수업이라는 점에서 영화 〈패터슨〉을 감상하고 이를 토론하는 방식으로 구성된 해당 교수 방안은 시만을 대상으로 하는 교양 과목에 비해 상대적으로 용이하게 활용될 수 있었다. 그러나 이 과목의 초점 역시 '시'에 있으며 시에 대한 이해를 바탕으로 다른 예술과의 접목을 시도한다는 점에서 〈패터슨〉을 순수 시 교양 강좌의 예비 과정에서 활용하여도 무리는 없을 것으로 보인다.

주 2차시까지 총 2번, 150분 동안 이루어졌다.

1주 1차시에서 교수자는 강의에 대한 전반적인 안내를 하였고, 1주 2차시에서는 학습자들에게 두 가지 질문을 던졌다. 첫 번째 질문은 '시란 무엇인가'에 대한 정의를 내리는 것이고, 두 번째 질문은 '시를 왜 읽는가'에 대한 것이었다. 학습자들은 '시란 무엇인가'에 대하여 생각할 시간을 가진 후, 시인의 사상과 감정 표현에 중점을 두어 정의를 내리기도 하고, 시의 언어에 주목하기도 하였는가 하면, 그것의 형식적 특성과 시의 소통과 효과에 중점을 두어 이야기하기도 하였다. 이에 대한 학습자들의 대표적인 답변들을 정리하면 다음과 같다.

<표 1> <시와 예술의 만남> 학습자들의 시에 대한 정의

정의	시에 대한 학습자들의 의견[12]
시인의 사상, 감정 표현에 중점을 둔 정의	ⓐ 시는 작가 그 자체다(행정학과 조OO) 시는 시인의 생각이다(경제금융학과 김OO) 시는 누군가의 마음이다(경영학과 정OO) 시는 생각을 표현하는 방식이 될 수 있다(경영학과 황OO) 시는 감정의 표현 도구이다(법학과 이OO) 시는 사상과 정서를 표현한 창작문화이다(중국어문학과 신OO) 시란 작가의 감정과 이념의 압축 표현이다(중국어문학과 김OO)
시의 언어에 중점을 둔 정의	시는 완성된 언어이다(경영학과 박OO) ⓑ 시는 아름다운 언어로 이루어진 글이다(식품가공학과 배OO)
시의 형식적 특성에 중점을 둔 정의	시란 짧은 소설이다(회계학과 김OO) 시는 짧은 글이다(경영학과 홍OO) ⓒ 시는 문학 장르 중에서 가장 함축적인 장르이다(행정학과 김OO) 시는 화자의 생각이 한 단어에 담겨 있다(시각디자인과 이OO) 시는 은유적 표현을 쓴 간결한 문장이다(관광경영학과 이OO) 시는 운율이다(태권도학과 김OO)
시의 소통과 효과에 중점을 둔 정의	시는 능동적인 의사소통의 수단이다(피아노과 신OO) ⓓ 시는 똑똑한 사람들만 알아들을 수 있는 글이다(행정학과 박OO) 시는 듣는 사람의 마음을 울릴 수 있는 글이다(패션디자인과 전OO) 시는 마음의 안식이다. 쉬어 갈 수 있는 쉼이 된다(건축학과 정OO) 시는 힐링이다. 마음에 안정을 취하게 한다(태권도학과 김OO)

12 이 글에서는 학습자의 의견을 제시하는 경우 학습자들의 개인 정보 보호를 위해 그들의 전공과 성만을 밝히고 이름은 익명으로 처리하였다.

대부분의 학습자들은 시에 대하여 정의를 내리는 것을 매우 어려워하였으며, 대부분 권위 있는 문학가의 말을 빌려오거나 인터넷에서 검색한 내용을 바탕으로 의견을 제시하였다. 시에 대한 의미 있는 정의들을 제시하는 학습자들도 눈에 보였으나, 다수의 학습자들은 시와 시인을 분리하지 않는가 하면(ⓐ), 시를 아름다운 언어로 이루어진 장르라는 막연한 환상을 가진 채 동경하기도 하였다(ⓑ). 또한, 여러 학습자들은 시의 형식적 특성에 주목하여 시를 정의하여 발표하기도 하였는데 이는 이들이 중등 정규과정에서 학습한 내용에서 벗어나지 않는 범위 내에서 시를 이해하고 있음을 증명하는 것이었다(ⓒ). 특히, 시를 똑똑한 사람들만 알아들을 수 있는 장르로 이해하는 학습자(ⓓ)도 있었다는 점 등은 시라는 장르에 대한 학습자들이 가지고 있는 거리감은 물론, 시라는 장르에 대한 학습자들의 이해 수준이 전반적으로 낮다는 사실을 재차 확인하게 하였다.[13]

한편, 학습자들은 시를 읽는 까닭에 대해서 역시 다양한 의견을 제시하였다. 시가 숨겨져 있는 진실을 찾게 해준다거나, 시가 우리의 삶과 의식에 변화를 일으킨다는 등의 논의들이 그것이었다. 이에 대하여 교수자는 질문을 바꾸어 '전공자가 아닌, 비전공자로서 왜 시를 읽어야 하는가'에 대한 답변을 요구하였는데 이에 대해서 학습자들은 의견을 제시하는 것을 망설이거나 소극적으로 답변을 이어나갔다. 수업을 마무리하며 교수자는 학습자들에게 〈패터슨〉을 미리 감상할 것을 과제로 내고 〈패터슨〉을 감상하며 이에 대한 답을 찾아올 것을 요구하였다.

2주 1차시에서 교수자는 〈패터슨〉 감상 여부를 질문하였는데 영상을 미리 감상해 온 학습자들의 비율은 상당히 낮았다. 이에 학습자들의 참여

13 일부 학습자들은 전공 과목이 아님에도 불구하고 시에 대한 정의를 왜 이렇게 다양한 관점에서 제기해야 하는가에 대하여 불만을 터트리기도 하는 등 회의적인 태도를 보이기도 하였다. 이는 학습자들의 낮은 수업 흥미도를 보여주는 것이기도 하는 한편, 학습자들이 전공 과목과 교양 과목에 거는 기대가 각각 다르다는 점을 증명하는 것이기도 하였다.

도를 높이기 위해 수업시간에 함께 〈패터슨〉을 감상하였다. 제한된 수업 시간 안에 감상과 토의가 함께 이루어지기 위하여 중요하다고 판단되는 〈패터슨〉의 몇몇 요일을 골라 함께 감상하도록 하였다. 이는 미리 영상을 보지 않고 온 학습자들의 참여도를 높이고, 이미 감상한 학습자들에게는 다시 해당 내용을 상기시키기 위한 목적에서 시행된 것이었다.

감상 전에 교수자는 〈패터슨〉이 시에 관한 영화라는 사실을 밝힘으로써 이를 감상하는 일이 본 수업의 목표와 관련이 있다는 사실을 정확히 고지하였다. 또한 1주 2차시에서 이루어진 시에 대한 정의와 시의 가치에 대한 질문과 관련하여 영화를 감상할 것을 권유하였다. 이는 극적인 서사가 없고, 다소 정적인 분위기로 진행되는 〈패터슨〉을 감상하는 데 있어 학습자가 다소 지루함을 느낄 수 있다고 보고[14] 감상에 적극적인 동기를 부여하기 위함이기도 하지만, 그들이 시와 관련하여 이 영화를 감상하게 함으로써 이후 이루어질 토론이 주제에서 벗어나지 않게 유도하기 위함이었다.

1차시에는 〈패터슨〉을 함께 감상한 후, 5~6명으로 조를 이루어 〈패터슨〉에서 가장 인상 깊었던 장면이 무엇인가에 대하여 조별로 이야기를 나누게 하였다. 교수자는 이에 적극적인 개입을 하기보다는 토론이 주제에 어긋나지 않게 진행될 수 있게 보조하는 역할만을 담당함으로써 학습자들이 자유로이 의견을 나눌 수 있게 하였다. 2차시에는 조 안에서 주고받은 의견 중 하나를 골라 조의 대표자가 다른 학생들에게 해당 장면을 소

14 〈패터슨〉은 단순한 서사 전개를 보인다는 점에서 대학생 학습자들이 이해하기에 그리 어렵지 않다. 그러나 일부 학습자들은 이 영화를 예술영화라는 점에서 처음부터 거부감을 표하는 경우도 있었다. 이에 교수자는 이후 수업을 진행하는 과정에서 〈패터슨〉에 담긴 유머들이나 반려견 마빈에 대한 비하인드 스토리 등을 이야기함으로써 이러한 학습자들의 흥미를 유발하려 노력하였다. 이에 따라 〈패터슨〉을 보는 것 자체를 어려워하는 학습자들 상당수가 토론을 진행하는 과정에서, 또한 피드백을 진행하는 과정에서 자유로이 의견을 제출하게 되었다.

개하고, 그것이 왜 인상 깊었는가에 대한 의견을 전체 구성원들과 공유하도록 하였다. 이후 몇 줄 정도의 감상문을 제출하는 것을 과제로 요구함으로써 학습자들이 감상과 토론에 보다 적극적으로 참여할 수 있도록 하였다.

2차시에서 학습자들은 버스 운전석에 앉아 패터슨이 시를 쓰는 장면, 로라의 실험적인 창작 활동, 스마트 폰이 없는 패터슨에게 아이가 스마트폰을 빌려주는 장면, 마빈이 노트를 물어뜯은 장면, 일본인이 '아하!'라고 감탄사를 내뱉는 장면 등을 인상 깊게 보았다고 발표하였으며 〈패터슨〉에서 그려지는 시인의 모습이 흥미롭다고 이야기했다. 이에 대해 교수자는 앞의 장에서 살펴본 〈패터슨〉의 시교육적 가치를 바탕으로, 학습자가 시와 시인에 대해 가지고 있던 선입견에서 벗어날 수 있도록 보충 설명을 함으로써 그들이 이에 대하여 생각해 볼 시간을 갖게 하였다.

한편, 몇몇 학습자들은 영화의 특정한 장면이 의미심장하다는 사실은 알겠으나 이에 대한 해석이 어렵다고 이야기하며 교수자의 해석을 요구하기도 하였으며, 해당 장면을 '시'나 '시인'이라는 주제와는 전혀 다른 방식으로 해석하여 발표하기도 했다. 그러한 장면들이 시와 시인에 대한 학습자들의 이해를 넓혀줄 수 있는 장면으로 판단된 경우 교수자는 학습자들이 이를 시와 시인의 문제와 관련하여 보다 적극적으로 생각해 볼 수 있도록 몇 가지 질문과 함께 피드백을 제공하였다.

예를 들어, 한 학습자는 〈패터슨〉에 자주 쌍둥이가 등장하는 장면들이 인상적이라고 밝히며, 패터슨이 로라의 꿈을 들은 이후 쌍둥이의 모습을 자주 발견한다는 점에 주목하여 영화가 이를 통해 패터슨이 다른 사람의 말에 예민하게 반응하는 감수성을 가지고 있다는 점과 그것이 시인의 자질임을 이야기하는 것으로 보인다는 흥미로운 의견을 제시하였다. 그러면서도 이 학습자는 쌍둥이가 상징적인 의미를 가지고 있는 것이 아닌지에 대해 의문을 가지고 있었다. 이에 대해 교수자는 이 학습자를 포함한 수업 구성원 전체에게 다음과 같은 질문들을 차례로 던졌다.

—쌍둥이란 어떤 존재인가요?
—(이러한 측면에서 볼 때) 〈패터슨〉에서 쌍둥이와 같은 존재가 있나요?

이에 대해 학습자들은 쌍둥이가 서로 비슷해 보이면서도 다른 존재라는 점에 근거하여 패터슨의 하루하루가 똑같아 보이지만 사실은 서로 다른 하루라는 점을 적확하게 설명하는가 하면, 우리 안에 있는 다양한 타자의 모습을 쌍둥이에 빗대어 이야기하기도 하였다. 즉, 우리 안에는 서로 비슷해 보이지만 다양한 타자들이 존재하는데, 패터슨이 버스 노동자이자 시인이라는 다른 자아를 가지고 있듯 우리 모두에게는 일상을 사는 '나'와 일상에서 벗어나 다른 행위를 향유하는 '나'가 있다는 사실 등에 대한 이야기였다.

교수자는 쌍둥이를 시인과 관련하여 제시한 학습자들의 답변을 바탕으로 패터슨의 책장에 꽂힌 윌리엄 카를로스 윌리엄스 시집을 상기시키며 둘 상이의 유사점에 대해 언급하였다. 패터슨에 거주하였던 시인으로 영화에서 거론되는 윌리엄 카를로스 윌리엄스이 시인이자 소아과 의사였다는 점에서 생활인이자 시인이었던 패터슨과 쌍둥이 같은 면이 있다는 사실 등을 이야기함으로써 영화가 이러한 이들을 의도적으로 설정함으로써 어떠한 이야기를 하려고 한 것인가를 되짚어 주었다.[15] 또한 윌리엄 카를로스 윌리엄스와 마찬가지로 패터슨의 창작활동이 버스운전기사로서의 일상을 영위하는 가운데 이루어진다는 사실을 부각함으로써 일상 속

15 실제 수업에서는 시간 관계상 모두 언급하지 못하였으나 일본 시인과의 대화를 살펴볼 때, 〈패터슨〉에는 패터슨이나 윌리엄 카를로스 윌리엄스 외에도 장 뒤 뷔페, 프랭크 오하라 역시 다른 직업을 병행하는 예술가가 등장한다. 이러한 점에서 교수자는 〈패터슨〉이 시인에 대한 통념에 의문을 제기하게 하기 위하여 이를 의도적으로 설정하였다는 사실을 학습자들에게 설명할 수 있다.

에서도 누구나 시인이 될 수 있으며 시는 반드시 "도서관 같은 고독한 공간에서 벼려진 시인의 독특한 관념을 표현하는 것"이 아니라는 점[16]도 덧붙였는데, 이를 통해 시인이란 존재를 신비화할 필요가 없으며 시를 어려워할 필요가 없다는 사실을, 누구나 시인이 될 수 있으며 시를 향유할 수 있다는 사실을 다시 한번 강조하였다.

이와 같이 학습자들의 발표를 중심으로 〈패터슨〉의 각 장면들이 왜 의미가 있는가를 서로 이야기하는 과정을 거친 이후,[17] 교수자는 다음과 같은 마지막 질문을 던졌다.

> —바의 주인 닥은 패터슨의 유명 인사들의 기사를 "명예의 벽"이라 불리는 한쪽 벽에 붙여놓습니다. 그렇다면 언젠가 패터슨의 얼굴 역시 이곳에 붙여질까요?

이에 대하여 학습자들은 저마다 각각의 이유를 들며, 패터슨의 얼굴이 붙여질 것인가 아닌가에 대한 의견을 내어놓았다. 그러나 교수자는 그것

---

16 윌리엄 카를로스 윌리엄스는 "시는 도서관 같은 고독한 공간에서 벼려진 시인의 독특한 관념을 표현하는 것이 아니라 지금껏 거의 무시되어온 사물이나 환경과 직접적으로 접촉하면서 그것과의 상호작용을 통해 쓰여져야 한다고 믿었다"(진은영 · 김경희 2019, 181).

17 이 외에도 수업에서 활용할 수 있는 〈패터슨〉의 장면들은 무궁무진하다. 예컨대, 일본 시인의 "당신도 뉴저지 패터슨의 시인이세요?"와 같은 물음에 대해 패터슨이 "아뇨. 전 버스 운전사예요. 그냥 버스 기사"라고 대답한 장면을 통해 시인에 대한 정의를 물어볼 수도 있으며, 패터슨이 세탁소에서 랩을 하는 래퍼에게 이곳이 작업실이냐고 묻자 느낌이 오는 곳이면 어디든 작업실이 될 수 있다는 래퍼의 대답을 통해 일상과 시 쓰기의 경계에 대한 의견을 주고받을 수도 있다. 혹은, 로라가 패터슨의 아름다운 시가 "세상의 것"이 되기를 바라며 패터슨에게 시작 노트를 복사하는 것을 설득하는 장면을 통해 시 쓰기의 목적에 대해서도 학습자들과 이야기해볼 수 있다. 또한 패터슨이 시를 통해 어린 소녀, 일본 시인과 함께 자유롭게 대화하는 장면을 상기시키며, 수업 시간동안 학습자들 역시 시라는 주제를 통해 서로 편견 없이 소통할 수 있다는 점을 강조하며 학습자들 간에 토론이 활발히 이루어질 수 있도록 독려할 수도 있다.

에 대해 명확한 답을 하기보다는 패터슨의 얼굴이 이 벽에 붙여지든 아니든 별 상관이 없다는 점을 강조하였다. 패터슨의 얼굴이 이곳에 붙여지지 않았다고 해서, 또한 그의 시가 출판되지 않는다고 해서 그가 시인이었다는 사실이 변하는 것이 아니라는 사실을 설명함으로써 학습자들이 일상에서 시를 향유하는 것의 의미를 다시 생각할 수 있게 하기 위함이었다.

그를 시인이라고 할 수 있는 것은 그가 정식으로 등단을 해서가 아니라 그가 일상에서 시적인 순간들을 만나고 이를 기록하기 때문이라는 점, 우리는 시를 쓰지는 않지만 시적인 순간들을 만나고 그것을 통해 세상을 다르게 볼 수 있으면 그것 역시 시와 함께 하는 일이라는 사실을 설명함으로써 학습자들이 시를 조금 더 편안하게 받아들일 수 있도록 하였다. 또한, 교양으로서 시를 배우는 일이 작품의 이해를 위해서만이 아니라 세상을 새로운 눈으로 보는 방법을 깨닫고, 새로운 눈으로 사물을 보기 위함임을 강조함으로써 학습자들이 시의 본연의 가치를 깨닫고 시를 배우는 까닭을 스스로 찾을 수 있도록 독려하였다.

수업의 마무리는 일본 시인이 패터슨에게 건넨 "때로는 텅 빈 페이지가 가장 많은 가능성을 선사한다"라는 말을 다시 되새김하는 것으로 이루어졌다. '텅 빈 페이지'가 가장 많은 가능성을 가질 수 있는 것처럼 학습자들이 시에 대해 모르는 것이 더 많을수록, 시에 대한 고정관념을 비울수록 더 많은 것을 받아들일 가능성이 있음을 알려주며 학습자들의 학습 의욕을 고취하였다.

이러한 학습 효과는 이후 그들이 제출한 다음과 같은 가벼운 형식의 감상문을 통해 확인할 수 있었다.[18]

---

18 이들의 감상문에서도 학습자들의 개인 정보 보호를 위하여 학과와 성만을 밝혔다. 또한 오탈자를 제외하고는 그들의 감상문에서 어색한 표현이나 비문이 있더라도 그대로 인용하였다.

이○○(법학과) 〈패터슨〉이라는 영화를 이번 수업을 통해 처음 접하게 되었는데 잔잔한 일상 속에서 시라는 예술을 접목시켜서 그런지 영화를 보면서 마음이 평온한 느낌을 받았다. 나도 주인공처럼 내 감정을 시로 쓸 수 있을 것과 같은 느낌이 들었다.

김○○(행정학과) 항상 영화를 볼 때 재미, 감동, 공포 등 큰 타이틀 위주로 보았는데, 이번 수업을 통해 생각지도 못한 시와 연관된 영화를 보니, 색다른 재미와 잔잔히 오는 감동을 받을 수 있었다. 일상 속에서 다양한 일이 가능하다는 것을 깨달았다. 시를 쓰는 일이 매우 어렵다고 생각해서 시는 천재가 쓸 수 있다고 한 ○○○ 선배의 의견에 동의했는데, 시를 쓰는 일이 관찰이라면 시는 천재나 똑똑한 사람들만 쓰는 것이 아닐지도 모른다는 생각이 들었다.

제갈○(행정학과) 이 영화를 보고 저의 소감은 색다른 영화라고 느꼈다. 이 영화는 일주일간 큰 변화 없이 소소한 생활을 보여주면서 그 안에 담아내는 일상 속에 시를 쓰면서 의미있는 생활을 하는 게 보였다. 그런데 사실 일상의 큰 변화는 없었다. 아침 6시에 일어나 아침 먹고 출근하고 하루 종일 버스 운전하고 돌아와서 저녁 먹고 강아지 산책시키며 bar에 들어가는 게 그의 일상이었다. 그래도 패터슨은 큰 불만이나 지루함 없이 살았다. 패터슨을 보면 효리네 민박에 이상순이라고 생각할 정도로 사람이 되게 온순하고 차분하다고 느꼈다. 이상순과 패터슨 모두 예술가인데 생각보다 성격이 온순하다.

하○○(태권도학과) 저는 이 패터슨이라는 영화를 보고 느낀 점은 이처럼 평범한 일상을 담아내면서도 매일이 같지 않다는 것, 별거 없이 반복된다고 생각되어도 하루하루 쌓아가는, 그렇게 자신만의 이야기를 그려가는 평범한 것처럼 보여도 의미 있는 삶이라는 것을 담은 영화인 것 같습니다. 매일 같이 사랑하는 사람 곁에서 눈을 감고 뜨며, 함께 미래를 꿈꾸고 이야기를 나누는 것. 게다가 그러한 일상 속에서 예술을 창조해내는 것이 아름답다고 생각되었습니다.

유○○(경영정보학과) 반복적인 일상 속에서 평범하고 소소한 모든 것들에 집중하고 의미를 찾아가는 모습이 똑같이 반복적이고 평범한 하루를 보내면서 일상에 몰입해보지 못하는 나를 돌아보게 된다. 시인이 된다는 것은 이러한 일상을 차분히 살펴보는 일 같다.

모든 학습자가 〈패터슨〉에 대하여 긍정적인 반응을 한 것은 아니었으나 대부분의 학습자는 이 영화를 통해 시에 대한 두려움이 상당 부분 사라졌다고 이야기했으며 시를 공부하는 일이 자신의 삶과 그리 동떨어진 것이 아님을 깨달았다고 적었다. 또한 그들은 1주 2차시에서 시를 정의할 때는 시를 쓰는 일이, 똑똑한 사람이나 천재에 의해 가능하다고 생각하였는데, 〈패터슨〉을 보면서 시라는 것이 일상의 관찰에서 비롯될 수 있다는 점을 알게 되었다고 적으면서 이러한 방식이라면 자신도 써볼 만하다거나 이렇게 씌어진 시라면 이해할 수 있을 것이라는 생각이 들었다는 감상을 남기기도 하였다. 이러한 점에서 〈패터슨〉을 교양 시 과목의 예비 과정으로 활용한 방안은 소기의 성과를 달성하였던 것으로 판단된다.[19]

---

19 이러한 감상문 외에도 〈패터슨〉을 통해 학습자들의 시에 대한 심리적인 장벽이 낮아졌으며, 이 영화가 학습자들에게 시에 대한 생각에 영향을 주었음은 해당 과목의 마지막 주차에 진행되었던 시쓰기 활동을 진행하는 과정에서 확인할 수 있었다. 〈시와 예술의 만남〉 1주차 1차시에서 필자는 수업 시간 동안 시를 쓰는 활동이 있다는 강의 안내를 하였는데 앞서 언급한 설문 조사에서 42명의 학습자들(82%)이 해당 과목에서 진행되지 않았으면 하는 수업 활동으로 시쓰기 활동을 꼽았다. 그러나 이후 실제 시 쓰기 활동을 할 때, 학습자들은 이와는 전혀 다른 반응을 보여주었다. 물론, 이 활동에 부여된 점수 비중이 적었기도 하지만, 그들은 시를 쓰는 것을 흥미로워하기까지 했으며, 주변의 사물을 활용하여 시를 쓰는

4. 결론

이 글은 교양 과정에서의 시 교육은 전공으로서의 시 교육과 상이한 목표와 방향성을 지녀야 함은 물론, 다른 문학 장르를 가르칠 때보다 섬세하게 접근하여야 한다는 판단 아래 교양에서 행해지는 시 교육의 바람직한 교육적 효과를 위한 하나의 방안을 제안하였다. 이는 시 교양 과목을 수강하는 학습자들을 다방면으로 조사하고 분석한 결과 그들 대부분이 비문학 전공자로서 중등교육 과정 이후 시를 접할 기회가 없었으며, 시를 막연히 낯설고 어려운 장르로 받아들인 채 시를 우리의 삶과 동떨어져 있는 것으로 여기고 있다는 사실을 알 수 있었기 때문이었다. 이러한 사실을 바탕으로 이 글은 학습자들이 교양 과정에서 시 작품을 본격적으로 접하기 이전, 그들의 시에 대한 심리적 장벽을 낮추고 그들 스스로 시를 왜 공부해야 하는가를 이해하는 예비 작업이 필요하다고 보았다.

시와 시인에 대한 낯설음을 상당 부분 해소하는 예비 작업으로서 이 글은 짐 자무쉬 감독의 영화 〈패터슨〉을 활용하는 방안을 제안하였다. 이는 영상매체에 익숙한 학습자들의 흥미를 유발하고 그들의 주의를 집중시키기 위해서이기도 하지만, 〈패터슨〉이 시와 시인, 그리고 시 쓰기에 대한 기존의 통념을 건드림으로써 비전공 학습자가 시를 향유하는 과정에 참여하는 낯설음을 상당 부분 상쇄시켜 줄 것으로 판단되었기 때문이다. 또한 이 영화는 우리의 삶에서 시의 가치가 무엇인가를 능동적으로 사고할 수 있게 한다는 점에서 교양 시 수업에 활용하는 데 있어 유용한 매개체로 여겨졌다.

〈패터슨〉은 버스 운전사이자 시인인 패터슨의 반복되는 일상을 다루

등 큰 부담 없이 시를 써 내려갔다. 또한 상징이나 비유 등을 활용하는 등 시를 어렵게 쓰는 방법이 아니라도 〈패터슨〉에 나타난 패터슨의 시처럼 일상에 대한 새로운 시선이 들어가면 되는가 등에 대한 질문을 새로이 던지기도 하였다.

는 과정에서 그의 삶과 기질이 별반 특별하지 않다는 점을 의도적으로 강조하는가 하면, 일상의 소소한 사건들과 그때 발생하는 자신의 감정을 기록하는 패터슨의 시 쓰기 방식을 보여줌으로써 자연스레 시와 시인의 본질에 대한 문제를 수면 위에 떠올리게 한다. 학습자들은 영화를 감상하며 과연 '시인은 누구이며, 시란 무엇인가'에 대하여 능동적으로 사고할 수 있는 시간을 갖게 되며 이러한 과정을 통해 시와 시인에 대한 통념에서 벗어나 시에 대한 심리적인 장벽을 상당 부분 해소할 수 있다.

또한 〈패터슨〉은 일상에서 시를 향유하는 일의 가치를 보여준다는 점에서도 주목할 만하다. 패터슨은 반복되는 일상을 영위하는 동안 시를 씀으로써 권태에 빠지지 않을 수 있었으며, 시를 통해 자신의 내면을 표출하고 세상과 소통한다. 이는 시를 알고 이해하는 일이, 또한 시를 향유하는 일이 우리의 삶과 동떨어진 것이 아니라 우리의 삶에 직접적인 영향을 미칠 수 있다는 사실을 깨닫게 한다. 즉, 〈패터슨〉은 시를 전공하지 않더라도 예술가와 생활인의 삶을 동시에 사는 것이 가능하다는 사실을, 시를 향유하며 살아가는 삶의 가치를 보여준다는 점에서 비문학 전공자가 대부분인 교양 과정 학습자들의 학습 의욕을 고취하는 데 도움을 준다.

〈패터슨〉이 제시하는 시의 가치는 교양으로서의 시 교육의 지향점과도 맞닿아 있는 것이기도 하다. 문학을 전공하지 않는 학습자에게 시 교육이 필요한 까닭은 학습자가 시를 정확하게 해석하는 데 그 궁극적인 목적이 있지 않다. 그보다 세상과 자기 자신을 섬세한 눈으로 바라보고, 그것의 미적 가치를 찾게 하는 시라는 장르를 학습자들이 공부하게 함으로써 그들이 자신의 무뎌진 감각을 각성하고 주변 사물을 재발견하여 인간과 세상의 가치를 새로이 깨닫게 하는 데 그 본질이 있다. 〈패터슨〉은 이러한 시 본연의 가치를 다룸으로써 학습자들이 다른 문학 장르가 아닌, 시 장르를 배우는 것이 필요한가에 대하여 생각해 볼 수 있는 시간을 마련한다.[20]

이러한 점에서 이 글은 〈패터슨〉을 교양 시 수업에 활용할 것을 제안하였으며, 그 실효성을 확인하기 위하여 구체적인 교수 학습 방안을 적용한 사례를 소개하였다. 학습자들과 〈패터슨〉의 주요한 장면들을 함께 감상하고 토론하는 과정을 통하여 이러한 방안은 소기의 성과를 달성할 수 있었다. 다만 이는 본 수업에 들어가기 전 예비 과정에 해당하는 것으로서, 이후 수업의 교수 학습 방안을 마련하는 일은 향후의 과제로 삼고자 한다.

---

20 〈패터슨〉이 시 본연의 가치를 다루는 까닭에 이 영화는 교수자에게도 교양에서 시를 왜 가르치는가에 대하여 생각해 볼 시간을 마련해 준다는 점에서 유용하다. 이는 교양으로서의 시 교육 연구가 오랫동안 교양 문학 교육 일반의 논의에 기대어 있었으며 이에 관한 논의가 활발하게 이루어진 것은 최근 몇 년에 불과하였다는 사실을 생각해 볼 때 매우 중요한 문제이다. 앞서 살펴보았듯 이러한 논의들은 '시'가 아닌 '교양'에 초점을 둠으로써 시를 왜 대학 교양 과정에서 가르쳐야 하는가에 대한 문제에 대해서 교양으로서의 문학 일반의 가치 안에 뭉뚱그려 논의하는 경우가 대부분이었기 때문이다. 그러나 대학에 개설된 문학 관련 교양 강좌들을 일별해 볼 때, 시 과목이 문학 교양 과목 안에서도 분리된 채 개설되어 있는 경우가 대다수라는 사실은 교양으로서의 시 교육 본연의 가치와 방향성에 대한 보다 적극적인 모색을 필요로 한다. 물론, 시 과목이 분리 개설되어 있다는 사실 자체가 교양으로 행해지는 시 교육의 당위를 증명하는 것은 아닐 것이다. 그러나 '시'에 초점을 두고 교육 방안을 논의하지 않거나 시를 교양으로서 교육할 필요성에 대한 논의가 심도 있게 이루어지지 않는다면 장르별로 분리된 이러한 교양 문학 강좌는 구색 맞추기이거나 제 식구에게 강의를 나누어주는 제도 정도로 전락하기 쉽다. 이 글은 교양으로서의 시 교육이 교양 문학 일반의 관점에서가 아니라 시 교육의 관점에서 그것의 본질과 방향에 대한 보다 깊이 있는 논의가 필요하다는 문제의식 아래 교양으로서의 시 교육이 다른 장르의 교양 문학 교육과 어떠한 점에서 변별되며, 이에 따라 어떤 점을 고려하여 교육되어야 하는가에 대한 시론(試論)을 제시한 것임을 밝혀둔다. 향후 이에 대한 논의는 지속적으로 이어갈 필요가 있다.

참고 문헌

Jarmusch, Jim. (2016). *Paterson*. (DVD), Plain Archive.

짐 자무쉬. (2016). 〈패터슨〉, DVD 플래인.

김낙현. (2014). 〈교양으로서 현대시 교육에 대한 검토와 방향〉. 《교양교육연구》 8(4), 541-564쪽.

박한라. (2020). 〈교양으로서 현대시 교육 방안 연구—감각 활용을 중심으로〉. 《교양교육연구》 14(2), 87-97쪽.

엄성원. (2011). 〈교양으로서 현대시 교육 방안 연구—비문학 전공자 대상의 현대시 교육 사례를 중심으로〉. 《교양교육연구》 5(1), 263-288쪽.

유성호. (2005). 〈대학의 교양 교육으로서의 시 교육〉. 《문학교육학》 18, 11-31쪽.

______. (1995). 《시란 무엇인가》. 민음사.

이남호. (1996). 〈21세기 사회변화와 대학의 교양국어〉. 《국어국문학》 117, 521-548쪽.

이희중. (2005). 〈대학 교양문학 교육의 현실과 대안—실태 조사 보고와 그 분석〉. 《어문논집》 51, 19-53쪽.

진은영 · 김경희. (2019). 〈영화 〈패터슨〉에 나타난 시(詩)와 예술의 공공성〉. 《문학치료연구》 50, 163-194쪽.

최호영. (2020). 〈대학생의 시 교양 교육과 효율적인 학습전략의 모색—영화『일 포스티노』를 활용한 교육 사례 고찰을 중심으로〉. 《교양교육연구》 14(2), 71-86쪽.

문학전집을 통한 교양교육과 젠더

1950-1970년대 '소년소녀세계문학전집'을 중심으로

고지혜

"얘야, 말이 없는 걸 보니 뭘 골똘히 생각하고 있나 보구나.
이 말이 주는 교훈이 뭔지 지금은 기억이 안 난다만 금방 생각날 거다."
앨리스는 용감하게 말했다.
"아마 아무 교훈도 없을걸요."
— 루이스 캐롤(2001, 126)

1. 들어가며—기획된 교양, 상상되는 소녀(다움)

1950년대는 해방 후 문화제도적으로 번역의 장(場)이 조형된 시기로, 이때 출간된 문학번역물은 교과서와 더불어 당시 출판자본의 특화 상품이었다. 1953-1957년 외국도서번역사업 5개년 계획이 추진되고, 1958년 방문할부판매제도와 더불어 1959년 '아동의 정서순화와 건전한 교양 함양'을 목표로 한 우량아동도서선정제도가 시행되면서, 외국선진문화의 수입과 번역을 매개로 한 출판활동이 상업성과 교육성을 절묘하게 조화시킬 수 있게 되었다. 이에 따라 이 시기 교과서 사업으로 자본력을 갖춘 출판사들은 사전 편찬과 더불어 본격적으로 전집류를 기획 및 출간하기 시작한다(이봉범 2012, 465-480).

이후 1960년 인정교과서 전면 폐지, 1961년 학급도서설치운동 실시, 1963년 학교도서관증대법 제정 및 공포 등으로 인해 문교부는 우량도서를 학교 도서실에 적극적으로 배포했고, 이 과정에서 문학전집은 '우량도서' 또는 '걸작', '명작', '고전' 등의 표지(標識)를 달고 교육과정 안에서 합법적으로 교과서를 보충하는 독본으로 기능했다. 1967년 출판영업세 전면 면세가 이루어지는 동시에 때마침 도시근로자의 가계가 흑자로 전환되었고, 1969년 중학교입학시험제도의 폐지가 맞물리면서 당시 아동청소년 도서에 대한 수요는 폭발적으로 증가했다. 즉, 이 무렵 일어난 전집물의 붐은 교육제도 · 출판자본 · 미디어의 요구와 욕망이 중첩된 결과라고 할 수 있으며, 이로 인해 출판문화사와 번역문학사에서 1960−1970년대는 '전집의 시대'로 특기(特記)된다(박숙자 2012, 97−101; 천정환 · 정종현 2018, 132−133). 당시 출판시장에서 이러한 흐름을 주도한 것은 전집물 중에서도 세계문학전집, 특히 아동청소년 독자를 대상으로 하는 일명 '소년소녀세계문학전집'이었다.[1]

김병철(2002)이 작성한 번역서 서지 목록과 국립어린이청소년도서관 및 국회도서관이 소장하고 있는 도서 목록을 참조했을 때, 1960−1970년대 출간된 '아동청소년문학전집'은 약 250여 종이며 이 가운데 세계문학전집은 170여 종으로 이는 전체의 68%를 차지한다(고지혜 2014, 252). 무엇보다 한국문학전집에 비해 세계문학전집의 발행 종수가 압도적으로 많은 것은 다음의 원인들이 중첩된 결과라고 할 수 있다. 첫째 해방 후 한국전쟁을 거치면서 읽을거리가 턱없이 부족한 상황에서, 둘째 분단이 기정사실화되면서 남한을 중심으로 한 문학장의 재편이 이루어지는 가운데 한국작가들의 정전화가 완료되지 않았고, 셋째 '고전 읽기'를 주창하는 국가 주도의 국민교양운동이 사회 전반으로 확산되면서 바야흐로 '교양독서시대'가 시작되었기 때문이다(김혜정 2012; 고지혜 2014; 이충일 2016). 이와 더불어 당시 한국은 국제저작권협회에 가입하지 않은 상태였기에 상대적으로 외서를 자유롭게 번역 · 출판할 수 있었고, "막대한 자본이 투입되는 전집의 특성상 위험부담이 큰 국내 창작물보다는 독자층이 안정적

1 1962년 11월 23일자 《경향신문》 기사에 따르면, 당시 발표된 우량도서의 80%가 문학전집류였다고 한다.

인 데다 원작료를 지불하지 않아도 되는"(이충일 2016, 131) 세계문학전집이 출판시장에서 선호될 수밖에 없었다.

일반적으로 전집(全集, complete works/collected works)은 같은 시대 혹은 같은 종류의 저작이나 한 작가의 작품들을 모아 '하나의 세트'로 간행하는 출판물을 일컫는다. 그러나 전집을 구성하거나 편찬하는 데 있어 말 그대로 '전체(全)'를 수록할 수는 없으므로, 전집이란 어떤 식으로든 '선집(選集)'이 될 수밖에 없다(강진호 2003, 356; 천정환 2007, 95-101). 일종의 앤솔러지(anthology)라 할 수 있는 이러한 전집의 형식은 부르디외(2006)가 말한 '문화상품'의 특질을 잘 보여준다. 예컨대 이때 출간된 문학전집은 훌륭한 작가나 작품을 '빠짐없이', 혹은 '엄선하여' 모아놓은 '완벽한 총체(The Completed)'라는 상징적 가치를 내세움으로써 교양 획득을 향한 대중의 무의식적 욕망을 자극하는 판매 전략을 구사했다. 게다가 당시 '세계문학'은 개인과 공동체의 성장 및 발전을 위해 획득되어야 할 '가치'를 담고 있는 것으로 상정되었는데, 이는 '소년소녀세계문학전집'이라는 문화/출판 상품의 기획이 어떤 식으로든 '서구/근대/문명'과 접속하고자 하는 노력과 맞닿아 있는 것임을 짐작할 수 있게 해준다.

이러한 문학전집에 수록된 작가와 작품은 문학의 '전체상'을 표방하는 정통성과 권위를 획득함으로써 '정전'의 위치에 오를 수 있는 유리한 지점을 확보하게 된다. 특히 여러 출판사가 경쟁적으로 '소년소녀세계문학전집'을 생산하는 과정에서 각각의 전집들은 편집위원의 권위나 선별된 작품의 대표성을 강조하는 차별화 방안을 모색했는데, 이 또한 전집의 구성에 있어 주요한 하나의 '기획'으로 작용했다. 즉, '소년소녀세계문학전집'을 기획·출간하는 과정에서 특정 작품이 선택, 배치, 소개, 소비되는 방식은 다분히 당대 문화기획자들(기획 주체)의 욕망을 가시화한다. 따라서 어떠한 종류의 전집이든 전집이란 '기획의 산물'이며 이는 기획되는 순간부터 정전화 과정과 밀접하게 연관된다(최애순 2012; 조은숙 2013).

정전화(正典化, canonization/canon formation)란 특정 작가 혹은 작품이 문학장 내외부의 전문가들(작가, 비평가, 연구자, 교수자 등)에 의해 비록 암묵적이라 하더라도 정전(正典)으로 승인되는 사회적 과정을 말한다.[2] 대개의 정전은 해당 사회의 유지 · 발전 과정에서 요구되거나 금지되는 것을 규정함으로써 사회적 의미의 생산을 조절할 수 있다. 따라서 보편타당하다고 인식되는 사회적 가치와 의미를 구성하려고 할 때 정전 형성이 활발하게 이루어지며, 이러한 정전화 과정은 특정 작품에 가치를 부여하는 문화적 실천과정을 수반한다. 결국 정전이란, '무엇이 읽을 만한 가치가 있는가?'라는 당위적 물음에 대한 암묵적 동의의 결과이기 때문이다.

따라서 이 글은 1950–70년대에 출간된 '소년소녀세계문학전집' 중 주요 전집을 대상으로 미성년 여성이 중심인물로 등장하는 작품의 정전화 과정을 실증적으로 고찰하고, 해당 작품의 캐릭터 · 플롯 · 파라텍스트[3] 등

---

2 '정전(正典, Canon)'은 '측정하는 막대', '자(尺, rule)', '척도', '표준', '규범'을 의미하는 그리스어에서 유래한 말로, 처음에는 교회 당국에 의해 성서로 공인된 구약 및 신약들의 목록을 지칭하는 것이었으나 점차 비종교적인 영역으로 그 의미가 확대되어 사용되었다. 19세기 후반 인간 정신을 기리는 인본주의와 특정 문서의 진위나 그 저자, 연대를 정밀하게 따지는 역사주의의 발흥 이후, 문학에서도 기독교의 성경에 버금가거나 이를 대치할 만한 텍스트를 가리켜 '정전'이라 부르기 시작했다. '고전'이라 불리기도 하는 이러한 텍스트들은 19세기 후반에 선택되고 20세기 초에 확정되어 미국과 영국 등지에서 다양한 방식의 연구와 교육의 대상으로 자리매김했다(이상섭 2001; 고규진 2012). 요컨대 '문학 정전'이란 문학장의 기성 체제에서 느슨한 합의를 통해 '위대하다'고 간주되는 작품과 작가를 의미하며, 문학사 · 문학전집 · 교과서 등이 이러한 정전 형성에 지대한 영향을 미친다.

3 '파라텍스트(para-texte/paratext)'는 제라르 주네트의 《문턱(Seuils)》에서 처음으로 사용된 용어로 제목, 저자 이름, 장르 표시, 서문, 발문, 각주 등 중심텍스트(본문)를 둘러싸고 이를 보충하는 텍스트를 가리킨다. 주네트는 파라텍스트가 없는 텍스트는 존재하지 않으며 파라텍스트의 방식은 시대, 문화, 장르, 작가, 작품, 편집 등 다양한 외적 조건에 따라 변화한다고 말한 바 있다. 즉, 파라텍스트란 텍스트의 경계 또는 지정된 경계 이상을 의미하는 것으로 텍스트 안과 밖 사이의 규정할 수 없는 영역이자 실제로 텍스트의 수용 과정에서 독자의 독서 행위 전체를 조정할 수 있는 '인쇄된 텍스트의 가장자리'라고 할 수 있다. 한국에서는 파라텍스트를 '곁다리텍스트'라고 부르기도 하는데, 중심텍스트인 본문 외에 제목, 표지, 띠지, 서문, 발문, 제사, 주석, 후기, 추천사, 삽화, 해설, 부록 등등이 모두 이에 해당하

을 분석함으로써 '소년소녀세계문학전집'에 두드러지게 나타나는 소녀상(像)과 정전화 논리를 규명하고자 한다. 이러한 연구를 수행하는 과정에서 본 논문이 특히 주목하고자 하는 것은 '소년소녀세계문학전집'을 통해 상상되고 전유되는 '소녀/소녀상/소녀다움'[4]이다. 아동청소년문학의 수용 과정에서 발생하는 '동일화(Identification)'의 문제를 고려할 때 독자와 유사한 연령대의 인물이 주인공으로 나오는 작품은 특히 주목을 요한다. 이러한 작품의 수용 과정에서 독자는, 등장인물과 자기 자신 사이의 연계성을 재빨리 알아차리고 자연스러운 감정이입을 통해 등장인물의 상황이나 행동을 자신의 경우로 쉽게 치환하여 상상할 수 있기 때문이다(노들먼 2001, 551).[5]

또한 문학정전에서 특정 캐릭터가 반복적으로 등장한다는 것은 인물의 전형이 형성되었다는 것이며, 일반적으로 우리는 전형적 인물을 통

며, 최근에는 그림책이나 교과서를 분석할 때 주요하게 다뤄진다. 1950−1970년대 나온 '소년소녀세계문학전집'의 경우에도 추천사, 광고, 등장인물 소개, '이 책을 읽기 전에', '읽고 나서' 등의 파라텍스트는 해당 전집의 특징적인 체재를 구성할 뿐만 아니라 문화적 기호로서 전집이 지니는 상징적 가치를 피력하거나 중심텍스트의 수용 방향을 직접적으로 일러두는 기능을 한다.

4 이 논문의 표제에 나오는 '소녀'란 특정 발달단계에 해당하는 미성년 여성인물만을 가리킨다기보다는 그러한 소녀인물이 재현하는 혹은 재현할 것이라 기대되는 '소녀상(少女像)' 및 '소녀다움'의 구성적 자질을 모두 포함한다. 따라서 이 논문에서 '소녀'는 'girl'과 'girlhood'를 동시에 지칭한다고 할 수 있다.

5 '소년소녀세계문학전집'의 작품 목록을 살펴볼 때 전집마다 조금씩 다르긴 하지만 대체로 아동청소년이 중심인물로 등장하는 작품은 전체의 30−50% 정도밖에 되지 않는다. 이는 신화, 민담, 전설뿐만 아니라 성인 독자를 대상으로 하는 작품들이 축약된 형태로 전집에 대거 수록되었기 때문이다. 그러나 이러한 작품들에 비해 아동청소년이 중심인물로 등장하는 작품의 목록은 전집마다 큰 차이를 보이지 않는다는 특징이 있다. 이는 다양한 전집들이 난립하는 가운데 반복적으로 수록되는 작품이 있다는 것이고, 당연하게도 이러한 작품들은 비교적 빨리 정전의 지위를 획득했다고 볼 수 있다. 또한 이러한 정전들을 통해 아동청소년 인물들이 하나의 상(像)을 형성하고 있다면 이는 분명 정전화 과정을 거쳐 형성된 '아동청소년의 상(像)'이라 할 수 있다(고지혜 2014, 255−256).

해 당대 사회와 작가와 독자가 기대하던 바를 짐작해 볼 수 있다. 1950-1970년대 '소년소녀세계문학전집'에 빈번하게 등장하는 소녀인물 또한 당시의 여러 가치체계가 추구하던 '소녀다움'을 내포하고 있다. 따라서 미성년 여성인물이 주인공으로 등장하는 작품 중 어떤 작품이 전집에 더 많이 수록되면서 특정한 '소녀상'을 형성하는 가운데 어떤 방식으로 정전화되었는지를 검토하는 것은, 1950-1970년대 독서문화사나 아동청소년 문학장에서 구축되었던 질서의 내용과 성격을 가늠해 보는 작업이 될 것이다.[6]

2. '소년소녀세계문학전집'을 통한 '서구/근대/소녀'의 수용

'소년소녀세계문학전집'에 관한 실증적 고찰은 전집을 구성하고 있는 작품 목록을 검토하는 것에서 출발한다. 무엇을 기준으로 목록이 구성되고, 어떤 순서대로 작품이 배치되느냐의 문제는 해당 전집의 기획 의도를 직접적으로 드러내기 때문이다.[7] 따라서 전집 연구는 각각의 전집 및 각 권

6 한국의 경우, 해방과 한국전쟁을 거치며 남한 중심의 문학장, 교육과정과 교과서, 번역문화, 출판시장, 입시제도, 독서대중 등이 새롭게 형성되면서 문학의 정전화 과정이 본격적으로 시작되었다. 이와 더불어 한국에서 문학정전에 관한 연구는 문학교육을 중심으로 2000년대 말부터 활발하게 진행되었는데(한국문학교육학회 2010), 국가가 교육에 직접적으로 개입하여 구축된 '교과서정전'과 민간 영역에서 전집의 기획과 발간을 통해 구축된 '전집정전'에 관한 연구가 현재 정전 연구의 주를 이루고 있다. 2010년대에 전집에 관한 정전 연구가 다양하게 수행되어 온 것은 사실이지만 해방 후 성인 독자를 대상으로 출간된 '세계문학전집'에 관한 연구는 아직 많지 않은 편이며 1950-1970년대 '소년소녀세계문학전집'을 직접적으로 다룬 기존 연구는 학술지 논문 2편에 불과하다(최애순 2012; 고지혜 2014). 이는 '세계문학전집'에 대한 연구의 필요성이 제기된 지 얼마 되지 않았기 때문이기도 하겠지만 특히 '소년소녀세계문학전집'의 경우 자료의 방대함과 접근성 문제로 인해 실증적 고찰이 충분하게 이루어지지 않았기 때문이라 할 수 있다.

7 예컨대 동화 앤솔러지가 처음 등장했던 식민지 시기부터 '전집의 시대'였던 1960-1970

목록의 정리에서 출발하되 하나의 전집 체재 안에서 특정 텍스트가 배치되는 논리뿐 아니라 해당 텍스트가 각기 다른 전집에 수록되면서 발생하는 공통점과 차이점에도 주목해야 한다.[8]

이에 이 글은 먼저 1950-1970년대 출간된 '소년소녀세계문학전집' 중 13종의 전집을 선별하여 기초 자료 조사 작업을 진행했다. 김병철(2002)의 저서와 국립어린이청소년도서관 및 국회도서관의 자료 검색 시스템을 통해 전집명을 확인할 수 있는 전집 전체를 연구 대상으로 삼지 않는 이유는, 첫째 실물을 확인할 수 있는 자료의 수가 상대적으로 많지 않다는 것, 둘째 당시 출간된 전집은 50권 내외로 한 세트를 이루고 있을 뿐 아니라 하나의 전집에 수록되는 작품은 최소 30편에서 많게는 150편에 이르므로 15종 내외의 전집을 분석하는 것만으로도 표본을 도출하거나 정전화 양상을 살피는 데 부족하지 않다고 판단했기 때문이다. 따라서 실물 확인이 가능하고, 당대의 《출판연감》이나 각종 신문·잡지의 기사 및 광고를 통

년대를 거쳐 더 이상 '전집'이라는 기호가 유효하지 않게 될 때까지 이러한 목록을 구성하는 데 있어 가장 중요한 기준은 작품들을 '작가별(작품별)로 배치할 것인가' 아니면 '국가별로 배치할 것인가'였다. 어느 쪽을 선택하느냐의 문제는 무엇을 기획하고 있느냐에 따라 달라질 텐데, 흥미롭게도 이러한 갈등과 고민의 흔적이 식민지기의 동화 앤솔러지에서도 발견된다는 것이다(박숙자 2013). 앞서 언급한 바 있듯이 1950-1970년대 출간된 '소년소녀세계문학전집'은 약 170여 종에 이르는데, 이 중에서 국가별로 작품 목록을 구성하고 배치한 것은 15종 내외이다. 양적으로 보자면 국가별로 구성된 전집의 비율은 전체의 10% 정도에 불과하지만, 수많은 전집 중에서 출판시장이나 독서문화사에서 두각을 나타낸 주요 전집들은(대표적으로 계몽사, 금성출판사, 태극출판사 등) 모두 국가별 배치를 택하고 있기에 국가별로 구성된 전집의 문화적 파급력은 적지 않았을 것이라 추측된다. 계몽사판과 금성출판사판 전집을 비롯하여 이 시기 출간된 '소년소녀세계문학전집'의 국가별 배치에 내재된 정전화 논리에 관해서는 최애순(2012)의 연구가 중요한 참조점을 제공한다.

8 이러한 과정에서 본 연구는 번역의 문제를 상대적으로 덜 중요하게 다룰 예정이다. 외국문학 수용에 관한 연구가 번역사 혹은 이입사를 중심으로 번역의 문제에 집중할 경우, 연구의 주안점이 한국근대문학의 이식성을 방증하거나 원본과 번역본의 격차를 확인하는 데 초점이 맞춰질 수 있기 때문이다. 외국문학의 수용사 연구에서 중요한 것은 무엇보다 수용 양상의 총체적인 지형과 수용의 준거틀을 파악하는 것이다.

해 실제 출판시장이나 교육현장에 영향을 미쳤을 것이라 짐작되는 전집을 선별하여 1차 자료 조사 대상으로 확정했다.

이 과정에서 '소년소녀세계문학전집'을 특정 시기에 주로 존재했던 특정한 형태의 출판물로 간주하고, 직접적 연구 대상으로 다룰 전집을 선별하는 데 있어 해당 전집이 '소년소녀', '세계문학', '전집'이라는 세 가지 키워드가 함의하는 바를 공통으로 충족하는지 여부를 살폈다. 먼저 첫 번째 조건인 '소년소녀'란 해당 전집이 아동청소년을 대상 독자로 설정하고 있는가의 문제와 직결된다. 식민지기에 출간된 문학선집/전집류의 경우에는 해당 명칭을 사용하는 경우가 없었고, 1950-1970년대 출간된 '소년소녀세계문학전집' 경우 같은 시기 '어린이'나 '동화'를 표제로 내세우며 출간된 전집들과는 뚜렷하게 구별되는 지점이 있다. 이는 1980년대 들어 이러한 전집류가 "국민학교 저학년용", "엄마와 함께 읽어요" 등을 표제로 내세우며 대상 독자의 연령대를 좀 더 세분화하기 시작하는 흐름과도 차이가 있다.

둘째, 1950-1970년대에 '세계문학'은 선진화된 지식과 교양을 획득할 수 있는 수단으로 간주되곤 했다. 특히 세계문학전집의 '세계'는 노골적으로 '서구'를 가리키는데, 국가별로 구성된 전집이든 아니든 '소년소녀세계문학전집'의 90%는 '서구문학'으로 채워졌다. 또한 '국가별로 작품을 배치하는 세트 구성'으로서의 세계문학전집은 일본·한국·중국·베트남 등 동아시아 국가 특유의 출판 형태라는 점도 기억해 둘 필요가 있다. 즉, '소년소녀세계문학전집'이 상정한 '세계'와 '세계문학'은 후발근대화 국가의 국민이 추구해야 하는 보편의 상태, 즉 '서구/근대/문명'을 함의한다. 따라서 외국문학작품 혹은 외국 작가의 글로 전집을 구성했다 하더라도 이러한 '세계문학'의 개념을 전제하지 않은 전집들은 연구 대상에서 제외하기로 한다.[9]

셋째, 1954년에 출간되기 시작하는 동국문화사판 전집부터 1975년까지 출간된 전집만을 연구 대상으로 한정하고자 한다. 동국문화사판 '세계명작선집'은 해방 후 아동청소년 독자를 대상으로 출간된 최초의 '세계문학전집'으로 간주할 수 있으며,[10] 1950년대 말부터 잇달아 출간되기 시작했던 '소년소녀세계문학전집'은 출간 종수가 최고조에 이르는 1975년이 되면 탈정전화의 양상을 보인다. 1970년대 들어 유사한 형태의 전집 수가 폭발적으로 증가하고 전집류의 생산 및 유통 과정에서 누적되고 있던 피로도가 극에 달함에 따라 출판시장은 자연스럽게 다른 방식의 활로를 모색할 수밖에 없었을 것이다. 때마침 1977년부터 출간되기 시작한 '창비아동문고'가 큰 호응을 얻음에 따라 다수의 출판사들은 '전집'보다는 '문고'를 선택, 비정기적 단행본 출간 형태의 시리즈물을 기획 · 출간한다.[11] 다

---

9 예컨대 1959년 아데네사에서 나온 '소년소녀세계과학모험전집'과 1966−1967년 성문각에서 나온 '세계명작탐정소설전집'은 수록 작품이 특정 장르에 한정된다는 점에서, 1965년 교문사가 출간한 '소년소녀세계명저전집'은 '문학전집'이 아니라는 점에서 본고가 상정한 '세계문학'의 조건을 충족하지 못한다고 할 수 있다.

10 김병철의 책에서는 동국문화사판 '세계명작선집'이 44권으로 기획되어 1952년에 첫 출간되었으며, 1958−1963년 재판이 나온 것으로 기록되어 있다(김병철 2002, 759−760). 하지만 현재 실물을 확인할 수 있는 동국문화사판 《소공녀》의 간기(刊記)에는 이 책이 '세계명작선집'의 일부로 1954년에 초판 발행된 것으로 명기되어 있고, 1957년에 나온 《목장의 소녀》 마지막 쪽을 보면 이 전집의 1차분이 30권으로 기획되어 있음을 알 수 있다. 1961년에 초판 발행된 것으로 확인되는 《크리스마스캐롤》의 마지막 쪽에는 '세계명작선집'의 목록이 50권까지 제시되어 있으며 40−50번째 권은 발행 예정으로 표시되어 있다. 문학전집의 가장 중요한 특징 중 하나가 '한 질로 된 세트 구성'임을 감안할 때, 김병철의 책에서 말한 1952년판 '세계명작선집'은 이 전집의 전사(前史) 정도로 이해하는 것이 타당할 듯하다. 즉, 동국문화사판 '세계명작선집'은 1954−1957년 제1차로 30권을 먼저 간행하고, 1958−1963년 20권을 추가로 출간하여 총 50권으로 완간되었다고 할 수 있다. 따라서 동국문화사판 '세계명작선집'은 물론이고 이 전집과 목록 구성에 있어 70% 가까이 일치하는 학원사판 '세계명작문고'의 경우에도 '전집'이라는 이름을 공유하지 않았음에도 불구하고 '소년소녀+세계문학+전집'에 해당한다. 다만 표지(表紙)나 삽화, 목차 구성 등을 고려할 때 이 두 전집은 이후 출간되는 전집들에 비해 흥미와 대중성을 보다 중요시했음을 짐작할 수 있다.

11 일례로 1979년에만 '독수리 컬러문고'(태창문화사, 1979), '소년소녀무지개문고'(한영사, 1979), '동아해님문고'(동아교재사, 1979), '범우사르비아문고'(범우사, 1979) 등 유사한 형태의 시리즈물이 10종 가까이 출간된다.

시 말해, 1976–1977년을 기점으로 '전집'은 더 이상 유의미한 문화상품 기호로 작용하지 않는다고 볼 수 있다.

이러한 상황 및 조건을 고려하여 본 연구가 일차 연구 대상으로 삼은 전집들은 다음과 같다.

① 세계명작선집(동국문화사, 1954–1963, 전 50권)
② 세계명작문고(학원사, 1957, 전 50권)
③ 세계소년소녀문학전집(계몽사, 1959, 전 50권)
④ 소년소녀세계명작전집(정일출판사, 1962, 전 32권)
⑤ 소년소녀세계문학전집(계몽사 개정판, 1968, 전 50권)
⑥ 소년소녀세계문학전집(어문각, 1966–1969, 전 15권, 총 29작품)
⑦ (칼라명작)소년소녀세계문학(금성출판사, 1970–1973, 전 30권, 총 90작품)
⑧ 소년소녀세계문학전집(삼성당, 1972, 전 36권)
⑨ 소년세계문학전집(육영사, 1974, 전 30권)
⑩ (컬러판)소년소녀 세계의 문학(태극출판사, 1975, 전 36권, 총 153작품)
⑪ 소년소녀세계문학전집(국민서관, 1975, 전후기 각 30권, 총 60권)
⑫ 소년소녀세계문학명작전집(정음사, 1975, 전 20권)
⑬ 소년소녀세계문학전집(광음사, 1975, 전 50권)

이러한 전집들에서 미성년 여성인물이 주인공으로 등장하는 작품으로는 《이상한 나라의 앨리스》, 《작은 아씨들》, 《알프스의 소녀》, 《소공녀》, 《빨간 머리 앤》, 《비밀의 화원》 등을 꼽을 수 있는데,[12] 이는 모두 서구 근

12 이 밖에도 여성인물이 주인공인 작품으로 《써커스의 소녀》, 《양지바른 언덕의 소녀》, 《키다리 아저씨》, 《목장의 소녀》 등도 전집에 수록되어 있는데, 《써커스의 소녀》와 《양지바른 언덕의 소녀》는 수록 빈도가 현저하게 낮다는 점에서, 《키다리 아저씨》와 《목장의 소녀》

대를 배경으로 19세기 중반에서 20세기 초에 창작된 작품이다. 이들은 대개 해당 전집의 전체 목록에서 6–8% 정도를 차지하는데, 육영사판(1974)과 광음사판(1975)의 경우 12–13%의 높은 비율을 기록하고 있다는 점에서, 정음사판(1975)은 소녀인물이 등장하는 작품을 한 편도 포함시키지 않았다는 점에서 주목할 만하다.[13] 미성년 여성인물이 주인공으로 등장하는 작품의 구체적 수록 양상을 수록 빈도수에 따라 정리해 보면 다음 〈표 1〉과 같다.[14]

표에 따르면, 1950–1970년대 출간된 '소년소녀세계문학전집'에 가장 많이 실린 작품은 《소공녀》이며, 《알프스의 소녀》와 《작은 아씨들》 또한 시대나 판본에 상관없이 지속적으로 전집에 수록되었다. 《이상한 나라의 앨리스》의 경우 특정 시기에 한정되지 않고 1950–1970년대 전반에 걸쳐 수록되긴 했지만 전체 기간에 따른 빈도수를 따져 본다면 상대적으로 적게 포함된 편이라 할 수 있다. 이에 비해 《빨간 머리 앤》과 《비밀의 화원》은 1970년대 들어 본격적으로 전집에 실리기 시작했다는 점이 특징적이며, 특히 《빨간 머리 앤》은 1970년대로 한정해서 본다면 《소공녀》와 함께 가장 높은 수록 빈도수를 기록했다.[15]

는 주요 서사가 성년기에 접어드는 여성인물을 중심으로 진행된다는 점에서 본격적인 연구 대상으로는 적합하지 않다고 판단했다.

13 정음사판(1975) 전집은 책 소개나 광고에서 '우정', '모험', '애국심'을 거듭 강조하며 《집 없는 소년》, 《쿠오레》, 《고아 올리버》, 《허클베리 핀의 모험》 등 소년을 주인공으로 하는 작품을 다수 수록하고 있다. 즉, 정음사판 전집의 경우 우정, 모험, 애국심 등을 남성인물에게만 해당하는 혹은 남성인물만이 수행할 수 있는 가치로 간주했다고 볼 수 있다.

14 직접적 연구 대상이 되는 13종 전집의 각 권 목록 전체는 이 글 말미에 '부록'으로 제시했다.

15 《빨간 머리 앤》의 경우 해방 이전 번역된 흔적은 눈에 띄지 않는데, 전집 수록과 관련하여 특이한 점은 이 작품이 1960년대 초 성인 독자를 대상으로 하는 단행본으로 먼저 출간되어 화제를 모았다는 점이다. 《빨간 머리 앤》은 신지식에 의해 1962년 이화여고 교지에 먼저 연재되었고 1963년 두 권의 단행본(《빨강머리 앤1》, 《앤의 청춘2》)으로 출간되어 큰 인기를 끌었다. 당시 신지식은 무라오카 하나코가 번역한 일본판 《빨강머리 앤》(1952)을 저

이 가운데 특히 주목할 작품은 《소공녀》와 《이상한 나라의 앨리스》다. 《소공녀》는 '소녀소설'이라는 표지를 달고 "지붕 속의 왕녀"라는 제목으로 1938-1939년 조선일보사의 《소년》에 총 10회에 걸쳐 연재되었으며, 책으로 최초 출간된 것은 1954년 동국문화사판 '세계명작선집'이었다. 《이상한 나라의 앨리스》는 "이상한 나라의 아리스"라는 제목으로 1937년 《동화》에 첫 회만 소개되었고, 최초로 완역된 것은 1957-1958년 《새벗》에 연재되면서였다. 즉, 이 두 작품은 비슷한 시기에 조선에 처음 소개되었을 뿐만 아니라 1950년대부터 '소년소녀세계문학전집'에 수록되면서 본격적인 정전화 과정을 거치게 된다. 그러나 이 두 작품의 정전화 과정은 상이한 양상을 보이기에, '소년소녀세계문학전집'에 내재된 정전화의 논리를 규명하는 데 있어 이 둘은 중요한 비교 대상이 된다.

아울러 위의 표에 제시된 《알프스의 소녀》, 《작은 아씨들》, 《빨간 머리 앤》, 《비밀의 화원》 또한 정전화 과정을 일별하자면 이들은 모두 '소공녀'로 수렴된다. 예컨대 《알프스의 소녀》의 주인공 하이디는 성격적 특성을 고려할 때 《소공녀》의 주인공 세라와 유사한 인물로 간주할 수 있다. 또한 《비밀의 화원》의 경우, 주인공 메리는 세라와는 다른 성격의 인물이긴 하지만 전집들의 파라텍스트는 공통적으로 《비밀의 화원》을 소개하는 데 있어 이 작품이 《소공녀》와 동일한 작가의 작품임을 강조하며 상대적으로 메리의 캐릭터를 부각시키지 않는다. 따라서 《비밀의 화원》은 1950-1960년대 《소공녀》가 큰 인기를 구가하자 동일 작가의 다른 작품이란 이유로 선택된 것이라 볼 수 있다.

본으로 삼아 번역했기에 한국어 번역본의 표제 또한 '빨강머리 앤'이 되었다고 한다(김성연 2014, 71-72). 그러나 흥미로운 것은 이 작품의 번역본 중 가장 인기 있었다는 신지식의 번역본이 '소년소녀세계문학전집'으로는 들어오지 않았으며, '소년소녀세계문학전집'에 수록된 판본들은 "빨강머리 앤"보다는 "빨간 머리 앤"을 표제로 삼는 경우가 더 많았다. 이 글은 '소년소녀세계문학전집'에 수록된 작품을 중심으로 논의를 전개하고 있으므로, 이 글에서는 이 작품의 표제를 "빨간 머리 앤"으로 통일한다.

<표 1> 미성년 여성인물이 주인공으로 등장하는 작품의 전집 수록 양상

수록 빈도수 (총 13종)	12회	10회	9회	7회	6회	4회
작품명 (원제)	소공녀 (A Little Princess)	알프스의 소녀 (Heidis Lehr und Wanderjahre)	작은 아씨들 (Little Women)	이상한 나라의 앨리스 (Alice's Adventures in Wonderland)	빨간 머리 앤 (Anne of Green Gable)	비밀의 화원 (The Secret Garden)
작가 및 작품의 기본 정보	프랜시스 호지슨 버넷 /미국 (영어), 1888	요하나 슈피리 /스위스 (독일어), 1880	루이자 메이 올컷 /미국 (영어), 1868	루이스 캐럴 /영국 (영어), 1865	루시 모드 몽고메리 /캐나다 (영어), 1908	프랜시스 호지슨 버넷 /미국 (영어), 1909
미성년 여성 인물의 특징	세라 크루 -고아	하이디 -고아	메그, 조, 베스, 에이미 -아버지의 부재	앨리스 - 언니와 함께 있음	앤 셜리 -고아	메리 레녹스 -고아
식민지기 -1950년대 (잡지 연재)	지붕 속의 왕녀*			이상한 나라의 아리스**		
동국문화사 (1954-1963)	13번	16번	×	×	×	41번
학원사(1957)	49번	22번	×	×	×	×
계몽사(1959)	18번	29번	15번	12번	×	×
정일출판사 (1962)	15번	19번	4번	×	×	×
계몽사 개정판 (1968)	19번	30번	15번	9번	×	×
어문각(1969)	11번	×	2번	1번	×	×
금성출판사 (1970-1973)	4번	8번	13번	2번	6번	5번
삼성당(1972)	33번	19번	×	×	35번	×
육영사(1974)	16번	27번	13번	×	18번	×
태극출판사 (1975)	26번	×	5번	4번	7번	8번
국민서관 (1975)	(전)29번	(전)23번	(후)27번	(후)7번	(전)30번	×
정음사(1975)	×	×	×	×	×	×
광음사(1975)	10번	5번	1번	37번	27번	16번

* 《소년》 1938년 4월-1939년 1월(완역).
** 《동화》 1937년 1-2월(1회); 《새벗》 1957년 5월-1958년 4월(완역).

이와 더불어 《작은 아씨들》과 《빨간 머리 앤》은 성인 독자를 대상으로 하는 단행본으로 먼저 출간되어 화제가 된 후 '소년소녀세계문학전집'에 수록되기 시작했다는 특징이 있다. 《작은 아씨들》에 나오는 네 명의 자매는 저마다 서로 다른 성격을 지니고 있을 뿐만 아니라 《빨간 머리 앤》의 앤 또한 당시에 통용되던 전형적인 소녀상에는 맞지 않는 인물임에도 불구하고 이들의 파라텍스트는 《소공녀》를 다룰 때와 동일한 관점에서 이들을 소개한다. 따라서 '소년소녀세계문학전집'을 통해 정전화 과정을 거치는 미성년 여성인물은 크게 '소공녀형'과 '앨리스형'으로 양분된다고 할 수 있기에 《소공녀》와 《이상한 나라의 앨리스》의 정전화 과정을 비교 · 대조해 보면서 '소년소녀세계문학전집'의 젠더화된 정전 논리를 밝혀보고자 한다.

3. 정전화의 두 양상—소공녀형 대 앨리스형

1965년 9월 4일자 《경향신문》의 기사를 보면, 이화여대 학생들이 어렸을 때 읽은 책에 관한 설문 조사의 결과가 나오는데(표 2),[16] 이 목록의 절대다수를 차지하는 것은 세계문학작품이며 이 중에서도 《소공녀》가 1위를 차지하고 있다. 추정해 보자면, 이 설문에 응한 이화여대 학생들은 1945년 전후에 출생한 한글세대라고 할 수 있는데, 이들이 십대를 보낸 시기는 1955–1965년 무렵이다. 이때 출간된 '소년소녀세계문학전집'의 판본으로는 동국문화사(1954–1963), 학원사(1957), 계몽사(1959), 정일출판사(1962) 판 등이 있고, 이들 전집 모두에 《소공녀》가 수록되어 있다.[17]

---

16 《경향신문》, 1965년 9월 4일. 참고로 31위는 《제인 에어》, 32위는 《작은 아씨들》, 33위는 《심청전》, 34위는 《이상한 나라의 앨리스》였다.

<표 2> 이화여대 학생들이 어렸을 때 읽은 책들(1965)

순위	도서명	순위	도서명	순위	도서명
1	소공녀	11	장발장	21	걸리버 여행기
2	알프스의 소녀	12	신데렐라	22	얄개전
3	소공자	13	어머니를 찾아 삼만리	23	사랑의 선물
4	안델센동화집	14	위인전	24	하얀길
5	백설공주	15	로빈손 크루소	25	철가면
6	이솝이야기	16	암굴왕	26	삼총사
7	집없는 천사	17	학원(잡지)	27	프랑다스의 개
8	톰소야의 모험	18	목장의 소녀	28	흥부와 놀부
9	거지왕자	19	루팡 전집	29	보물섬
10	쌍무지개 뜨는 언덕	20	새벗(잡지)	30	진달래와 철쭉

(가) 이것은 〈소공녀〉라는 제명이 표시하는 바와 같이, 마치 적은 왕녀와 같은 거룩한 마음과 행동이 아름다운 쎄—라 라는 일소녀를 주인공으로 한 이야기로, 그 고상한 줄거리의 자미라든가 사랑과 눈물에 가득차 있는 풍부한 정서라든가, 수없이 많은 소년소녀의 소설 중에서도 가장 빛나는 명작의 하나입니다.

여러분은 이 책을 다 읽고나면 반드시 주인공 쎄—라의 아름답고 음전한 마음과, 어떠한 불행과 역경이라도 이겨나가는 굳센 기상에 깊은 감동을 받을 것입니다. 그 감동은 여러분에게 마음의 양식이 될 것입니다.

(동국문화사판《소공녀》, 밑줄은 인용자)

(나) 〈소공자〉를 쓴 버어넷 부인의 이 〈소공녀〉도 세에라 크루우라는 귀여운 소녀를 주인공으로 한 아름다운 이야기입니다.

17 버넷의《소공자》가 1925년 단행본으로 번역된 바 있음을 고려할 때《소공자》와《소공녀》의 완역본 출간 시기는 상당한 차이가 있다. 이는 식민지기에 서구의 '소년'을 주인공으로 하는 작품들이 활발하게 번안·번역되었음과 연관이 있을 것이다. 즉, 버넷의 작품이 번역·수용되는 과정을 통해서도, '서구/근대/소녀'를 주인공으로 하는 작품들은 해방 후 '소년소녀세계문학전집'을 통해 본격적으로 수용되기 시작했음을 확인할 수 있다.

착하고, 상냥하고, 명랑한 소녀 세에라는 누구에게나 귀염을 받습니다. 즐겁고 행복한 기숙사 생활—멀리 인도에서 외로이 살고 있던 아버지의 갑작스러운 죽음—그래서 부자였던 세에라는 갑자기 가난해집니다. 그리고 넓은 방에서 지붕 밑 다락방으로 이사가지만, 세에라는 조금도 명랑함을 읽지 않읍니다.

(계몽사판《소공녀》, 밑줄은 인용자)

(가)는 1954년에 출간된 동국문화사판《소공녀》의 해설로 글쓴이는 '동국문화사 편집부'로 기록되어 있다. (나)는 1959년에 출간된 계몽사 판《소공녀》의 〈〈소공녀〉를 읽기 전에〉인데 본문이 끝난 후 역자의 이름으로 작가를 소개하고 있다는 점을 고려할 때 이 또한 옮긴이의 설명으로 추정할 수 있다. 이처럼 두 판본의 파라텍스트는 공통적으로 이 작품의 작가가《소공자》를 쓴 버넷임을 강조하며 작가 소개에 여러 쪽을 할애하고 있고,《소공녀》에서 주목해야 할 점으로 주인공 세라의 외모와 특정한 자질을 꼽는다. 본문에 함께 수록된 삽화 또한 세라의 예쁘고 귀여운 외모를 강조하는데, 이 작품에서 세라가 '인도의 공주'를 연상시키는 까만색 곱슬머리에 초록색 눈을 가진 인물로 묘사됨에도 불구하고 이러한 삽화들은 세라를 전형적인 서양 여자아이의 외모로 그린다. 이는 1960–1970년대 출간된 다른 판본에서도 동일하게 나타나는 특징이다(그림 1).

《소공녀》의 세라를 비롯하여 이 시기 '소년소녀세계문학전집'에 수록되었던 고아 인물들은 예쁜 외모와 순수하고 인내심 많은 성격을 지닌 '천사형' 인물로 규정될 수 있다(고지혜 2014). 특히 세라와 하이디 같은 고아 소녀인물은 서사가 진행되는 과정에서 주변 사람들을 돌보거나 치유해 주는 역할을 하고, 이들의 이러한 '돌봄의 능력'은 보상/화해/회복 등의 결말을 이끌어 내는 데 크게 기여한다. 또한 이들 작품의 파라텍스트는 세라와 하이디의 이런 면면을 본받아야 할 미덕으로 소개하고 강조하며,

(가) 계몽사 개정판(1968)

(나) 어문각(1969)

(다) 금성출판사(1971)

<그림 1>《소공녀》의 삽화

이들을 통해 당대의 지배 이데올로기라 할 수 있는 '동심천사주의'와 '교훈주의'를 공고히 한다.[18]

물론 아름다운 외모와 순수한 성품을 타고난 세라의 캐릭터가 동심천사주의나 교훈주의를 무비판적으로 전유한다고 분석하는 것은 세라가 지닌 다층적인 면을 읽어내지 못하는 독법이라 할 수 있다. 세라는 풍부한 상상력과 이야기꾼으로서의 탁월한 능력을 통해 결국 생존하여 보상을 받을 뿐만 아니라 역경을 견디는 과정에서 자존을 위해 저항하며 해방의 순간을 경험할 때도 있기 때문이다(양윤정 2012, 117–120). 그럼에도 불구하고 '소년소녀세계문학전집'의 파라텍스트들은 세라가 '마치 어머니처럼' 누군가를 양육하고 돌보는 역할을 성공적으로 수행해 내는 것에 집중한다. 이는 이 작품이 발표된 빅토리아 시대의 여성에 관한 지배 관념을 잘 보여주는 독법일 뿐만 아니라 소녀 교육의 목표가 '현모양처 기르기'로 수렴되던 개발독재기 남한의 지배 이데올로기를 그대로 보여주는 장면이기도 하다(김은하 2017, 35–36).

18 "어린이를 순수하고 무구한 존재로만 보는 동심천사주의"와 "현실의 때가 묻지 않은 어린이에게 기성세대가 바라는 덕목을 가르쳐주어야 한다는 교훈주의"는 둘 다 어린이를 '미

요컨대《소공녀》의 저본이 처음부터 아동청소년 독자를 대상으로 출간된 단권 형태의 작품이라는 점, 비교적 단선적인 플롯과 권선징악적 결말로 구성되어 있다는 점, 작품 전체를 관통하는 주인공 세라의 성격적 특성이 서사가 진행되는 내내 흔들리지 않는다는 점 등으로 인해《소공녀》는 번역 및 수용 과정에서 용이한 지점에 위치한다고 할 수 있다. 그러나 무엇보다 주인공 세라가 당대의 지배 이데올로기가 강조하던 '소녀다움'을 구현할 수 있는 인물이 아니었다면, 이 작품은 그렇게 재빨리 정전의 위치에 오를 수 없었을 것이다.

정전화 과정과 그 논리를 바탕으로 전집에 수록된 작품들을 살펴보았을 때《소공녀》와 대별되는 작품이《이상한 나라의 앨리스》다.《소공녀》와 비슷한 시기에 처음 소개되어 완역된《이상한 나라의 앨리스》는 1950–1970년대 전 시기에 걸쳐 여러 차례 전집에 수록되었음에도 불구하고 판본마다 번역자가 모두 다르며, 번역본마다 장을 다르게 구성하고 있어 특정한 판본이나 경향으로 정전화되지 않았다.《이상한 나라의 앨리스》의 최초 번역자는 1937년 김수향[19]이지만, 1937년《동화》에 실린 김수향의 번역본은 첫 회로 연재가 중단되었기에 그 전모를 파악하기가 어렵다.[20]《이상한 나라의 앨리스》의 최초 완역본은 1957–1958년《새벗》의

달의 상태'이자 '수동적 존재'로 인식하는 왜곡된 관점인 동시에 한국의 아동청소년문학을 둘러싼 잘못된 통념이라 할 수 있다(원종찬 2010, 14–15). 이러한 동심천사주의와 교훈주의는 해방 후 냉전반공체제에서 아동문학이 국민교육의 일환이자 체제동원의 도구로 이용되는 과정에서 굳어졌으며, 특히 아동청소년 문학장이 조성되던 1960–1970년대에 순수주의 문학이념을 주창하던 이들에 의해 지배 이데올로기로 자리 잡게 되었다.

19 이강훈(2016)은《이상한 나라의 앨리스》의 최초 번역자가 한낙원이라고 주장한 바 있지만 이는 김수향의 번역을 고려하지 않은 논의라 바로잡을 필요가 있다.

20 다만 김수향이 쓴〈역자의 말〉은 이후 이 작품의 정전화 과정과 연관하여 주목할 만하다. 김수향은 이 작품을 꿈 많은 소녀가 이상한 나라(꿈나라)에서 모험(위험)을 겪는 "재미있고 우스운 이야기"라고 소개하고 있는데, 이 작품을 읽을 땐 "사실 여부를 따지거나 과학적 비판을 해서는 안 되며 독서과정에서는 자유로운 공상이 중요"하다고 강조하고, "조선의 어

연재본이며, 역자는 한낙원이다. 한낙원의 번역본은 연재가 끝나자마자 이듬해 계몽사판 전집의 책 한 권으로 출간되었고, 두 판본은 삽화를 제외하고는 큰 차이가 없었다. 1959년에 출간된 계몽사판《이상한 나라의 에리스》는 저본에 있는 존 테니얼의 삽화를 그대로 수록하고 있다는 점도 특기할 만하다.[21] 또한 계몽사판은 당시 출간된 전집들 중 이 작품의 저본에 가장 충실한 번역이라고 말할 수 있는데, 우선 이 판본은 저본 그대로 12장 구성을 유지하고 있기 때문이다. 12장 구성인 이 작품이 다른 판본에서 10장 구성으로 번역될 때 축약되거나 삭제되는 것은 9장 '가짜 바다거북 이야기'와 10장 '바다가재 춤' 부분이다. 둘 다 말놀이가 많고 서사가 약하며, 특히 9장에는 학교 수업에 관해 풍자하는 장면이 들어가 있다.[22] 8장 구성으로 번역되는 경우 내용상으로는 10장 구성과 동일한데 서사적으로 장면이 이어지는 2장과 3장, 5장과 6장이 하나의 장으로 묶였다(표 3).

한낙원은 계몽사판 해설에서 "소년소녀 문학의 보고는 역시 영국이라고 할 수 있겠읍니다"고 강조한 바 있는데,《이상한 나라의 앨리스》는 번역과 관련된 여러 난점이 있었음에도 불구하고 국가별로 편제된 '소년소녀세계문학전집'의 '영국편'에는 거의 수록되었다. 즉,《이상한 나라의 앨리스》가 영국 작품이 아니었다면, '소년소녀세계문학전집'이 국가별 구성을 중요하게 생각하지 않았다면 이 작품이 과연 이렇게 여러 차례 번역되

린 동무들이 잘 알아듣기 쉽게, 읽기 쉽게 고쳐" 번역했음을 밝히고 있다.《이상한 나라의 앨리스》에 관한 영문학계의 연구가 이 작품의 번역에 초점이 맞추어져 있듯이 최초 번역자인 김수향 또한 이 작품의 말놀이나 패러디 문맥 등이 지닌 번역 불가능성의 문제를 언급하고 있는 것이다. 김수향은 번역본의 가독성을 위해 이 작품에 나오는 말놀이와 노래를 조선의 동시나 동요로 옮기고 있는데, 이는 한낙원의 번역 또한 마찬가지다.

21 이후 1968년 출간된 계몽사 전집의 개정판에서는 표제가 "이상한 나라의 앨리스"로 변경되고 존 테니얼의 삽화 또한 출처를 알 수 없는 다른 삽화들로 교체된다.

22 10장 '바다가재 춤' 장면은 1951년 디즈니판 애니메이션에도 빠져있다.

<표 3> 장별 구성에 따른 《이상한 나라의 앨리스》 판본 비교

12장 구성 (계몽사, 1968)	10장 구성 (어문각, 1966)	8장 구성 (태극출판사, 1975)
1. 토끼 굴 속으로 2. 눈물의 못 3. 코커스 경기와 긴 이야기 4. 토끼 집에 갇힌 이야기 5. 씜기벌레의 충고 6. 돼지와 고추 7. 엉터리 차 파아티 8. 여왕의 크로우케이 놀이 9. 가짜 바다거북 이야기 10. 바다가재 춤 11. 누가 타아트를 훔쳤나 12. 앨리스의 증언	1. 토끼굴에 빠져 들어가다 2. 눈물의 연못 3. 코오커스 경주와 긴 이야기 4. 토끼가 빌을 굴뚝에 넣다 5. 송충이가 가르쳐 준 일 6. 돼지와 후춧가루 7. 미치광이의 파아티 8. 여왕 폐하의 크로우케이 경기장 9. 과자를 훔친 자는 누구냐? 10. 앨리스의 증언	1. 토끼 굴에 뛰어든 앨리스 2. 눈물의 연못 3. 과자가 된 작은 돌 4. 돼지와 후추 5. 이상한 나무 6. 목을 베라 7. 별난 재판! 8. 어른이 되어도

고 수록될 수 있었을까. 이는《소공녀》의 주인공 세라와 견주어 앨리스의 캐릭터가 당시 지배적으로 통용되던 소녀상과는 어울리지 않는다는 점과도 연결된다.

> "정말 이상한 꿈이었구나. 그런 꿈을 꿀 수 있는 아이는 이 세상에서 가장 마음이 착한 아이가 아니면 꿀 수 없는 거야."
> "언니, 정말 그래?"
> "그렇고말고, 마음이 착한 아이는 지금 네가 꾼 꿈과 같이 재미있고 이상한 꿈을 꾸지만, 마음이 착하지 못한 사람은 무시무시한 나쁜 꿈만 꾸게 된단다."
> (금성출판사판《이상한 나라의 앨리스》, 밑줄은 인용자)

인용한 부분은 금성출판사판《이상한 나라의 앨리스》 마지막 부분으로, 저본에는 없는, 이 판본에만 나오는 장면이다. 꿈에서 깬 앨리스와 언니가 나누는 이러한 대화는 여러 쪽에 걸쳐 상당히 길게 나오는데, 이는 이 판본이 앨리스의 성격을 '순진하고 착한 아이'로 규정하려는 의도를 지니고 있음을 보여준다. 이러한 본문 바로 뒤에 배치되는 파라텍스트인 〈독서안내〉에서도 같은 맥락을 읽을 수 있다. 〈독서안내〉를 쓴 동화통신사 편집부국장 오정환은 이 작품을 두고 "이처럼 뜻밖의 사건들이 잇따라 생기는데도, 거기에 교훈 같은 것이 전혀 없다는 것도 흥미로운 일"이라 말하면서도 앨리스의 모험을 "앨리스가 아직도 어린이의 순진한 마음을 잃지 않고 있다는 것"을 말해주는 증거로 받아들인다.

이와 더불어 이 판본에서 흥미로운 지점을 하나 더 짚고 넘어가고자 한다. 금성출판사판 '(칼라명작)소년소녀세계문학'(1971)은 "교육효과별 분류 마아크"라는 표지(標識)로 수록 작품들을 '개인적 적응 이야기', '사회적 적응 이야기', '문화적 적응 이야기'로 분류하고 있다. 그런데 《이상한 나라의 앨리스》에만 이러한 '교육효과별 분류 마아크'가 없다. 물론 이는 일종의 탈자와 같이 편집 과정의 실수일 수도 있지만, 금성출판사판 전집이 1970년대 널리 많이 읽힌 터라 여러 번 쇄를 거듭하여 제작되었다는 점, 이 판본이 1970년대 출간된 '소년소녀세계문학전집' 중 교훈주의와 동심천사주의를 가장 노골적으로 드러내는 판본이라는 점, 앞서 살펴본 이 판본의 마지막 장면이나 파라텍스트 역시 당시 지배 이데올로기를 강화하는 방향으로 구성되어 있다는 점을 고려할 때 이러한 표식의 부재는 이 전집의 기획 주체가 이 작품을 어떻게 읽히면 좋을지 결정하지 못했기 때문이라 할 수 있다. 《이상한 나라의 앨리스》의 앨리스는 그만큼 '소년소녀세계문학전집'을 통해 전유되던 지배적인 소녀상과는 맞지 않는 캐릭터였기 때문이다.

앨리스는 예쁘지도 상냥하지도 않으며 인내심이 많거나 순종적이지도 않다. 게다가 앨리스는 '소년소녀세계문학전집'의 여성인물들 중 유일하게 '집 밖의 세계'에서 모험하는 소녀다. 아동청소년문학에서 남자 아이의 시공간과 여자 아이의 시공간이 어떻게 다르게 구성되는지를 기호학적으로 논의한 니콜라예바(1998, 189-192)에 따르면, 남자 아이의 시공간은 출발점에서부터 멀리 뻗어나갈 수 있도록 설계되어 있어 직선적이면서도 확장적이고 이들을 위한 사건은 주로 가정이나 마을공동체 바깥에서 일어난다. 이에 반해 여자 아이의 시간은 회귀적이고, 공간은 제한적이며 사건의 대부분은 집이나 학교 등의 실내에서 발생한다. 《소공녀》, 《알프스의 소녀》, 《비밀의 화원》, 《빨간 머리 앤》 등은 이러한 '여자 아이의 시공간'을 잘 보여주는 예이다. 그러나 《이상한 나라의 앨리스》는 이러한 시공간의 구도에서 벗어난다. 물론 이 작품이 '꿈'이라는 장치를 통해 액자식으로 구성되어 있기에 앨리스의 모험이 남자 아이들의 모험과 같이 역경을 헤쳐 나가며 임무를 완수한 이후에는 성숙으로 이어지는 전개를 보여주진 않지만 앨리스가 경험하는 모험은 기존의 젠더화된 논리로 쉽게 규정되지 않는 특징적 면모를 지니고 있다.

4. 결론을 대신하여

오늘날 우리 사회에서는 아동청소년의 교육과 문화에 대한 관심이 날로 증대됨에 따라 무엇보다 독서교육을 중심으로 한 여러 논의들이 활발하게 진행되고 있다. 이와 관련하여 어떠한 작품이 아동청소년문학의 모범이 될 수 있는가에 대한 문제제기도 최근 들어 활발해진 편이라 할 수 있다. 이에 이 글은 1950-1970년대 광범위한 영향력을 미쳤던 '소년소녀세계문학전집'에 대한 좀 더 활발한 논의가 이루어지길 기대하며 미성년 여성인물이 주인공인 작품을 중심으로 '소년소녀세계문학전집'의 기초 자료 정리 및 분석 작업을 진행했다.

1950-1970년대 '소년소녀세계문학전집'을 통해 수용되기 시작한 '서구/근대/소녀'의 두 가지 대표적 캐릭터라 할 수 있는 세라와 앨리스는

흔히 아동상의 대표적인 두 유형으로 꼽는 쿠오레형이나 피노키오형(원종찬 2010, 17) 어느 쪽에도 정확하게 들어맞지 않는다. 이들은 쿠오레형처럼 민족주의 이데올로기를 대변하지도, 피노키오형처럼 놀이를 즐기는 데 열중하지도 않는다. 또한 당시 한국아동청소년문학이 재현했던 소녀상에 비추어 보았을 때도 이들은 한국의 소녀들과는 달리 계몽의 대상으로도 구제의 대상으로도 그려지지 않는데, 특히 앨리스는 동심천사주의나 교훈주의에 완전히 포획되지 않음을 확인할 수 있다. 이와 더불어 1980년대에 접어들어 문고본 시대가 시작되면서 '소년소녀세계문학전집'이 공유하던 정전화 논리가 약해짐에 따라 린드그렌의 '삐삐'와 같은 소녀 인물이 수용되고, 《빨간 머리 앤》의 앤이 지닌 자유롭고 독창적인 면이 보다 폭넓게 받아들여지기 시작한다. 예컨대 앤은 분명 세라와는 다른 인물 유형으로 '소년소녀세계문학전집'의 미성년 여성인물 중에서는 가장 늦게 정전화되기 시작했지만 지금까지 가장 널리 사랑받고 가장 오래 살아남은 캐릭터라고 할 수 있다. 2018-2020년 한국에서 출간된 《빨간 머리 앤》 관련 도서는 150여 종이며 같은 시기 《소공녀》 관련 도서는 10여 종에 불과하다. 이는 넷플릭스 오리지널 드라마인 〈빨간 머리 앤〉의 '시즌 1'이 2017년에 만들어졌기 때문이기도 하겠지만, 그만큼 앤이라는 캐릭터의 매력이 현재에도 유효한 측면이 있다고 할 수 있다. 즉, '소년소녀세계문학전집' 속 '소녀'는 1950-1970년대 지배 이데올로기에 따라 상이한 정전화 과정을 거쳤음에도 불구하고 이후로도 오랫동안 아동청소년 문학장에서 살아남으며 입체적이고 다면적인 소녀상이 자리할 수 있는 상징적 공간을 만들어냈다고 할 수 있다.

'정전화'란 지속의 과정이며 중요한 것은 특정한 시대에 어떤 텍스트가 어떻게 재정의되고 재해석되어 왔는가의 문제이다(하루오 시라네 · 스즈키 토미 2002, 323). 따라서 정전화 과정은 교육제도는 물론 제도권과 비제도권의 학술활동, 출판, 언론 등 보다 광범위한 사회문화적 맥락 속에서 다루어져야 할 것이다. 과거 독서문화사나 아동청소년문학사에서 당연하게 받아들여져 왔던 정전을 비판과 반성의 시각으로 재검토할 수 있는 기회를 제공하는 정전 연구가 궁극적으로는 2020년대를 맞아 새로운 시대와 새로운 세대를 위한 정전 형성의 길을 모색하는 것으로 이어질 수 있길 기대한다.

부록 1950-1970년대 주요 '소년소녀세계문학전집'의 각 권 목록

<부록 1> 세계명작선집(동국문화사, 1954-1963)

1	장발장	26	동 · 키호-테
2	철가면	27	목장의 소녀
3	로빈슨 표류기	28	로빈훗드의 모험
4	집없는 천사	29	삼국지
5	삼총사	30	아더대왕
6	소공자	31	앙클 · 톰
7	거지왕자	32	쟝크리스톱
8	톰 · 소야의 모험	33	아라비안나이트
9	15소년표류기	34	크리스마스캐롤
10	쉑스피어명작집	35	노틀담의 꼽추
11	보물섬	36	모히칸족의 최후
12	가리버 여행기	37	폭풍의 언덕
13	소공녀	38	쿼바디스
14	암굴왕	39	골목대장
15	서유기(상)	40	타쟌(1)
16	앨프스의 소녀	41	비밀의 화원
17	복명의 기사	42	써-커스의 소녀
18	괴적루팡(1)	43	십자군의 기사
19	서유기(하)	44	수허전
20	솔로몬의 동굴	45	왕녀 나스까
21	그리시아 신화	46	황금충
22	분홍꽃	47	호메로스
23	마경천리	48	시-튼동물기
24	해저여행	49	사랑의 요정
25	괴적루팡(2)	50	구약이야기
비고	편집위원: 동국문화사 편집부		

<부록 2> 세계명작문고(학원사, 1957)

1	집없는 천사	26	노틀담의 곱추
2	철가면	27	어머니의 곡
3	괴도 루팡(1)	28	전쟁과 평화
4	목장의 소녀	29	소로몬의 동굴
5	거지왕자	30	타쟌이야기(3)
6	대위의 딸	31	그레시아신화
7	마경천리	32	수호지
8	삼국지	33	아아사왕 이야기
9	후로스의 남작	34	보물섬
10	타쟌이야기(1)	35	아라비안나이트(2)
11	쟝바르쟝	36	황금충

12	가리바여행기	37	봄베이최후의 날
13	괴도 루팡(2)	38	쿼오바디스
14	삼총사	39	소공자
15	동키호테	40	학클베리의 모험
16	로빈손표류기	41	윌리암·텔
17	암굴왕	42	쟝느다아크
18	로빈후트의 모험	43	폭풍의 언덕
19	가면의 기사	44	숲속의 형제
20	타쟌이야기(2)	45	아라비안나이트(3)
21	명탐정 홈스	46	해저만리
22	알프스의 소녀	47	써커스의 소녀
23	괴도 루팡(3)	48	톰소야의 모험
24	서유기	49	소공녀
25	아라비안나이트	50	즉흥시인
비고	편집위원: 학원문고 편집위원회		

<부록 3> 세계소년소녀문학전집(계몽사, 1959)

1	(고대) 희랍신화집	26	(도이취) 하우프 동화집
2	(고대) 호머이야기	27	(도이취) 날아가는 교실
3	(중세) 성경이야기	28	(도이취) 꿀벌 마아야의 모험
4	세계우화집	29	(도이취) 하이디
5	(영국) 영국동화집	30	(도이취) 사랑의 집
6	(영국) 보물섬	31	(북구) 안데르센 동화집
7	(영국) 쟝글북	32	(북구) 북구 동화집
8	(영국) 쉑스피어이야기	33	(북구) 밤비의 노래
9	(영국) 올리버트위스트	34	(북구) 노서아 동화집
10	(영국) 프랑다스의 개	35	(남구) 이태리·스페인 동화집
11	(영국) 검은말 이야기	36	(남구) 크오래
12	(영국) 이상한 나라의 애리스	37	(남구) 피노키오
13	(미국) 엉클톰스 캐빈	38	(동양) 아라비안나이트
14	(미국) 라이락 피는 집	39	(동양) 중국 동화집
15	(미국) 작은 아씨들	40	(동양) 인도 동화집
16	(미국) 톰 소야의 모험	41	(동양) 삼국지
17	(미국) 소공자	42	(동양) 수호지
18	(미국) 소공녀	43	동물기
19	(미국) 다리긴 아저씨	44	곤충기
20	(프랑스) 프랑스 동화집	45	세계명작동시집
21	(프랑스) 집없는 소년(상)	46	세계명작동극집
22	(프랑스) 집없는 소년(하)	47	세계명작추리소설집
23	(프랑스) 월요 이야기	48	(한국) 한국고대소설집
24	(프랑스) 십오소년표류기	49	(한국) 한국전래동화집
25	(도이취) 그림 동화집	50	(한국) 한국창작동화집
비고	편집위원: 강소천, 이원수, 박목월, 김동리, 정인섭		

<부록 4> 소년소녀세계명작전집(정일출판사, 1962)

1	쿠오레	17	로빈훗의 모험
2	보리와 임금님	18	집 없는 소년
3	돌아온 래시	19	알프스의 소녀
4	작은 아가씨들	20	십 오 소년의 모험
5	엉클 톰스 캐빈	21	톰 소오여의 모험
6	정글북	22	로빈슨 표류기
7	왕자와 거지	23	안데르센 동화집
8	꿀벌 마야의 모험	24	그림 동화집
9	보물섬	25	암굴왕
10	삼총사	26	피노키오
11	걸리버 여행기	27	셰익스피어 명작집
12	아아 무정	28	아라비안 나이트
13	나르는 교실	29	서유기
14	소공자	30	세계동화집
15	소공녀	31	한국문예동화집
16	에밀과 탐정들	32	한국동화집
비고	편집위원: 강소천, 백철, 이원수, 정비석, 최정희, 피천득		

<부록 5> 소년소녀세계문학전집(어문각, 1966-1969)

1	로빈 훗의 모험/이상한 나라의 앨리스
2	작은 아씨들/쾌걸 조로
3	삼총사/아! 무정
4	타라스 불리바/고아 넬리
5	쿠오레/피노키오
6	집없는 아이/톰·소여의 모험
7	양지바른 언덕의 소녀/정글 북
8	십오소년 표류기/안데르센 동화
9	보물섬/위대한 왕
10	몽테 크리스토 백작/손오공
11	해저 이만리/소공녀
12	잃어버린 세계/소공자
13	솔로몬의 동굴/걸리버 여행기
14	로빈슨 크루우소/셔얼럭 호움즈의 모험
15	삼국지
비고	편집위원: 박종화, 이원수, 김동리, 최정희, 조연현, 김윤성

<부록 6> 소년소녀세계문학전집(계몽사 개정판, 1968)

1	그리이스신화	26	그림 동화집
2	호머 이야기	27	독일 동화집
3	성경 이야기	28	에밀과 탐정
4	이이솝 이야기	29	사랑의 집
5	영국 동화집	30	알프스의 소녀
6	셰익스피어 이야기	31	안데르센 동화집
7	플란더즈의 개	32	북유럽 동화집
8	보물섬	33	닐스의 이상한 여행
9	이상한 나라의 앨리스	34	방랑의 고아 라스무스
10	로빈훗의 모험	35	러시아 동화집
11	피이터팬	36	남유럽 동화집
12	보리와 임금님	37	쿠오레
13	미국 동화집	38	피노키오
14	엉클 톰스 캐빈	39	아라비안나이트
15	작은 아씨들	40	인도 동화집
16	톰 소여의 모험	41	중국 동화집
17	왕자와 거지	42	서유기
18	소공자	43	삼국지
19	소공녀	44	수호지
20	돌리틀 선생 이야기	45	일본 동화집
21	프랑스 동화집	46	세계명작동요동시집
22	집 없는 아이	47	세계명작추리소설집
23	십오 소년 표류기	48	한국고대소설집
24	사랑의 요정	49	한국전래동화집
25	별의 왕자님	50	한국현대동화집
비고	편집위원: 박목월, 윤석중, 이원수		

<부록 7> (칼라명작)소년소녀세계문학(금성출판사, 1970-1973)

1	(영국 편)걸리버 여행기 / 올리버 트위스트 / 플란더즈의 개
2	(영국 편) 보물섬 / 이상한 나라의 앨리스 / 베오울프 이야기
3	(영국 편) 피이터팬 / 정글 북 / 우주 전쟁
4	(미국 편) 백만 파운드의 지폐 / 소공자 / 소공녀
5	(미국 편) 톰 소오여의 모험 / 비밀의 화원 / 호수의 여신
6	(미국 편) 빨간 머리 앤 / 아기사슴 / 동물기
7	(프랑스 편) 집 없는 아이 / 세르쿠 섬의 살인귀 / 페로 동화
8	(도이칠란드 편) 알프스의 소녀 / 지크프리트 이야기 / 그림 동화
9	(도이칠란드 편) 허풍선이 남작의 모험 / 사랑의 가족 / 하우프 동화
10	(동양 편) 삼국지 / 서유기 / 판카탄트라
11	(영국 편) 셰익스피어 이야기 / 천로역정 / 로빈슨 크루우소우
12	(영국 편) 아이반호우 / 녹색의 집 / 명탐정 호움즈
13	(미국 편) 엉클 톰의 통나무집 / 소용돌이 / 작은 아씨들
14	(프랑스 편) 레미제라블 / 부엉이당 / 몽테크리스토 백작

15	(프랑스 편) 사랑의 요정 / 공충기 / 삼총사
16	(프랑스 편) 15소년 표류기 / 파랑새 / 홍당무
17	(도이칠란드 편) 꿀벌 마야의 모험 / 하늘을 나는 교실 / 삽살개
18	(북유럽 편) 안데르센 동화 / 토펠리우스 동화 / 닐스의 신기한 여행
19	(남유럽 편) 피노키오 / 동키호테 / 쿠오레
20	(러시아 편) 위대한 왕 / 곱사등이 망아지 / 톨스토이 단편
21	(프랑스 편) 해저 2만리 / 쟝크리스토프 / 메리메 단편
22	(프랑스 편) 쟌다르크 / 명랑한 타르타랑 / 기암성
23	(미국 편) 야성의 절규 / 호오돈 단편 / 키다리 아저씨
24	(미국 편) 왕자와 거지 / 모히칸족의 최후 / 케네디
25	(영국 편) 디킨즈 단편 / 처어칠 / 나이팅게일
26	(독일 편) 윌리엄텔 / 시바이쩌 / 맹수 조종사
27	(북구 편) 갈리레오 갈릴레이 / 바이킹 / 아문젠 탐험기
28	(동양 편) 수호전 / 아큐우 정전 / 사미인
29	(동양 편) 스물 네개의 눈동자 / 버어마의 하아프 / 스페인의 가짜돈
30	(고전 편) 아라비안 나이트 / 이솝우화 / 그리이스 신화
비고	편집위원: 김동리, 김소운, 김영일, 김요섭, 김용호, 박홍근, 백철, 이원수, 이준법, 장수철, 정비석, 최태응

<부록 8> 소년소녀세계문학전집(삼성당, 1972)

1	셰익스피어 이야기	19	알프스의 소녀
2	피노키오	20	정글북
3	걸리버 여행기	21	지하왕국
4	보물섬	22	성경이야기
5	집 없는 아이	23	이솝이야기
6	독일동화집	24	그리이스 신화
7	서유기	25	그림동화집
8	수호지	26	아라비안나이트
9	삼총사	27	왕자와 거지
10	십오 소년 표류기	28	작은 아씨들
11	철가면	29	톰 소오여의 모험
12	플란더즈의 개	30	암굴왕
13	소공자	31	안데르센동화집
14	장발장	32	파이터팬
15	충견 라시	33	소공녀
16	사랑의 집	34	80일간의 세계 일주
17	로빈 훗의 모험	35	빨간 머리 앤
18	로빈슨 크루우소우	36	엉클 톰의 오두막집
비고	편집위원: 조풍연, 김영일, 장수철, 김요섭, 박화목, 오소백		

<부록 9> 소년소녀세계문학전집(육영사, 1974)

1	로빈슨 크루우소우	16	소공녀
2	걸리버 여행기	17	하얀 엄니
3	셰익스피어 이야기	18	빨간머리 앤
4	보물섬	19	다리 긴 아저씨
5	정글북	20	돌리틀 선생 항해기
6	젊은 날의 추억	21	하릅 사슴
7	레 미제라블	22	성서 이야기
8	십오 소년 표류기	23	위대한 왕
9	집없는 아이	24	오딧세이아
10	홍당무	25	피노키오의 모험
11	나는 교실	26	쿠오레
12	엉클 톰스 캐빈	27	알프스의 소녀
13	작은 아씨들	28	수호지
14	허클베리 핀의 모험	29	서유기
15	소공자	30	도련님
비고	편집위원: 백철, 윤석중, 김동리, 김영일, 최태호		

<부록 10> (컬러판)소년소녀 세계의 문학(태극출판사, 1975)

1	(고전편) 그리이스 신화/아라비안나이트/중국의 신화·전설/불교설화/아르키메데스
2	(영국편) 행복한 왕자/올리버 트위스트/명탐정 호움즈/뉴우튼
3	(영국편) 황금 시내의 임금님/플란더스의 개/마라코트의 심해/장미와 반지/에베레스트 정복/나이팅게일
4	(영국편) 이상한 나라의 앨리스/디킨즈 단편/로빈슨 크루우소우/비밀 첩보원 045/와트
5	(미국편) 작은 아씨들/톰 소오여의 모험/수수께끼의 마야 발견기
6	(미국편) 왕자와 거지/모히칸 족의 최후/리머스 아저씨/미국 민화/해적 키드의 보물/워싱턴
7	(미국편) 모르그 가의 살인 사건/빨간 머리 앤/돌리틀 선생 항해기/브라질 민화/아폴로 이야기
8	(미국편) 립 밴 윙클/밀림의 왕자 타아잔/비밀의 화원/인디언 민화/에디슨
9	(프랑스편) 홍당무/몽테크리스토 백작/일하는 떡갈나무/월요일 이야기/파스퇴르
10	(프랑스편) 삼총사/바다 밑 2만리/퀴리부인
11	(프랑스편) 파랑새/15소년 표류기/여우 이야기/모파상 단편/쟌다르크
12	(독일편) 허풍장이 남작의 모험/하늘을 나는 교실/수레바퀴 밑/시토름 단편
13	(독일편) 지크프리트 이야기/밤비/하우프 동화/땅 밑의 트로이/베에토벤
14	(북유럽편) 그림 없는 그림책/스트린드베리 동화/양지 언덕의 소녀/콘티키 호 표류기/아문센 탐험기
15	(북유럽편) 안데르센 동화/닐스의 이상한 여행/토펠리우스 동화/실크 로우드/노벨
16	(동양편) 서유기/수호지/중국의 이상한 이야기/쓰보다 동화
17	(동양편) 작고 검은 물고기/버어마의 수금/칭기즈칸/동양의 민화

18	(러시아편) 곱사등이 망아지/위대한 왕/톨스토이 동화/차이코프스키
19	(한국편) 칠칠단의 비밀/토끼전/장보고/한국 민화
20	(한국편) 물고기 세상/흥부전/이순신
21	(고전편) 성서 이야기/호메로스 이야기/이솝 이야기/논어 이야기
22	(영국편) 걸리버 여행기/피터 팬/셰익스피어 이야기/먼나라 오랜 이야기
23	(영국편) 보물섬/투탄카아멘의 보물/정글북/처어칠
24	(영국편) 우주 전쟁/빨간 별꽃/바다의 매/명견 크루우소
25	(미국편) 소공자/팅가린 이야기/케티 이야기/케네디
26	(미국편) 소공녀/동물기/키다리 아저씨/호오도온 단편/소년 미술관
27	(프랑스편) 바다의 아들 로망/유쾌한 타르타랑/기암성/나폴레옹
28	(프랑스편) 레 미제라블/미녀와 야수/이솝 아저씨/사랑의 요정/페로우 동화/고호
29	(프랑스편) 집 없는 아이/종이 카누우의 모험/뚱뚱보 나라 키다리 나라/ 가르강튀아 이야기
30	(독일편) 그림 동화/윌리엄 텔/메트로폴리스/시바이쩌
31	(독일편) 레안더 동화/여우 라이네케/사랑의 가족/꿀벌 마야의 모험/독일 단편/ 뢴트겐
32	(남유럽편) 피노키오/마젤란의 세계 일주기/검은 해적/5일 이야기/갈릴레오 갈릴레이
33	(남유럽편) 쿠오레/동키호테/존드리노/레오나르도 다빈치
34	(한국편) 한국의 신화·전설/세종대왕/홍길동/강소천 동화
35	(한국편) 한국아동문학대표작선집 I(동시·동요·동화)
36	(한국편) 한국아동문학대표작선집 II(소년 소설·아동극)
비고	편집위원: 김영일, 김요섭, 박홍근, 박화목, 이원수, 이재철, 이주홍, 조풍연

<부록 11> 소년소녀세계문학전집(국민서관, 1975)

전기		후기	
1	플루타르크 영웅전	1	그리이스 신화
2	이솝 이야기	2	호머 이야기
3	수호지	3	성경 이야기
4	아라비안나이트	4	불경 이야기
5	셰익스피어 이야기	5	삼국지
6	로빈슨 크루우소우	6	서유기
7	걸리버 여행기	7	이상한 나라의 앨리스
8	올리버 트위스트	8	플란더즈의 개
9	보물섬	9	정글북
10	명탐정 호움즈	10	피이터 팬
11	우주 전쟁	11	보리와 임금님
12	곰 푸우님	12	페로 동화
13	몽테크리스토 백작	13	곤충기
14	레미제라블	14	홍당무
15	해저 2만리	15	파랑새
16	십 오 소년 표류기	16	장크리스토프
17	집 없는 아이	17	허풍선이 남작의 모험

18	그림 동화	18	하우프 동화
19	사랑의 가족	19	피노키오
20	하늘을 나는 교실	20	토펠리우스 동화
21	꿀벌 마야의 모험	21	닐스의 이상한 여행
22	돈키호테	22	방랑의 고아 라스무스
23	알프스의 소녀	23	대장 불리바
24	사랑의 교실	24	톨스토이 동화
25	안데르센 동화	25	위대한 왕
26	톰 아저씨의 오두막집	26	원 더 북
27	톰 소오여의 모험	27	작은 아씨들
28	왕자와 거지	28	흰 엄니
29	소공녀	29	돌리틀 선생의 항해기
30	빨강 머리의 앤	30	어린 사슴 이야기
비고	편집위원: 김동리, 김요섭, 백철, 윤석중, 이원수, 이재철		

<부록 12> 소년소녀세계문학명작전집(정음사, 1975)

1	돈키호테	11	정글북
2	장발장	12	명탐정 호움즈
3	베니스의 상인	13	아이반호우
4	삼총사	14	날아다니는 교실
5	집 없는 소년	15	삼국지
6	기암성	16	고아 올리버
7	바다 밑 2만리	17	황제의 밀사
8	암굴왕	18	걸리버 여행기
9	모이컨 족의 최후	19	허클베리핀의 모험
10	쿠오레	20	흥부전·심청전
비고	편집위원: 김영일, 이휘영, 한기언		

<부록 13> 소년소녀세계문학전집(광음사, 1975)

1	작은 아씨들	26	장발장
2	동키호테	27	빨강머리 앤
3	로빈슨 크루소	28	수호지
4	안데르센동화집	29	십오소년의 표류기
5	알프스의 소녀	30	어린 왕자
6	아라비안나이트	31	닐스의 이상한 모험
7	이솝동화집	32	꿀벌 마아야의 모험
8	삼총사	33	양지 언덕의 소녀
9	소공자	34	투명인간
10	소공녀	35	쟝 크리스토프
11	피노키오	36	대장 부리바
12	사랑의 교실	37	이상한 나라의 앨리스
13	철가면	38	사랑의 일가

14	해저 이만리	39	명탐정 호움즈
15	왕자와 거지	40	다리 긴 아저씨
16	비밀의 화원	41	세계동화명작집
17	피터팬	42	톰아저씨네 오두막
18	정글북	43	학클베리의 모험
19	로빈후드의 모험	44	백마의 기수
20	흑기사	45	영국 동화집
21	집 없는 소년	46	프랑스 동화집
22	보물섬	47	스페인 동화집
23	톰 소오여의 모험	48	검은 마인
24	걸리버 여행기	49	암굴왕
25	돌아온 래시	50	바다속의 피아노
비고	편집위원: 김영일, 김요섭, 박화목, 장수철		

참고 문헌

강진호. (2003). 〈한국 문학전집의 흐름과 특성〉. 《돈암어문학》(돈암어문학회) 16, 355–389쪽.

고규진. (2012). 《문학정전》. 연세대학교 출판문화원.

고지혜. (2014). 〈1960~70년대 세계아동문학전집의 고아 인물 연구〉. 《아동청소년문학연구》(한국아동청소년문학학회) 15, 251–282쪽.

김병철. (2002). 《세계문학번역서지목록총람—1895–1987》. 국학자료원.

김성연. (2014). 〈《빨강머리 앤》 번역과 수용의 문화 동력학—공동체, 개인 그리고 젠더화된 문학적 상상력〉. 《대중서사연구》(대중서사학회) 20(2), 67–102쪽.

김은하. (2017). 〈소녀란 무엇인가〉. 《소녀들》. 도서출판 여이연.

김혜정. (2012). 〈독서대중화 운동의 역사적 전개과정 검토—1970년대 고전읽기운동과 1980년대 독서생활화운동까지〉. 《독서연구》(한국독서학회) 27, 9–41쪽.

박숙자. (2012). 〈1950년대 '문학전집'의 문화사—문교부의 '우량도서'제도와 한글세대의 등장을 중심으로〉. 《서강인문논총》(서강대학교 인문과학연구소) 35, 83–123쪽.

______. (2013). 《속물교양의 탄생》. 푸른역사.

양윤정. (2012). 〈《소공녀》에 나타난 세라의 성장〉. 《영미문학교육》(한국영미문학교육학회) 16(2), 111–128쪽.

원종찬. (2010). 《한국아동문학의 쟁점》. 창비.

이강훈. (2016). 〈한낙원의 《이상한 나라의 애리스》 최초 번역본 연구〉. 《현대영미어문학》(현대영미어문학회) 34(3), 157–179쪽.

이봉범. (2012). 〈1950년대 번역 장의 형성과 문학 번역—국가권력, 자본, 문학의 구조적 상관성을 중심으로〉. 《대동문화연구》(성균관대학교 대동문화연구원) 79, 431–510쪽.

이상섭. (1976; 2001). 《문학비평용어사전》. 민음사.

이충일. (2016). 《해방 후 아동문학의 지형과 담론》. 청동거울.

조은숙. (2013). 〈해방~1950년대 중반까지 한국아동문학전(선)집 편찬과 정전화〉. 《한국문학이론과 비평》(한국문학이론과비평학회) 58, 259-286쪽.

천정환. (2007). 〈한국문학전집과 정전화—한국문학전집사(초)〉. 《현대소설연구》(현대소설학회) 37, 85-124쪽.

천정환 · 정종현. (2018). 《대한민국 독서사》. 서해문집.

최애순. (2012). 〈1960~1970년대 세계아동문학전집과 정전의 논리〉. 《아동청소년문학연구》(한국아동청소년문학학회) 11, 43-88쪽.

한국문학교육학회 엮음. (2010). 《정전(正典)》. 역락.

하루오 시라네 · 스즈키 토미 엮음. (2002). 《창조된 고전—일본문학의 정전 형성과 근대 그리고 젠더》. 왕숙영 옮김. 소명출판.

부르디외, 피에르. (2006). 《구별짓기—문화와 취향의 사회학》. 최종철 옮김. 새물결.

캐럴, 루이스. (2001). 《이상한 나라의 앨리스》. 손영미 옮김. 시공주니어.

니콜라예바, 마리아. (1998). 《용의 아이들—아동 문학 이론의 새로운 지평》. 김서정 옮김. 문학과지성사.

노들먼, 페리. (2001). 《어린이 문학의 즐거움》. 김서정 옮김. 전 2권. 시공주니어.

교양의 정신과학적 의미와 교양에 있어서 고전서사문학의 교육적 가치

정상원

1. 들어가며

이 논고는 정신과학(Geisteswissenschaften)[1]의 측면에서 "교양(Bildung)"(GW I, 15/1권, 27)[2]의 의미를 살펴보고 이에 비추어 고전서사문학[3]의 교

1 정신과학은 자연과학(Naturwissenschaften)이 아닌 학문적 영역을 가리킬 때 사용하는 용어이다. 이 용어는 인간에 대한 과학을 다룬 밀(J. S. Mill)의 《도덕과학의 논리학에 대하여(On the Logic of Moral Science)》를 '정신과학 혹은 인간과학의 논리학에 관하여(Von der Logic der Geisteswissenschaften oder moralischen Wissenschaften)'로 번역한 데에서 기원을 찾을 수 있다(GW I, 9/1권, 19). 여기에서 GW와 라틴어 숫자는 관례에 따라 가다머(H. G. Gadamer)의 《전집(Gesammelte Werke)》과 그 권수를 나타낸 것이다. 한국어본이 있는 가다머 《전집》 I권으로부터의 인용은 아라비아 숫자로 원문의 쪽수와 번역본의 쪽수를 슬래시(/)를 사용하여 함께 표기한다. 그 외의 가다머 《전집》은 마찬가지로 GW로 약칭하고, 라틴어 숫자로 권수를, 아라비아 숫자로 쪽수를 표기한다. 자세한 서지 사항은 참고 문헌을 살펴보기 바란다.

2 여기에서 '교양'으로 번역된 'Bildung'은 독일어 이외의 언어에서는 정확히 상응하는 단어를 찾기 어렵다. 그래서 예컨대 프랑스와 영미에서는 'civilisation', 'culture', 'formation', 'instruction', 'education', 'learning' 등으로 다양하게 번역하거나 원어 그대로 사용한다(Bollenbeck 1996). 우리나라에서도 '도야', '교육', '육성', '교양' 등 다양한 번역어나 원어를 그대로 사용한다. 그러나 이는 'Bildung'에 상응하는 낱말이 없다는 점 때문만은 아니다. 뒤에서 살펴보겠지만, 'Bildung'은 사용되는 문맥에 따라 다종다양한 뜻을 가질 뿐만 아니라,

육적 가치를 증시(證示)하는 데 그 목적이 있다.

정신과학은 인간의 실천적 삶(bios praktikos)에 있어서 좋음(to agathon)의 문제를 다룬다. 그리고 실천적 앎을 함양하여 타인과 더불어 좋은 삶을 사는 것을 목적으로 삼는다.[4] 후술하는 논의를 통해서 드러나겠지만 교양은 정신과학의 '본령'(GW I, 20/1권, 36)이다. 따라서 그 의미를 살펴보려는 것은 정신과학의 존재론을 다시 한번 점검하고 다듬는 성격의 작업이다.

한편 고전서사문학을 포함한 고전문학은 문학 및 시공간적 간격이 갖는 참된 가치를 알지 못하는 진영에 의해 그 교육적 입지가 줄어든 지 오래이다(졸고 2019ㄱ, 229). 이에 정신과학의 핵심 개념인 교양에 있어서 우리가 고전서사문학을 읽고 배워야 하는 까닭이 무엇이며 어떠한 것인지를 다루려는 시도는 고전서사문학 교육이 '학문으로서 안전한 길'(KdrV B, VII/178)[5]을 걸을 수 있도록 해주는 작업이기도 하다.

이렇게 본다면, 이 글의 논의는 정신과학과 정신과학의 중요한 하위 영

일정한 합의에 의해 역사적 변천을 거듭해 온 개념이기 때문이다.

3 이 글에서는 일단 이 용어를 엄밀하게 규정하지 않는다. 다만 '오랜 세월 동안 그때마다 달리 그리고 새롭게 이해되면서 우리에게 삶의 방향을 제공해 준 서사문학'을 고전서사문학이라고 부르고 논의를 전개한다.

4 정신과학은 자연과학을 모범으로 삼는 밀이나, 자연과학처럼 특수학(scientia particularis)의 하나로 정신과학을 건립하려 했던 딜타이(W. Dilthey)의 논의를 통해 자연과학과의 본질적 차이(Wesensunterschied)가 왜곡된 바 있다. 이후 정신과학은 하이데거(M. Heidegger)와 가다머에 이르러 삶 전체를 대상으로 삼는 보편학(scientia universalis)이자 실천적 앎(Wissen)의 영역이라는 점, 실천적 삶의 한 가능성인 이론적 삶(bios theoretikos)을 자연과학적 실존의 측면에서 구현한 앎의 영역이 바로 자연과학이라는 점이 밝혀진다(졸고 2019ㄱ, 233–252).

5 여기에서 KdrV, 알파벳 대문자는 관례에 따라 칸트(I. Kant)의 《순수이성비판(Kritik der reinen Vernunft)》과 이 저서의 판본을 표기한 것이다. 한편 슬래시(/)를 사용하여 원본과 번역본의 쪽수를 라틴어 숫자와 아라비아 숫자를 활용하여 차례로 표기한 것이다. 이하 같은 방식으로 인용한다. 자세한 서지 사항은 참고 문헌을 살펴보기 바란다.

역인 고전서사문학 교육에 있어서 존재론적 토대를 제공해 준다고 말할 수 있다.

그동안 우리 학계에서는 교양의 정신과학적 의미와 관련하여 몇 편의 탁월한 연구가 제출된 바 있다(나종석 2002, 131–175; 최소인 2003, 399–434; 정은해 2005, 155–188; 엄지용 2011, 85–105). 그러나 선학들의 논의는 교양 그 자체만을 다루었다는 점에서 이 글과 같은 논의의 목적과 성격을 가진 연구는 사실상 처음으로 시도되는 일이다.[6] 이 글은 기존의 연구를 보완하여 교양의 의미를 재조명하고, 이를 바탕으로 고전서사문학의 교육적 가치를 밝히는 데까지 나아가려 하는데, 논의의 구체적인 순서는 다음과 같다.

2절에서는 먼저 가다머의 정신과학론을 중심으로 교양의 역사적·내용적 변이양상과 현재적 의미를 살펴본다. 그런 다음 교양의 가능조건인 공통감각(sensus communis)에 대해 살펴볼 것인데, 기존의 연구는 대부분 비코(G. B. Vico)의 논의를 중심으로 공통감각을 다룬 바 있다. 그러나 공통감각의 기원은 실천지(實踐知, Phronesis)에 관한 아리스토텔레스(Aristotelis)의 논의에 있고, 우리는 실천지를 통해 공통감각의 성격을 더욱 명확하게 이해할 수 있다. 따라서 아리스토텔레스의 실천지를 자세히 다룰 것인데, 이것이 바로 교양의 의미에 대한 기존의 연구를 보완하는 부분이다. 이러한 논의를 통해 우리는 윤리적 앎을 토대로 교양을 확보할 수 있다는 결론에 이르게 된다. 따라서 3절에서는 윤리적 앎과 관련하여 서사문학과 시공간적 간격이 갖는 탁월성을 밝힘으로써 교양에 있어서 고전

6 한편 교양교육과 고전소설의 가치 혹은 활용가능성을 다룬 연구로 조현우(2010, 55–82)와 정선희(2014, 397–426)를 살펴볼 수 있다. 그러나 두 연구자는 대학 교육과정으로서의 교양교육에만 주목했을 뿐이며, 교양의 의미에 관한 논의를 본격적으로 진행하지 않았다. 우리가 일반적으로 대학 교양교육이라고 언급할 때 사용되는 교양교육은 일반학(general arts)과 인문학(liberal arts)이라는 두 가지 의미를 갖는다. 그리고 여기에서 후자가 바로 이 글에서 다루고 있는 교양과 밀접한 관련을 갖는 개념이다.

서사문학의 교육적 가치를 입증할 것이다.[7]

그러나 상술한 바를 통해서도 드러나듯이 이 글은 그 목적과 성격상 사태-내용적인 무엇을 구체적으로 논의하지 않으며, 존재론적인 층위의 논의에 집중할 수밖에 없다. 때문에 다만 시론적인 성격을 갖는다는 한계가 있다. 그럼에도 이 글의 논의가 정신과학과 정신과학으로서의 고전서사문학 교육이 자기의식(Selbstbewußtsein)을 확보하는 데에는 작은 도움이 될 수 있을 것이다. 이제 우리가 가진 철학적 '자연소질'(KdrV B, 21/230)을 발현하여 논의를 개진해 보자.

2. 교양의 정신과학적 의미

교양은 정신과학을 대표하는 개념이다. 이 개념은 가다머가 정신과학의 본질을 고찰하면서 재조명된 바 있는데, 먼저 그 배경을 간략히 살펴보자.

가다머에 따르면 자연과학을 추동하는 것은 방법적 사고이다. 여기에서 방법의 어원은 메토도스(Methodos)인데, 그것은 '나중에 다시 걸어가는 길(Weg des Nachgehens)'을 뜻한다. 이처럼 누군가 걸어갔던 것처럼 항상 다시 걸어갈 수 있는 것이 방법의 본래적인 의미이며, 이것이 자연과학을 특징짓는다(GW II, 48). 방법은 탐구 대상을 일정한 한계 내에서 반

7 이 글은 무지함(agnoia)과 지혜(sophia) 사이에 존재하면서 지혜를 향하는 존재자로서의 철학자(philosophos)에 관한 소크라테스(Sōkratēs)의 논의, 인간의 앎과 미메시스(mimēsis)에 관한 아리스토텔레스의 논의, 인문주의적 전통에 관한 비코의 논의, 인간의 존재 방식에 관한 하이데거의 존재론, 그리고 이들의 사유에 힘입어 존립하는 가다머의 철학적 해석학 및 리쾨르(P. Ricœur)의 서사론 등을 기반으로 전개된다. 물론 이들의 논의를 받아들이지 않을 수 있고, 그런 한에서 완전히 다른 사유를 전개하는 것도 가능하다. 본격적인 논의에 앞서 이를 언급하는 까닭은, 이른바 '개념적 공약 불가능성(conceptual incommensurability)'에 따라 있을 법하지 않고 불필요한 오해와 논쟁을 미리 방지하기 위함이다.

복적으로 실험하여 보편타당한 결과를 산출하려는 자연과학의 특징을 잘 보여준다(Dilthey 1958, 178, 184, 193, 228, 275).

초기의 정신과학자들은 이러한 자연과학의 사유를 무반성적으로 받아들이면서, 정신과학적 현상 및 과정에서 균일성, 규칙성, 법칙성 등을 이끌어내고자 노력한 바 있다. 하지만 이는 실패했을 뿐만 아니라, 나아가 정신과학을 왜곡하는 문제로 이어졌다(GW I, 9–10/1권, 19–21). 그 까닭은 다음과 같다.

정신과학은 자연과학처럼 삶의 가능성 가운데 하나로 전개된 것이 아니라, 삶 전체를 다룬다. 그런 한에서 정신과학은 자연과학에 앞서 있거나 근원적인 영역이다. 이 영역은 역사적 · 문화적 전승에 의해 매개되는 인간의 세계 경험과 삶의 실천 전체를 다루며, 그런 점에서 실천적 학문 또는 실천철학으로 부를 수 있다(Gadamer 1977, 144; GW II, 228, 427, 433, 439, 450; GW IV, 265; GW VII, 129).[8]

물론 여기에서 말하는 실천은 규칙에 따른 행동 혹은 지식의 적용을 의미하는 것이 아니다. 그것은 그때마다 처하게 되는 인간의 근원적인 상황성(Situiertheit)과 관련한 개념이다. 때문에 정신과학은 인간의 삶과 앎을 일회적이고 역사적인 구체성 속에서 파악한다. 그래서 가령 정신과학의 목적은 일반적인 인간, 민족, 국가가 어떻게 존재하는가 하는 법칙을 인식하는 데 있지 않고, 구체적인 상황 안에서 이 인간, 이 민족, 이 국가가 어떻게 존재하는지를 이해하는 데 있다(GW I, 10/1권, 21; GW X, 234).

그런 한에서 언제 어디에서나 무시간적으로 동일한 것을 산출하려는 방법은 자연과학에만 모범적으로 작용할 뿐이다. 그런 의미에서 정신과

8 이는 인간이 일차적으로는 실천적인 행동관계를 맺는다는 점, 과학적인 행동관계는 실천적인 행동관계에서 파생된다는 점, 그래서 자연과학은 정신과학의 결성적 양태(defizienter Modus)에 해당한다는 점을 받아들이는 한에서 전개되는 사유인데, 하이데거의 존재론에서 비롯한다(졸고 2019ㄱ, 243–248).

학의 고유한 방법이란 없다고 말할 수 있다. 그러므로 자연과학의 방법으로는 정신과학을 왜곡할 뿐이다(GW I, 10/1권, 21; GW I, 13/1권, 25). 따라서 가다머는 정신과학을 자연과학의 방법적 수단으로는 결코 만날 수 없는 진리가 개현되는 영역으로 규정한 다음, 올바른 방향으로 정신과학의 학문성을 건립하고자 한다(GW I, 2/1권, 10; GW II, 486; GW X, 218)[9] 그것은 정신과학의 핵심적인 개념들을 검토하는 작업으로부터 시작하는데, 그 과정에서 가장 먼저 주목하는 개념이 바로 교양이다.[10]

이제 아래에서는 교양이란 무엇이며 어떠한 것인지에 관해 구체적으로 논의해 보자.

2.1. 보편성을 향하는 과정 혹은 보편성의 결과로서의 교양

교양은 중세의 신비주의에 그 원천이 있다. 이후 바로크의 신비주의에 의해 계승되며 18세기에는 클롭슈토크(F. G. Klopstock)의 《메시아(Der Messias)》를 통해 종교적으로 영화(靈化, Spritualisierung)된다. 그리고 헤르더(J. G. von Herder)에 이르러 교양은 '인간성에로의 고차적 형성'으로 규정된다(GW I, 15/1권, 28).

9 그러나 많은 사람들이 오해하듯이 가다머가 방법을 배척하는 것은 아니다. 가다머는 자연과학과 정신과학의 관계를 오해하고 오로지 방법적 과학주의(Szientismus)에 입각하여 모든 인간의 삶과 앎을 지배하려는 사유를 비판하려는 것뿐이다(김창래 2001, 86–94).

10 기실 가다머가 교양 이전에 주목했던 개념은 헬름홀츠(H. Helmholtz)의 감지력(Taktgefühl)이다. 헬름홀츠는 자연과학과 정신과학의 방법적 차이에 관해 설파한 사람으로 알려져 있다. 그에 따르면 두 과학은 각각 '논리적 귀납법(die logische Induktion)'과 '예술적·본능적 귀납법(die künstlerisch–instinktive Induktion)'을 사용한다. 그리고 정신과학적 귀납법은 풍부한 기억력이나 권위의 인정과 같은 정신적 능력에 기인하는 감지력을 요청한다. 하지만 이러한 구분은 어디까지나 자연과학의 방법적 이상에 근거한 귀납법에 의한 것일 뿐이며, 정신과학은 방법적 과학이 아니라는 점을 간취하지 못한 것에 불과하다. 이에 따라 가다머는 정신과학 고유의 논리를 밝히고자 노력했던 헬름홀츠의 공로만을 인정한다(GW I, 10–11/1권, 21–23).

본래 교양은 가령 사지의 형태(Bildung der Glieder)나 잘 형성된 모습(wohlgebildete Gestalt)처럼 신체의 외적인 현상이나, 산맥의 형성(Gebirgsbildung)과 같이 자연에서 나온 형태를 가리키는 '자연적 형성(natürliche Bildung)'을 뜻했다. 이후 헤르더에 의해 교양은 육성(Kultur)과 밀접한 개념으로 변모하면서 '자연적 소질 및 능력을 계발하는 인간의 독특한 방식'을 뜻하게 된다(GW I, 16/1권, 29).

그러나 훔볼트(W. von Humboldt)에 이르러 교양은 능력 또는 재능 계발 이상의 것을 의미하면서 육성과는 다른 개념으로 자리 잡는다. 즉 교양은 '고차적이고 내면적인 것으로서 정신적이고 도덕적인 정진(精進)과 관련한 인간의 본질적 특성'이라는 의미를 갖게 된다. 이는 신의 형상에 따라 창조된 인간이 그 형상을 자신의 영혼 안에 지니고 구축해야 한다는 고대의 신비주의적 전통과도 관련이 있다(GW I, 16/1권, 29).

한편 교양에 해당하는 라틴어는 'formatio(형성)'이고, 'forma' 개념에서 파생된 독일어로는 무엇인가의 형성을 의미하는 'Formierung', 'Formation'이 있다. 교양은 한때 이러한 단어들과 비슷한 뜻으로 사용되기도 했다. 하지만 르네상스 시대 아리스토텔레스주의 이래로 'forma'가 단지 역동적이고 자연적인 뜻으로 해석되면서 교양과 형성은 다른 뜻을 갖게 된다. 또한 교양을 가리키는 'Bildung'에는 모상(模像, Nachbild)과 전형(典型, Vorbild)을 포괄하는 상(像, Bild)의 의미도 포함되어 있기 때문에 교양과 형성은 다른 개념으로 굳어지게 된다(GW I, 17/1권, 30-31).

이렇게 볼 때 일단 우리가 오늘날 사용하는 교양은 육성이나 형성과는 구별되는 개념으로서, '되어야 할 인간을 향한 인간됨(Menschwerden)의 과정' 혹은 '그 결과인 인간임(Menschsein)'을 나타내는 낱말이라고 말할 수 있다.[11] 이 경우에 교양의 구체적인 의미는 인간에 관한 규정에 힘입어 가

11 가다머는 교양이 'physis(자연)'처럼 생성(Werden)에서 존재(Sein)로의 전이 현상을 보여주는 낱말로서, 특히 과정의 결과를 뜻한다고 주장한다(GW I, 17/1권, 31).

변적으로 결정된다고 볼 수 있는데, 가다머는 인간을 다음과 같이 규정하면서 교양의 의미를 탐색한다.

가다머에 따르면 인간은 직접적이고 자연적인 것과 단절함으로써 비로소 진정한 인간이 된다. 이 단절은 인간의 정신적이고 이성적인 측면에 의해 요청되는데, 보편성으로 고양되는 것을 목적으로 삼는다. 이처럼 우리 자신을 보편적인 정신적 존재로 만드는 것이 교양의 본질이다. 한마디로 교양은 '보편성으로의 고양'이다. 그런 한에서 우리는 개별성에 사로잡히지 않으면서 자기 자신의 특수성으로부터 눈을 돌리고 절도와 균형을 겸비하여 보편적인 것에로 시선을 돌릴 때 교양을 갖추게 된다고 말할 수 있다. 이는 실천적 및 이론적 삶과 앎 모두에 있어서 타당한데, 실천적 교양은 개인적 욕구나 사적인 이해의 직접성으로부터 거리를 두고 보편성 위에 서는 것을 요구한다. 이론적 교양은 직접적으로 알고 경험하는 것을 넘어서 다른 앎도 타당하다는 사실을 깨닫고 보편적인 관점을 찾아내는 것을 요구한다(GW I, 17–20/1권, 32–36).[12]

이상과 같이, 교양은 '자기 자신으로부터의 거리두기를 통해 타자와 다른 견해들에 대해 스스로를 열어놓는 것'을 뜻한다. 그런데 교양을 갖추기 위해서는 개별성을 넘어 보편성을 향하는 시야를 확보해야 한다. 그리고 이를 가능하도록 해주는 것을 '보편적 감각(ein allgemeiner Sinn)' 혹은 '보편적 공통감각'이라고 부를 수 있다(GW I, 22–23/1권, 39–40). 이제 아래에서는 이 감각이 무엇이며 어떠한 것인지에 관해 구체적으로 살펴보자.

---

12 이상은 헤겔(G. W. F. Hegel)의 인간론에 따라 전개된 것이다. 하지만 가다머는 교양이 절대정신에 입각한 절대지로 귀결된다는 헤겔의 주장에는 동의하지 않는다(GW I, 20/1권, 36). 이는 후술하는 논의를 통해서 확인할 수 있겠지만, 가다머에 있어서 교양은 인간적 삶과 앎의 유한성(Endlichkeit)으로부터 필연적으로 요청되는 타인에 대한 개방성(Offenheit)에 입각하여 타인과 끊임없이 대화함으로써 형성되며 결코 완성에 이르지 않는 개념이기 때문이다.

2.2. 보편성의 가능조건이자 윤리적 앎으로서의 공통감각

우리가 보편성을 향할 수 있도록 해주는 감각은 공통감각의 전통에서 살펴볼 수 있다. 공통감각은 비코에 의해 다시 주목받게 된 개념인데, 그는 데카르트(R. Descartes)의 사유를 기반으로 건립된 자연과학에 맞서 정신과학 고유의 논리를 증시했으며(Berlin 1997, 14f.), 공통감각이 부재하는 데카르트적 사유로부터 생성되는 문제점을 지적한 인물(Arendt 1996, 350f.)로 잘 알려져 있다.

비코에 따르면 공통감각은 어떤 집단, 종족, 민족, 넓게는 인류 전체가 공유하는 신념 체계이자 일반적으로 느끼는 반성 없는 판단이다(Vico 1982, 142, 163). 그리고 공통감각은 삶에 끊임없이 영향을 미치면서 현명함의 규범 혹은 능변의 규범(Vico 1982, 38)으로 작용한다.

여기에서 우리는 공통감각을 공동체적 감각 정도로 부를 수 있다. 그리고 그것은 공동체 안에서 살아가는 사람이라면 누구나 가질 수 있는 일반적인 감각이라는 점, 개별자에 의해서 공통성이 만들어진다는 점에 주목한다면 공통성을 만들어내는 감각이라는 점, 삶에 결정적으로 중요한 영향을 미치는 공통성이라는 점에서 구체적인 보편성을 갖는다는 점, 수사학(eloquentia)[13]과 관련이 있다는 점 등을 간취할 수 있다.

---

13 비코가 강조했던 능변 혹은 수사학은 '말 잘하는 기술'보다는 '올바른 것을 말하는 말의 기술'을 가리킨다(GW I, 25/1권, 44). 그것은 '설득의 기술'이기도 하다(Arendt 1996, 78). 무지의 지(docta ignorantia)를 가르치는 소크라테스를 따라 인간은 대응설적 진리가 아니라 정합설적 독소그라피만을 갖는다는 점을 인정하는 한에서, 우리는 타인과의 대화를 통해서만 세계를 경험하고 앎을 얻을 수 있다(GW V, 44; GW VI, 7; GW VII, 373). 그런 점에서 대화와 대화의 기술은 오랫동안 존중받아 왔으나 17세기 이후에 데카르트의 합리주의적 사유와 홉스(T. Hobbes), 로크(J. Locke), 흄(D. Hume)의 경험주의적 전통을 중심으로 격하된다(Lakoff · Johnson 1995, 238f.; Berlin 1997, 221f.; Guerrero · Tehera 2001, 131). 그러나 다행스럽게도 대화는 가다머에 이르러 인간적 삶과 앎의 근본조건으로서 다시 주목받게 된다.

그런데 공통감각에 관한 비코의 논의는 기실 소크라테스의 시대까지 소급될 수 있다(Riedel 1978, 14–18). 그리고 특히 우리는 이론지(理論知, Sophia)와 실천지의 차이를 알려준 아리스토텔레스의 논의를 통해 공통감각의 본질을 더욱 자세히 살펴볼 수 있다.

아리스토텔레스에 있어서 이론적 지혜와 실천적 지혜는 모두 이성적 앎이다(EN, 1139b15/207).[14] 여기에서 전자는 그 원리가 다르게 있을 수 없는 존재자들을 대상으로 삼는 앎으로서 참과 거짓의 판별에 관한 것, 논증될 수 있는 것, 필연적인 것 등에 관한 문제에 있어서 요청된다. 그것들은 때로는 귀납을 통해, 어떤 때는 연역적 추론을 통해 이루어진다(EN, 1139a7–8/204; EN, 1139a29/206; EN, 1139b23/208; EN, 1139b27/208; EN, 1140a34/210; EN, 1140b30/213).

반면 실천적 지혜는 실천적 삶에 있어서 요청되는 앎으로서 다르게도 있을 수 있는 것들에 관련되는 앎이다. 실천적 지혜는 우리가 구체적인 상황 안에서 무엇을 행해야만 하고 그렇지 않아야 하는지에 대한 명령을 내리며, 이것이 실천적 지혜의 목적이다. 이 목적에 비추어 인간적인 좋음과 최선의 것을 헤아리는 것이 실천적 지혜인데, 행위(praxis)의 올바름 즉 좋음과 나쁨의 문제와 연관된다는 점에서 그것은 윤리적 앎이다(EN, 1140b5/211; EN, 1141a1/213; EN, 1141b10/216; EN, 1141b14/216; EN, 1143a9/223).

그러나 실천적 지혜는 단지 개별자만을 위한 앎은 아니다. 실천 혹은 행위는 우선 개별적인 것들에 관련하기 때문에 일단 개별적인 것들과 관계를 맺는다. 그런데 인간은 사회적 동물이다. 그런 한에서 실천적 지혜

14 여기에서 EN은 아리스토텔레스의 《니코마코스 윤리학(Ethica Nicomachea)》을 약칭한 것이다. 이 저서는 관례에 따라 베커 쪽수(Bekker numbering)로 표기하며, 슬래시(/) 뒤에 번역본의 쪽수를 함께 표기한다. 이하 인용 방식은 모두 같다. 자세한 서지 사항은 참고 문헌을 살펴보기 바란다.

는 가깝게는 가족, 멀게는 인류 전체에 이르기까지 공통적인 영역으로 확대된다. 때문에 실천적 지혜는 단지 개별성의 차원에만 국한된 목적을 추구하지 않을 뿐만 아니라, 인간으로서 전반적으로 바르게 사는 것이 무엇이며 어떠한 것인지에 대한 문제를 다룬다. 그것은 다른 사람과 더불어 인간으로서 전체적으로 잘 살아가는 것과 관련해서 무엇이 좋고 그렇지 않은지를 숙고하는 윤리적 앎이다(EN, 1097b8–9/28; EN, 1141b15–17/216; EN, 1141b25–26/217; EN, 1141b32–33/217; EN, 1142a10/218).

윤리적 앎으로서의 실천적 지혜는 이처럼 어떤 결단을 요구하는 상황에 있어서 좋은 것을 선택해야 할 때마다 요청되는 앎이다(GW IV, 201; GW IV, 245) 이러한 까닭 때문에 방금 살펴본 아리스토텔레스의 저서 어디에도 실천적 지혜의 구체적인 내용이나 그것을 획득하는 방법에 대해서는 서술되어 있지 않다. 다만 그는 실천적 지혜를 가지고 있는 사람을 다음과 같이 언급한 바 있다.

아리스토텔레스에 따르면 잘 살아가는 문제와 관련하여 숙고를 잘하는 사람이 실천적 지혜가 있는 사람이다. 그런데 많은 경험을 가진 사람들은 경험으로부터 나온 눈을 가지고 있어서 올바르게 보고 실천적 지혜를 가진 사람일 가능성이 높다. 그래서 아리스토텔레스는 가령 나이가 젊더라도 훌륭한 기하학자나 수학자가 될 수 있지만 실천적 지혜를 가진 사람은 될 수 없다고 강조한다. 그런 한에서 그는 우리가 경험이 많고 실천적 지혜가 있는 사람들의 말과 의견을 이론적 지혜 못지않게 경청해야만 한다고 역설한다(EN, 1140a24/210; EN, 1140a30/210; EN, 1141b17/216; EN, 1141b12/218; EN, 1141b16/219; EN, 1143b13–14/226).

이렇게 본다면 우리는 일면 공동 사회 혹은 공동 세계 안에 존립해 온 실천적 지혜에 우리 자신을 개방하여 귀를 기울임으로써, 타면 그때마다 우리가 처해있는 상황에서 타자와 함께 전체적으로 잘 사는 좋은 삶을 숙고함으로써 실천적 지혜의 삶을 살 수 있다고 말할 수 있다(GW II, 326,

469; GW IV, 50, 201).

이상에서 살펴본 실천적 지혜가 바로 비코가 강조했던 공통감각의 근원이다. 그런 한에서 우리는 공통감각을 좋은 삶과 관련하여 우리에게 끊임없이 영향을 미치는 사려 깊음(prudentia)으로서, 타인에 대한 개방성과 관련하여 능변을 요청하는 윤리적 앎으로 규정할 수 있다.[15] 그리고 이처럼 자기 자신에 대한 관심을 중지하고 타인에 주목하며 타인의 목소리에 귀 기울인다는 뜻에서 유한성, 개방성, 연대성(Solidarität)(GW II, 54; GW IV, 50–51, 228; GW VI, 5)을 갖는다고 말할 수 있는 공통감각을 통해 보편성을 향하는 과정 혹은 결과가 바로 교양이다.

3. 교양에 있어서 고전서사문학의 교육적 가치

상술한 것처럼 교양은 윤리적 앎인 공통감각을 바탕으로 자기중심성으로부터 벗어나 보편성으로 고양되는 과정 혹은 결과를 가리키는 개념이다. 때문에 아래에서는 교양에 있어서 고전서사문학의 교육적 가치를 교양의 가능 조건인 윤리적 앎의 측면에서 증시하고자 한다. 이는 윤리적 앎에 있어서 서사문학과 시공간적 간격의 탁월성의 밝히는 순서로 전개된다.

그런데 이야기는 언제나 무엇에 대한 이야기이다. 그리고 이야기하는

---

15 그러나 공통감각을 강조한 비코의 사상은 당대에 큰 영향을 미치지 못했다. 한편 섀프츠베리(A. A. C. 3rd Earl of Shaftesbury)는 공통감각을 '공공복리에 관한 감각', '공동체 혹은 사회에 대한 사랑', '자연스러운 애정과 인정 및 친절함' 등으로 규정하면서 그 중요성을 설파했는데, 후계자들인 허치슨(F. Hutcheson)과 흄에 의해 각광받은 바 있다. 이들이 언급하는 공통감각은 비코의 공통감각과 거의 비슷한 의미를 가졌으며, 이는 토머스 리드(T. Reid)와 베르그송(H. Bergson)에 이르기까지 계승되었다. 하지만 공통감각은 독일에서는 경건주의 신학자 외팅거(F. C. Oetinger)를 제외하면 판단력(Urteilskraft)과 취미(Geschmack)의 개념적 축소와 더불어 결국 윤리적 앎이라는 뜻을 잃고 단지 미적 판단력을 뜻하게 된다(GW I, 29f./1권, 50f.).

바는 무엇 자체, 즉 이야기하는 대상과는 다르다. 플라톤(Platōn)의 언급을 빌리자면 이야기는 이야기의 대상을 모방하는 것이고, 이렇게 이야기된 바는 어디까지나 실재, 즉 참으로 있는 것(to on ontōs)이 아니라 모방물이다. 아무리 모방자(mimētēs)가 뛰어난 모방을 수행한다고 하더라도 모방의 결과물은 실재와 같은 그런 것(toiouton)이되, 실재는 아닌 어떤 것이다. 그런 점에서 플라톤은 모방물이 언제나 원본에 비해 변변찮은 것이라고 언급한다(Platōn Politeia, 392d/200; 490b/397; 382b/180; 597b/615; 597a/615; 603c/630).[16]

만일 이러한 플라톤의 견해를 따른다면, 어떻게 서사문학이 인간의 윤리적 앎에 있어서 탁월하다고 말할 수 있겠는가 하는 물음이 정당하게 제기될 수 있다. 그러나 잘 알려진 바처럼 전통적으로 미메시스에 대한 관점은 한 가지가 아니고,[17] 특히 아리스토텔레스는 플라톤에 반대하여 예술적 재현태의 존재론적 우월성을 다음과 같이 주장한 바 있다.

아리스토텔레스도 서사는 실재를 모방한다는 점, 그래서 실재와 다르다는 점을 인정한다. 그러나 그는 서사를 두 가지로 나누고 다음과 같이 이야기한다. 먼저 문학적 서사는 개연성과 필연성을 기반으로 이루어지는데, 애당초 실재를 그럴듯하게 그려낼 뿐이지 있는 그대로 복제하는 데 목적이 있지 않다. 반면 역사적 서사는 실재성을 토대로 이루어지는데, 그것은 일어난 일을 있는 그대로 이야기하는 데 목적이 있다. 때문에 역사적 서사는 개별적인 것만을 말할 수밖에 없다. 그러나 있을 법하거나 일어날 법한 일을 다룬다는 점에서 문학적 서사는 보편성을 갖는

---

16 이 저서는 관례에 따라 스테파누스 쪽수(Stephanus pagination)로 표기하며, 슬래시(/) 뒤에 번역본의 쪽수를 함께 표기한다. 자세한 서지 사항은 참고 문헌을 살펴보기 바란다.

17 미메시스는 원래 예술적 표현 형식 일반을 의미했다. 단순한 복제라는 의미를 갖게 된 것은 예술과 모방에 대해 비판적 관점을 가진 플라톤에 의해서이다(Koller 1954, 11–14, 67f.).

다. 이는 문학적 서사는 실재가 가지고 있지 않은 다른 어떤 것을 그려낼 수 있음을 뜻하는 바, 바로 그런 점에서 실재 그 자체보다 우월할 수 있다(Aristotelis Peri poietikes, 1448a1–5/31–32; 1448a17–19/33; 1449b24–28/49; 1451a28/60; 1451b5–11/62–63; 1454b8–13/95; 1460a26–27/144; 1461b11–14/156).[18]

나아가 리쾨르(P. Ricoeur)는 이러한 아리스토텔레스의 견해를 수용·확장(TR I, 96)[19]하여 '삼중의 미메시스'(TR I, 10, 125)라는 장치와 과정을 고안하고, 이를 바탕으로 서사문학의 윤리성을 증시한 바 있다. 아래에서는 리쾨르의 견해에 힘입어 윤리적 앎에 있어서 서사 문학이 갖는 탁월성을 자세히 논의해 보자.

3.1. 윤리적 앎에 있어서 서사문학의 탁월성

먼저 삼중의 미메시스의 첫 번째 단계인 '미메시스 I'은 서사적 형상화 이전의 전 형상화(préfiguration) 단계를 가리킨다. 이 단계에서는 일상적인 행동과 그에 대한 이해가 이루어진다. 리쾨르는 아리스토텔레스가 말하듯이 줄거리가 행동의 모방인 한에서, 줄거리의 구성은 행동에 관한 '전-이해(pré-compréhension)'에서 비롯한다고 주장한다(TR I, 10, 112–113, 128–131, 146).

그런데 행동은 해당 문화에 내재하는 윤리와 관련하여 어떤 행동이 다른 행동보다 낫거나 못하다고 말할 수 있는 상대적인 가치를 얻으면서 평

18 이 저서는 관례에 따라 베커 쪽수(Bekker numbering)로 표기하며, 슬래시(/) 뒤에 번역본의 쪽수를 함께 표기한다. 자세한 서지 사항은 참고 문헌을 살펴보기 바란다.

19 여기에서 TR, 라틴어 숫자, 아라비아 숫자는 각각 리쾨르의 《시간과 이야기(Temps et Récit)》와 그 권수, 번역본의 쪽수를 나타낸 것이다. 이하 이 저서는 TR로 약칭하고 그 권수와 쪽수를 밝힌다. 자세한 서지 사항은 참고 문헌을 살펴보기 바란다.

가된다. 물론 행동에 부여된 이러한 가치는 선과 악, 우월함과 열등함 등으로 다종다양하게 표현되고 확장된다. 그리고 우리는 이러한 윤리적 평가에 따라 모든 행동을 이해하고 판단한다. 때문에 아무리 사소한 행동이라고 할지라도 칭찬이나 비난을 불러일으키지 않는 행동은 없다. 한마디로 행동은 윤리적으로 결코 중립적인 성격을 가질 수 없다. 그런 한에서 서사적 형상화가 이루어지기 이전의 단계에서부터 이야기는 윤리적인 성격을 갖는다고 말할 수 있다(TR I, 137–138).

'미메시스 II'는 전-이해된 것들을 서술적으로 형상화(configuration)하는 단계이며, 줄거리를 구성하는 것이 핵심적인 작업이다. 줄거리 구성은 행동 주체, 목적, 수단, 상호 작용, 상황, 예기치 않은 결과 등과 같은 이질적인 요인들을 주제가 무엇인지를 이해할 수 있는 전체성 속에서 조직화하여 모종의 통일적인 형상화를 이끌어내는 작업이다(TR I, 9–10, 147–149).

그런데 서술적 형상화를 가능하도록 해주는 전-이해는 앞에서 언급한 것처럼 윤리성을 갖는다. 또한 전-이해된 바를 토대로 줄거리를 구성하는 작업도 필연적으로 윤리성을 가질 수밖에 없다. 행동을 형상화한다는 점에서 이야기는 어떤 사태에 관해 올바름을 주장하는 경우든, 역설적으로 뒤집어 보도록 하는 경우든 윤리성을 갖는다. 이는 물론 윤리적 판단을 유보하게 하거나 중립성을 요구하는 경우에 있어서도 마찬가지이다. 그러한 요청을 한다는 것 자체가 이미 윤리적이기 때문이다. 그런 한에서 윤리적이지 않은 이야기는 없으며 이야기는 암묵적이든 명시적이든 윤리적으로 결코 중립적이지 않은 세계관을 표출한다고 말할 수 있다. 그런 점에서 리쾨르는 이야기를 찬양과 비난이 담겨있는 평가, 가치 측정, 판단이 시도되는 거대한 윤리적 판단의 실험실로 규정하면서 이야기가 갖는 윤리성이 우리의 윤리적 판단에 예비적인 과정을 제공한다고 강조한다(TR I, 138; TR III, 476–477; SA, 159–160, 191).[20]

마지막으로 '미메시스 III'는 독서를 통해 이루어지는 단계이다. 여기에서는 텍스트의 세계와 독자의 세계가 교차하면서 텍스트와 독자의 지평융합이 이루어진다. 그런데 독자는 텍스트에서 문제 삼고 있는 어떤 사태를 자신이 그때마다 처해있는 상황에 따라 이해할 수밖에 없다. 때문에 텍스트를 이해한다는 것은 언제나 지금-여기에서 자기화하여 이해하는 것을 뜻한다. 그런 한에서 저자나 저자가 염두에 두었던 최초의 독자가 지녔을 법한 의미에 대한 탐색을 독서의 목적으로 삼는 것은 이해를 오해하는 것에 불과하다(TR I, 159, 168f., 171, 174; TA, 54, 168, 183, 186f., 191, 204).[21]

그러나 흥미로운 사실은 자기화로서의 이해는 독단적인 자기성과와는 아무런 관련이 없다는 점이다. 리쾨르는 텍스트를 이해한다는 것은 자신과는 다른 이야기를 들려주는 텍스트의 세계를 받아들이는 것이라고 언급한다. 그리고 지금-여기에서 문제되고 있는 사태와 관련하여 주인이 되려는 태도를 버리고 텍스트의 제자가 되어 주관성의 우위를 부정해야 한다고 강조한다. 독자가 텍스트를 자기화하여 이해한다는 것은 텍스트가 보여주는 세계를 그때마다 자신이 처해있는 상황에 적용하여 이해할 수밖에 없는 해석자의 존재론적인 조건을 표현한 것일 뿐이다. 따라서 자

---

20 여기에서 SA와 아라비아 숫자는 《타자로서 자기 자신(Soi-même comme un autre)》과 그 번역본의 쪽수를 나타낸 것이다. 이하 같은 방식으로 인용한다. 자세한 서지 사항은 참고 문헌을 살펴보기 바란다.

21 여기에서 TA와 아라비아 숫자는 리쾨르의 《텍스트에서 행동으로(Du texte à l'action: Essais d'herméneutique II)》와 그 번역본의 쪽수를 나타낸 것이다. 이하 같은 방식으로 인용한다. 자세한 서지 사항은 참고 문헌을 살펴보기 바란다. 한편 잘 알려진 것처럼 저자의 생각을 따라잡는 것을 이해의 중요한 목적으로 삼는 사유는 딜타이의 추체험 이론을 통해 정교하게 다듬어진 바 있다. 그리고 딜타이는 추체험을 정신과학적 이해로 내세운 바 있다. 그러나 추체험은 건전한 상식의 차원에서라면 수용가능하고 바람직한 이해로 보일 수 있겠지만, 기실 철학적으로는 가능하지도 바람직하지도 않은 공허한 개념이다. 그 까닭에 대한 상세한 논의는 졸고(2018, 191-240)을 참고하기 바란다.

기화로서의 이해는 텍스트가 제안하는 세계에 대한 개방성을 전제조건으로 운영되며, 그것은 탈자기화이기도 하다(TR III, 498; TA, 28, 55).

독자는 상기와 같은 방식으로 텍스트의 세계를 자신의 삶에 비추어 재형상화(refiguration)한다. 이러한 과정에서 독자는 자기를 달리 이해하거나 더 잘 이해하는 계기를 얻게 되며, 자신의 정체성도 재형성하게 된다. 리쾨르는 이를 "서술적 정체성(identité narative)"이라고 부르는데, 재형성은 독자가 자신이 처해있는 그때마다의 상황에 따라 텍스트를 이해할 때마다 이루어진다. 때문에 서술적 정체성은 안정되고 균열 없는 정체성이 아니며, 끊임없이 해체되고 만들어지는 성격을 갖는다. 그런 한에서 이해의 행위와 이러한 행위를 통해 형성되는 서술적 정체성은 변증법적인 성격을 갖는다. 그리고 이러한 서술적 정체성이 자신의 유한성과 타자에 대한 개방성을 가지면서 자기-타자-사회의 좋은 삶을 위한 것으로서 존립할 때 이는 실천적 지혜이자 윤리적 앎이 된다(TR I, 162; TR III, 471, 475-476; TA, 182; SA, 232, 320).

이렇게 본다면 미메시스의 전 단계에 걸쳐서 윤리적 실험실로 표상되는 서사문학은 우리에게 윤리적 경험을 할 수 있도록 해주며, 특히 그 수용에 있어서 윤리적 앎을 함양할 수 있도록 해준다고 말할 수 있다.

3.2. 윤리적 앎에 있어서 시공간적 간격의 탁월성

인간은 가족, 사회, 국가 등으로 대변되는 세계 안에 존재한다. 또한 지금-여기라는 역사 안에 존재한다. 인간은 자신이 그 안에 존재하고 있는 세계와 역사로부터 결코 자유로울 수 없다. 인간의 이성도 이러한 역사적인 세계에서 비롯하는 역사적인 실재일 뿐이다. 때문에 예컨대 계몽주의나 역사적 계몽주의처럼 역사적인 지평으로부터 자유로운 절대적인 이성이나 역사적인 제약으로부터 벗어난 불편부당한 이성을 내세우는 것은 역사적 존재자로서의 인간을 왜곡하고, 오히려 인간적 삶과 앎을 주관주의에 빠지게 할 뿐이다(GW I, 203/2권, 46; GW I, 280-281/2권, 151-152; GW II, 124).

이처럼 인간은 역사의 주재자가 아니라 역사적 존재자라는 사실은 언제나 우리의 삶과 앎이 지금-여기의 역사적 지평에 의해 제약될 수밖에 없다는 점을 뜻한다(GW I, 305f./2권, 185; GW I, 345f./2권, 240). 그리고 이는 우리가 현재의 삶과 앎을 반성할 수 없다는 점도 뜻한다. 현상학적으로 볼 때 반성이 가능하려면 일단 반성의 대상에 관한 사유가 실행되고 물음이 제기되어야 한다. 그러나 사유와 물음의 실행 가능성은 가까운 것에 있어서는 희박해지며 완전히 친숙한 것에 있어서는 없어진다. 어떠한 낯섦도 없는 것에 대해서는 맹목이 되어 사유의 대상 자체를 설정할 수 없기 때문이다(졸고 2018, 192-193).

유한한 역사적 존재자로서의 인간은 자신이 그 안에 살고 있는 세계와 역사에서 비롯하는 관점을 그 자체로는 자각할 수 없고 반성할 수 없다. 그것은 현재라는 역사로부터 일정한 거리두기를 할 수 있는 한에서만 가능하다. 그런데 당연한 말이지만 인간은 시간을 앞질러 존재할 수 있는 존재자가 아니다. 때문에 우리가 발 딛고 있는 지금-여기라는 역사를 자각하고 반성할 수 있도록 해주는 유일한 기제가 바로 전통과의 만남이다(GW I, 12/1권, 24; GW I, 302-304/2권, 180-182; GW I, 480/2권, 429). 그런 점에서 이러한 만남은 지금-여기에서의 좋은 삶과 앎을 위해서 필연적으로 요청된다.

물론 전통은 우리에게는 낯선 것이고, 때문에 많은 경우에 있어서 우리는 어떤 사태에 대한 전통의 대답을 통해 부정적인 경험을 한다. 그러나 이러한 경험의 부정성은 독특한 생산성을 갖기도 한다. 우리가 전통과의 대화를 통해서 만나게 되는 낯선 앎은 우리 시대의 앎을 상대화하면서 반성할 수 있도록 해준다. 또한 그것은 해당 사태와 관련하여 우리가 가지고 있던 앎이 전부가 아님을 깨닫게 해준다. 때문에 전통과의 만남이라는 경험을 통해 생성되는 이러한 앎은 포괄적인 앎이라는 뜻에서 우리를 더 나은 앎으로 이끈다(GW I, 264f./2권, 129f; GW I, 354f./2권, 254f.; GW I, 358–359/2권, 260–261; GW I, 368/2권, 274; GW II, 211).[22]

이렇게 본다면 우리는 전통과 지금-여기 사이의 시공간적 간격을 긍정적이고도 생산적인 가능성으로 이해해야 하며, 전통이 갖는 이러한 중요성을 제대로 인식해야 할 것이다. 그런 한에서 또한 우리는 정신과학의 오래된 업적들은 아무리 세월이 흘러도 거의 퇴색하지 않는다고도 말할 수 있다. 물론 모든 옛것들이 우리의 삶과 앎에 좋음을 가져다주는 것은 아니다. 하지만 옛것이 갖는 타자성이 우리의 현재성을 생생히 드러내어 반성하도록 이끌 뿐만 아니라, 변증법적인 관점에서 볼 때 더 좋은 삶과 앎으로 인도한다는 점 자체를 부인할 수는 없을 것이다(GW I, 266/2권, 131; GW I, 287–288/2권, 160–162; GW I, 302f./2권, 180; GW I, 304/2권, 182; GW I, 352/2권, 249).

4. 나오며

지금까지 우리는 교양의 정신과학적 의미와 교양에 있어서 고전서사문학의 교육적 가치를 논의해 왔다. 교양은 역사적 · 내용적으로 다양하게 규정되어왔다. 오늘날 우리가 사용하는 교양은 되어야 할 인간을 향한 인간됨의 과정이나 그 결과로서의 인간임을 나타내는 개념이다. 이 경우에 교

22 물론 그렇다고 해서 우리가 전통을 무비판적으로 받아들여야 한다는 것은 아니다. 또한 전통은 현재와의 만남을 통해 지속적으로 변화한다(GW II, 268). 전통과 현재의 만남은 차이와 긴장을 보존하면서 변증법적으로 새로운 전통을 만들어낸다. 그 상세한 과정과 성격에 대해서는 졸고(2019ㄴ, 137–148)를 참고하기 바란다.

양의 구체적인 의미는 인간에 관한 규정에 따라 결정된다고 볼 수 있다. 본고에서는 개별성을 벗어나 보편적인 존재자가 됨으로써 진정한 인간이 된다는 점, 그래서 교양은 보편성으로의 고양을 뜻한다는 점을 주장하는 헤겔과 가다머의 견해에 따라 교양의 의미를 규정했다.

그런데 우리가 교양을 갖추기 위해서는 보편성을 향하는 시야 혹은 감각이 필요하다. 이는 비코가 원용한 공통감각에 상응하는데, 특히 아리스토텔레스의 실천지를 통해 자세히 살펴볼 수 있다. 실천지는 구체적인 상황에 있어서 우리가 타인과 함께 인간으로서 전반적으로 좋은 삶을 살기 위해 어떠한 행위를 해야 하며 그렇지 않아야 하는지를 결정해 주는 윤리적 앎이다. 이 앎은 나의 유한성에서 요청되는 타인에 대한 개방성 및 연대성을 토대로 얻을 수 있다.

이렇게 볼 때 교양은 윤리적 앎인 공통감각을 바탕으로 독단적 자기성으로부터 벗어나 보편성으로 고양되는 과정이나 그 결과를 뜻한다. 때문에 이 글에서는 윤리적 앎의 측면에서 고전서사문학의 탁월성을 증시한 바 있다. 리쾨르에 따른다면 서사문학은 창작에서 수용에 이르기까지의 모든 단계에 걸쳐서 윤리적 실험실로 표상된다. 그리고 특히 독서를 통해 얻게 되는 서술적 정체성은 변증법적으로 구현됨으로써 실천적 지혜, 곧 윤리적 앎을 갖도록 해준다. 여기에서 우리는 윤리적 앎에 있어서 서사문학이 갖는 교육적 가치를 발견할 수 있다.

한편 역사적 존재자로서의 인간은 현재라는 역사를 벗어날 수 없다. 이는 우리가 지금-여기의 삶과 앎을 반성할 수 없음을 뜻한다. 반성은 거리두기를 통해서만 가능하기 때문이다. 우리가 현재적 삶과 앎의 좋음과 그렇지 못함을 자각할 수 있는 유일한 기제는 바로 전통과의 만남이다. 당연한 말이지만 그것은 인간이 시간을 앞질러 존재할 수 있는 존재자가 아니라는 점 때문이다. 전통은 우리의 현재성을 생생히 드러내준다는 점에서 좋은 삶을 위한 여정에 있어서 필연적으로 요청된다. 그리고 어떤 사태와 관련한 우리 시대의 앎이 전부가 아님도 알려주는데, 이를 변증법적 인 측면에서 본다면 포괄적인 앎을 갖도록 해준다고 말할 수 있다. 우리가 전통과 지금-여기 사이의 시공간적 간격이 갖는 이러한 긍정적이고 생산적인 가능성에 주목하는 한에서, 우리는 윤리적 앎에 있어서 시공간적 간격의 탁월성을 발견할 수 있다.

물론 모든 오래된 것들이 우리의 삶과 앎에 좋음을 가져다주는 것은 아니며, 모든 서사문학 작품이 탁월한 것이라고 말할 수 없다. 따라서 상기의 논의는 구체적인 작품을 세밀하게 다루면서 전개되어야 한다. 그러나 이는 상술한 이 글의 목적과 성격에서 벗어나는 것이기에 일단 우리의 논의를 여기에서 마무리하고, 다음의 과제를 기약하는 것에 만족하기로 하자.

참고 문헌

김창래. (2001). 〈언어철학적으로 살펴본 정신과학의 의미〉. 《인문학과 해석학》(한국해석학회) 8, 67-116쪽.

나종석. (2002). 〈데카르트 합리주의와 근대 초기에서의 수사학의 위기—비코의 수사학적 전통의 복권 시도를 중심으로〉. 《해석학연구》(한국해석학회) 10, 131-175쪽.

엄지용. (2011). 〈'Bildung'과 'sensus communis'의 상관성에 따른 교육철학의 제 문제—가다머의 『진리와 방법』을 중심으로〉. 《해석학연구》(한국해석학회) 28, 85-105쪽.

정상원. (2018). 〈정신과학적 이해로서의 추체험에 관한 해석학적 고찰—문학교육의 전회(Kehre)를 기원하며〉. 《한국어문교육》(고려대학교 한국어문교육연구소) 26, 191–240쪽.

정상원. (2019ㄱ). 〈고전서사문학의 교육적 가치에 대한 정신과학적 고찰〉. 《고소설 연구》(한국고소설학회) 47, 227–265.

______. (2019ㄴ). 〈고전서사문학 교육의 정신과학적 고찰—정절의 문제를 중심으로〉. 고려대학교 박사학위논문.

정선희. (2014). 〈대학 교양교육에서 고전문학의 역할과 의의—고전소설 활용을 중심으로〉. 《한국고전연구》(한국고전연구학회) 30, 397–426쪽.

정은해. (2005). 〈인문학과 인문주의 그리고 교양—가다머를 중심으로〉. 《철학과 현상학 연구》(한국현상학회) 24, 155–188쪽.

조현우. (2010). 〈고전소설의 현재적 가치 모색과 교양교육〉. 《한국고전연구》(한국고전연구학회) 22, 55–82쪽.

최소인. (2003). 〈공통 감각—규범적 보편성인가 보편화 가능성인가?—가다머와 칸트의 공통 감각에 대한 논의를 중심으로〉. 《해석학연구》(한국해석학회) 12, 399–434쪽.

가다머, 한스 게오르크. (2001). 《진리와 방법 1》. 이길우 · 이선관 · 임호일 · 한동원 옮김. 문학 동네

______. (2012). 《진리와 방법 2》. 임홍배 옮김. 문학동네.

게레로, 호세 안토니오 에르난데스, 마리아 델 카르멘 가르시아 테헤라. (2001). 《수사학의 역사》. 강필운 옮김. 문학과 지성사.

레이코프, 조지, M. 존슨. (1995). 《삶으로서의 은유》. 노양진 · 나익주 옮김. 서광사.

리쾨르, 폴. (1999). 《시간과 이야기 1》. 김한식 · 이경래 옮김. 문학과 지성사.

______. (2002). 《텍스트에서 행동으로》. 박병수 · 남기영 편역. 아카넷.

______. (2004). 《시간과 이야기 3》. 김한식 옮김. 문학과 지성사.

______. (2006). 《타자로서 자기 자신》. 김웅권 옮김. 동문선.

벌린, 이사야. (1997). 《비코와 헤르더》. 이종흡 · 강성호 옮김. 민음사.

아리스토텔레스. (2006). 《니코마코스 윤리학》. 이창우 · 김재홍 · 강상진 옮김. EjB.
______. (2004). 《시학》. 천병희 옮김. 문예출판사.
아렌트, 한나. (1996). 《인간의 조건》. 이진우 · 태정호 옮김. 한길사.
칸트, 임마누엘. 《순수이성비판》. 백종현 옮김. 전 2권. 아카넷.
플라톤. (2005). 《플라톤의 국가 · 정체(政體)》. 박종현 역주. 서광사.

Bollenbeck, G. (1996). *Bildung und Kultur: Glanz und Elend eines deutschen Deutungsmusters 1*. Aufl. Suhrkamp.
Dilthey, W. (1958). *Gesammelte Schriften. VII. Der Aufbau der geschichtlichen Welt in den Geisteswissenschaften*. Hrsg. von B. Groethuysen, Stuttgart.
Gadamer, H. G. (1977). *Kleine Schriften*. IV. Tübingen.
______. (1985–1995). *Gesammelte Werke*. 10 Bde. Tübingen: Mohr.
Kant, I. (1781; 1956). *Kritik der reinen Vernunf*. Hrsg. R. Schmidt. Hamburg.
Koller, H. (1954). *Die Mimesis in der Antike*. Bern.
Lakoff, G., M. Johnson. (1980). *Metaphors we live*. University of Chicago Press.
Ricoeur, P. (1983–1985). *Temps et Récit*. 3 vols. Seuil.
______. (1986). *Du texte à l'action: Essais d'herméneutique*. Seuil.
______. (1990). *Soi-même comme un autre*. Seuil.
Riedel, M. (1978). *Verstehen oder Erklären*. Stuttgart.
Vico, G. B. (1982). *Vico: selected writings*. Edited and translated by L. Pompa. Cambridge University Press.

‘도야Bildung’ 개념의 역사적 전변과 미적 도야

문장원

1. 서론

오늘날 ‘교양’만큼 포괄적이면서 모호한 의미역을 갖는 용어는 드물다. 교양은 매우 다양한 용례를 갖지만, 명확한 정의를 전제로 통용되고 있지는 않은 듯하다. 2015 개정 교육과정은 서두에서 추구하는 인간상의 하나로 “문화적 소양과 다원적 가치에 대한 이해를 바탕으로 인류 문화를 향유하고 발전시키는 교양 있는 사람”(교육부 2015, 1)을 제시하고 있다. 여기에서 교양은 다원적 가치를 이해하고 인류 문화를 발전시키기 위한 ‘문화적 소양’을 지시한다. 이러한 인간상이 공통 교육과정 문서에서 제시되었음을 고려한다면, 문화적 소양이란 ‘사회 구성원(넓게는 인간)으로서 갖춰야 할 공통 지식’ 정도로 이해해도 크게 무리는 없을 것이다. 또한 여전히 명확하지 않지만 일반적인 용례도 대체로 이 정도 정의에 합의를 이루고 있다.

그런데 교양이 ‘지식’으로 이해될 때 두 가지 문제가 발생한다. 첫째는 어떠한 지식이 ‘공통 지식’으로 선별될 때 그 기준이 누구에 의해 마련되느냐는 점이다. 둘째는 지식이 양적인 것으로 인식됨으로써 그것의 습득을 수량화해 측정 및 평가하는 것이 가능해진다는 점이다. 평가가 그 자체로 부정적인 것은 아니지만, "교육이 제기하는 요구가 사회의 상층에 속하는 것을 소망하는 요구로서 증대"(아도르노 2017, 147)하는 사회에서는 중대한 문제를 유발한다. 일례로 이러한 문제는 이미 1960년대 한국에서 일어난 '자유교양운동'에서 명시화되고 있다.[1]

교양을 갖춰야 한다는 당위 자체에는 동의하더라도 교양이 처한 현실이 그것을 "뒤틀고 변형할 수밖에"(천정환 2011, 308) 없다는 사실은 분명하다. 이 점을 고려한다면, 교양을 현실에서 어떻게 의미화할 수 있는지 살피기에 앞서 개념의 기원에서부터 면밀히 검토하는 작업이 필요함을 알 수 있다. 따라서 이 글에서는 교양 개념의 기원을 추적하기 위한 작업의 일환으로 칸트, 실러, 훔볼트, 딜타이의 'Bildung' 개념과 그 역사적 변화를 살펴보고자 한다.[2] 교양의 원어로 흔히 합의되는 'Bildung'은 독일 지성사 특유의 개념으로, 대체로 그 연원은 13세기로 본다. 간략히 정리하면 자발성/전인적 완성/비체계성을 지향한다는 점에서 근대적 의미의 '교육(타율성/기능적 완성/체계성)'과 대별되며, 교육학에서는 '도야'에 더 가까운 개념이다. 두 개념 모두 주체에 대한 근대의 모순적 기획인 '자기결

1 1968년, 자유교양추진회라는 단체가 대저술, 즉 '고전에 대한 청소년의 이해 증진'을 목표로 내세우며 '대통령기쟁탈전국자유교양대회'를 기획한다. 이 대회는 《동아일보》가 가세하고 매해 문교부 장관 등이 시상식에 참여하면서 7년간 연인원 1,900만 명이 참가할 정도로 큰 관심을 받았다. 소위 이상주의적 인문주의 교육을 전제로 한 해당 대회는 '지식으로서의 교양' 개념의 문제를 압축적으로 보여주는데 첫째, 고전 100권을 선정했다는 점, 둘째, 해당 저작들에 대한 이해를 측정하는 시도별 대항전의 형식으로 진행되었다는 점에서 그러하다. 주최 측은 채점 결과에 따라 시도 교육위원회에 상을 부여했고, 《동아일보》의 홍보와 맞물려 교양은 학교의 위신과 관련된 문제가 된다. 이에 참가 학생에 대한 '스파르타식' 훈련, 과외, 도서 구입과 관련된 출판사와 학교의 비리 등의 문제가 겹치며 1975년 7회 대회로 막을 내렸다. 1960년대 자유교양운동에 대해서는 천정환(2011) 참조.

2 후술하겠지만 'Bildung'의 번역어가 매우 다양하다는 문제가 있다. 1장에서는 일반적인 용어인 '교양'을 사용하되, 2장부터는 교육학적 관점에서 대체로 합의되는 '도야'로 통일해 서술한다.

정(개별성)'과 '사회화의 요구(보편성)'의 통합을 지향하되(모레티 2005, 44), "주체구성(Subjektskonstitution)에 서로 다른 방식으로 관여"(홍은영 2013, 99)한다.

즉 'Bildung'은 주체의 개별성을 강조하되, 그것을 사회 안에서 실현해야 한다는 것을 전제로 한다. 뒤이어 살펴보겠지만 이 개념의 중요한 전제인 개별성과 사회성, 인식과 태도의 대립은 서로 조화를 이루어야 한다는 점에서 모순적이다. 칸트, 실러, 훔볼트, 그리고 딜타이가 자기 나름의 도야 개념을 정립하는 것도 이와 같은 모순에 대한 인식으로부터 추동되었다고 할 수 있다. 이 글에서 다루는 독일의 철학자, 혹은 문예학자들은 교육학에 한정할 때 주로 윤리(칸트), 미적 교육(실러), 도야 이론과 교육정책(훔볼트), 정신과학적 교육학(딜타이) 등을 중심으로 연구되어 왔지만, 이들이 도야 개념의 발전사 측면에서 함께 다루어진 경우는 드물다. 또 한편으로 이렇게 'Bildung' 개념의 역사를 일별할 때 문학교육연구의 관점에서 흥미로운 부분이 드러나기도 한다. 첫째, 두 대립항이 조화를 이루게 하는 매개로 제시되는 것이 주로 '미적인 것', 그리고 '문학'이라는 점이다. 둘째, 개념 자체의 속성상 'Bildung'이 교육제도와 화해하기 어려운 측면이 있다는 점이다. 전술했듯 이 글에서는 현재 문학교육 현실에서 'Bildung' 개념이 갖는 교육적 의의, 그리고 교육제도에의 적용 가능성 등을 살펴보기에 앞서 해당 개념의 기원과 역사적 전변을 일별해 보고자 한다.

2. 인간적 도야의 기획과 미적도야

2.1. '도야'의 개념과 모순의 원천

'도야(Bildung)'는 "개별적 인간이 스스로 설정한 기준에 따라 자아를 실현하기 위해 관심의 각성을 통해 문화에 적극적으로 참여하고 지식 · 능력 · 기술을 습득하는 정신적 활동"(정영근 2004, 167)으로 규정된다. 이는 "개념사 자체가 독일의 근대 지성사를 설명해 줄 수 있을 만큼 독일의 전 학문영역에 걸쳐 중요하게 취급되는 개념"(강성훈 2008, 52)이자, 교육학에 한정할 때에도 독일 교육학에서 가장 엄밀하게 '교육(Erziehung)'과 구분해 사용하는 개념이다.[3] 주체구성의 관점에서 도야가 "내부로부터 고유한 형식을 이루어내는 자발적 발달"을 뜻한다면, 교육은 "이미 주어져 있는 형식에 맞추어 키운다는" 점에서 두 개념은 서로 구별된다(정영근 2004, 171). 한편 도야는 "특정한 능력에만 관여하는 것이 아니라, 다양한 교과 능력과 관련 있으면서 이를 '관통하는' 어떤 것"(조상식 2004, 229), 즉 '전인성(全人性)'을 지향한다는 점에서도 개별 능력의 함양을 목적으로 하는 (교과)교육과 대비된다. 다시 말해 도야는 자기교육이고 자기목적이라는 데 본질적 특성이 있는 전인교육이라고 할 수 있다(안성찬 2009, 118).

도야 개념의 연원은 근대 교육학의 성립보다 훨씬 이전까지 거슬러 올라간다. 도야의 초기 용례는 주로 신학적인 것이었으며, 그 원천은 중세 독일의 신비주의에 있다(가다머 2012, 28). 13세기 무렵 발생한 독일 신비주의의 중요한 전제 중 하나는 각각의 인간이 신의 모상(模像, Imago Dei)이라는 것이었다. 이러한 관점에서 '형상'을 의미하는 'Bild(像)'는 'Nachbild(모상模像)'와 'Vorbild(전형典型)'의 의미를 포괄한다(가다머 2012, 31). 나아가 이 전통에서 '형상을 이루다'라는 뜻의 'Bilden'이 명사화된 용어인

3 이미 밝혔듯 'Bildung'이 매우 포괄적인, 그리고 독일 특유의 개념이라는 점에서 번역어에 대한 합의가 어려운 난점이 발생한다. 국내의 경우 'Bildung'은 연구 목적과 방법에 따라 '도야', '교양', '(자기)형성', '교육', '육성', '문화' 등 다양한 용어로 번역되거나, 원어 그대로 '빌둥(Bildung)'이라 명시된다. 영어권의 경우에도 'development', 'education', 'learning', 'culture' 등 다양하게 표기되고 있다(정영근 2004, 167). 후속 작업을 통해 보다 적절한 용어에 대해 고민할 필요가 있지만, 우선 여기에서는 현재까지 교육학 분과에서 대체로 합의를 이루고 있다고 보이는 '도야'를 사용하기로 한다.

'Bildung'은 개별 인간이 자신에게 부여된 신의 형상을 완성하기 위해 스스로를 형성하는 과정을 의미하는 것이었다. 이를 위해 교리(신에 대한 지식)보다 모상(母像)의 체험을 강조한다는 점에서 초기의 'Bildung'은 영적인 색채가 강했다. 17세기의 경건주의 역시 당대 독일 교회에 만연한 주지주의적 경향을 비판하며 종교적 체험과 실천을 강조했다는 점에서 신비주의의 영향을 강하게 드러낸다. 여기에서 알 수 있는 신학적인 도야의 특징은 첫째, 개별 인간 본성(신의 형상)의 완성을 원칙으로 한다는 점이고 둘째, 완성을 위한 과정에서 지식보다 '태도'의 측면을 강조했다는 점이다.

종교적 도야의 지향인 '신의 형상'을 '인간다움(Humanität)'으로 전환시킴으로써 근대적 도야 개념의 근거를 마련한 이는 칸트였다.[4] 역사철학 논고인 〈세계 시민적 관점에서 본 보편사의 이념〉에서 칸트는 '자연의 계획'이 인간에게 부여한 역할을 궁구한다. 그에 따르면 "생명체의 모든 자연적 소질은 언젠가는 완전하게, 그리고 목적에 맞게 발현되도록 결정되어" 있는데, 인간의 소질은 '이성'과 "이성에 기초하는 의지의 자유"이다(칸트 2009b, 25–27). 따라서 인간의 소명은 '본능'이나 '천부의 지식'의 인도를 거부하고 스스로의 이성으로 "모든 것을 전적으로 자기 자신으로부터 이끌어 내어야만 한다는 것"이다(칸트 2009b, 27). 즉 칸트가 새로운 도야의 이상으로 제시한 인간다움에서 이성과 자유의지는 수단이자 그 자체로 목적이다. 이는 인간적 도야로서의 '계몽'에 대한 선언이며, 그가 계몽을 '인간의 자기교육'으로 이해하고 있음은 같은 해 발표된 〈계몽이란 무엇인가에 대한 답변〉의 첫 문단에 명징하게 제시되어 있다.

---

4 칸트는 '인간의 자기교육'을 지칭할 때 '도야'보다는 계몽(Aufklärung), 혹은 수양(Kultur)이라는 용어를 선호한다. 다만 그가 설명하는 계몽과 수양이 인간적 도야의 의미이며 근대적 도야 개념의 모순을 내포하고 있다는 점에서 위와 같은 서술에 크게 무리는 없을 듯하다(강성훈 2008, 60–61 참조).

> 계몽이란 우리가 마땅히 스스로 책임져야 할 미성년 상태로부터 벗어나는 것이다. 미성년 상태란 다른 사람의 지도 없이는 자신의 지성을 사용할 수 없는 상태이다. 이 미성년 상태의 책임을 마땅히 스스로 져야 하는 것은, 이 미성년의 원인이 지성의 결핍에 있는 것이 아니라 다른 사람의 지도 없이도 지성을 사용할 수 있는 결단과 용기의 결핍에 있을 경우이다. 그러므로 "과감히 알려고 하라!(Sapere aude)", "너 자신의 지성을 사용할 용기를 가져라!" 하는 것이 계몽의 표어이다(칸트 2009a, 13).

위에서 다룬 두 논고는 인문주의적 도야로의 전환을 획정한다는 점뿐만 아니라, 후대에 도야 개념이 다양하게 변주되는 과정에서 일관되게 반복될 모순을 배태하고 있다는 점에서 주목을 요한다. 두 가지 점에서 그러한데 첫째, 도야 개념에서 '주체'와 '사회'의 관계에 대한 문제가 전면화된다. 인간이 사회적 동물이라는 (별론을 요하지 않는) 속성을 고려한다면, 도야의 지향이 인간다움으로 정위될 때 사회가 함께 문제시됨은 필연적이다. 이 점을 간과하지 않은 칸트 역시 인간의 본성을 '반사회적인 사회성(ungesellige Geselligkeit)'으로 규정하는데, 여기에는 인간이 스스로를 "사회화하려는 경향"과 "개별화하려는 강한 성향"의 양면성이 함축되어 있다(칸트 2009b, 29). 개인의 반사회성은 필연적으로 '항쟁(Antagonism)'을 유발하고, 이는 개별적 소질 계발의 필연적인 조건이다. 즉 인간은 도야를 위해 독존(獨存)하지 않고 사회 속에 위치해야 하며(사회화/사회성), 또 거기에서 자신의 자유의지를 최대한 발휘해야 한다는 점에서(개별화/반사회성) 서로 대립하는 두 경향은 모두 도야에 필수적이다.[5]

그런데 당연하게도 사회가 유지되어야 하는 한, 이러한 항쟁 상태는 지

5 "(지상에서 유일한 이성적 생명체인) 인간에 있어서 그의 이성의 사용을 지향하는 자연적 소질은 개인(Individuum)에서가 아니라 유(Gattung) 속에서만 완전하게 계발될 수 있다"(칸트 2009b, 26).

속될 수 없다. 이에 대해 칸트는 인간의 자유의지와 그것이 추동하는 항쟁이 "가장 좋은 결과"를 낳도록 하는 "법이 지배하는 시민 사회의 건설"을 "인류의 가장 큰 문제"로 제시한다(칸트 2009b, 31–32). 이때 문제는 입법의 주체가 누구인가 하는 점인데, 칸트는 이를 '개인적인 의지'가 아닌 '보편타당한 의지'가 담당해야 함을 역설하며 후자의 담지자를 스스로 계몽된 군주, 즉 '계몽군주'로 설정한다.[6] 이때 보편적 의지의 담지자가 군주여야 하는가, 혹은 군주가 (필수적인 전제인 항쟁을 거치지 않고) 스스로 계몽된다는 것은 가능한가 등의 의문이 제기되는 것은 당연하다. 그러나 여기에서 그보다 중요한 것은, 이 논증의 결과로 칸트가 도야를 '순응'으로 치환한다는 점이다. 칸트는 도야에서 '자유'와 '지배'의 관계에 내포된 모순을 '개인적인 의지를 포기하고 보편타당한 의지에 복종하는 것이 자유'라는 논리로 봉합하려 한다(칸트 2009b, 33). 그러나 논리적 정합성의 정도를 떠나 이는 관념에 불과하며, 현실에서는 '복종의 자유'로 귀결될 수밖에 없다.[7] 전술했듯 이는 비단 칸트뿐 아니라 뒤이은 도야의 변용에서 일

6 여기에서 칸트는 "원하는 만큼 따져보라. 그러나 복종하라"는 말로 잘 알려진 프리드리히 2세를 지시하고 있다. 물론 칸트가 당대에 계몽이 완료된 게 아니라 시작된 것으로 보고 있음을 고려할 때, 계몽군주를 정점으로 하는 군주정을 완전한 형태의 시민사회로 상정하지는 않음을 알 수 있다. "이제 누군가가 '우리는 지금 계몽된 시대에 살고 있는가?(Lebenwir jetzt in einem aufgeklärten Zeitalter?)'라고 묻는다면, 그 대답은 다음과 같은 것이다. '아니다. 그렇지만 우리는 계몽의 시대(ineinem Zeitalter der Aufklärung)에 살고 있다.' (…) 다시 말해 마땅히 스스로 그 책임을 져야 할 미성년에서의 탈출을 방해하는 장애가 차츰 감소되어 가고 있는 명백한 징후가 있다. 이런 점에서 이 시대는 바로 계몽의 시대이며, 환언하면 프리드리히 왕의 세기이다"(칸트 2009a, 20). 그러나 뒤이어 완전한 정치체에 대해 논증할 때에도 '보편적 의지에의 복종'을 자유와 등치하는 주장은 수정되지 않는다.

7 '개별의지'와 '일반의지'의 문제는 칸트 이전, 그리고 칸트가 그의 논의를 참조했음을 직접 명시하는 루소에서 기원한 철학적 개념이다. 그런데 루소가 (현실의 고통이 촉발한 개인의 불만이 추동한) 정념이 의지로, 그리고 그 개별의지가 일반의지로 전환되어 새로운 사회계약이 성립되는 원리에 주목했다면, 칸트는 이상적 사회 건설의 문제를 사회계약보다 계몽(도야)을 통해 해결하려 했다는 점에서도 위와 같은 비판이 가능하다. "여기서 특히 주목할 점은, 이전에는 후견인들에 의해 굴레에 갇혔던 민중이, 스스로는 결코 계몽의 능력이 없는

관되게 반복되는 모순인데, 여기에서는 도야에 내포된 저항(반사회성/개별성)과 순응의 대립이 후자로 해소되는 경향에 대해서만 지적해 두기로 한다.

두 번째로 주목할 문제는 칸트가 도야를 '인식'이 아닌 '태도'로 한정한다는 점이다. 주지하듯 칸트의 '비판' 기획은 인식의 조건과 원리, 즉 인식의 선험적 구조를 탐구하는 것이 그 목적이다. 이에 반해 계몽은 인용문에서 "결단과 용기"로 규정되고 있는 데서 알 수 있듯 덕, 혹은 태도의 범주로 서술된다. 비판과 계몽은 모두 인간의 자기교육에서 상보적 역할을 한다는 점에서 구별 자체가 문제되지는 않는다. 그러나 인식을 "계몽에 대한 전제 개념"(푸코 2016, 52)으로 설정할 때의 효과는 주의해 살필 필요가 있다.[8] 이때 계몽이란 '인식의 범주 안에서만' 가질 수 있는 용기로 축소되기 때문인데, 이는 앞서 살펴본 순응의 문제를 고려할 때 필연적인 귀결이다. 도야의 지향이 보편적인 의지에 개별의지를 합치시키는 것이라면, '복종'을 '자유'로 내면화하는 주체에게 그 가상을 폭로할 위험이 있는 인식은 제한되어야 하기 때문이다. 대신 계몽은 덕, 칸트의 용어로는 "실천적 이성의 영역"에 할당되는데, 이는 칸트에게 도덕이 "그 자체가 목적인 것으로서 행하는 것"이기 때문에 그러하다(이글턴 1995, 77). 다시 말해 '복종의 이유가 합리적이어서' 복종하는 것이 아니라, '복종해야 하기 때문에' 복종하기 위해 계몽은 도덕적인 것이어야만 했다. 이때 용기가

몇몇 후견인들에 의해 사주되었을 경우에, 나중에는 거꾸로 후견인들에게 이런 굴레 속에 갇힐 것을 강요한다는 점이다. 편견을 심는 것은 그만큼 해로운 것이다. 편견은 결국 그것을 심은 자나 후손에게 복수를 하기 때문이다. 그 때문에 민중이 계몽되는 것은 아주 느리다. 아마 개인적 전제나 탐욕스럽고 폭군적인 억압을 끝장내는 것은 **혁명**에 의해 가능하겠지만, 그러나 **사고방식의 참된 개혁**은 혁명에 의해 성취되기 어려울 것이다. 오히려 새로운 편견이 낡은 편견과 마찬가지로 생각 없는 대중의 지침으로 봉사할 것이다"(칸트 2009a, 15. 강조는 인용자). 루소의 사회계약론과 칸트의 도야론(論)을 비교한 주목할 만한 연구로는 강성훈(2008) 참조.

8 앞서 인용했듯 칸트는 의지의 자유를 '이성에 기초하는' 것으로 한정한다.

앎을 추동하고 앎이 결단의 근거가 되는 변증법적 고리가 끊어지고, "과감히 알려고 하라!"는 정언은 현실화될 수 없는 관념이자 추상적 당위에 그치게 된다.

칸트의 논증에서 발생하는 모순은 관념성에 기인하기보다 그가 '근대'의 주체 개념을 기초하려 한다는 점에서 필연적이다. '자신의 삶을 스스로 완성하는 주체의 자유'와 '사회의 질서'가 합치되기 위해서는 적어도 '평등'이 전제되어야 하는데, 이는 "계급 분화와 시장 경쟁으로 특징 지어지는 사회 질서 내에서"(이글턴 1995, 74)는 불가능하기 때문이다.[9] 이 점에서 칸트는 순응의 미봉책을 제시한 것이라기보다 위와 같은 사회 질서가 개화하기 이전, 그러한 "사회적 관계들에 선험적으로 선행하는 일종의 인간 주체"(이글턴 1995, 80)의 구성을 시도했다는 평이 더 적절하다. 다시 말해 그가 제시한 도야의 개념은 이제 막 선언된 것이며, 동시에 태동한 모순은 현실화 과정에서의 해결을 기다리고 있는 상태였다.

한편 칸트가 개인/사회, 태도/인식의 모순을 지양하지 못했을 뿐, 각각의 항을 분리해 일방을 옹호하지는 않았음에 주의해야 한다.[10] 칸트가 태도와 인식, 즉 실천 이성과 이론 이성의 소통을 매개하는 것으로 염두에 두었던 것은 '미(美)'이다. 근대 사회 질서에서 "공동의 인간성"은 인식되는 것이 아니라 경험되어야 하는 것이고, "인간이 어떤 친밀한 공동사회에 귀속될 수 있는 것"은 "오직 미적인 것에서 뿐"이라는 점에서 미적인 것은 (가상에 불과하지만) 개인/사회 간 소통의 매개이기도 하다(이글턴 1995, 74). 그러나 칸트는 "미감적 판단력으로서 취미능력"에 대해 분석한

9 여기에서 말하는 평등이 '균등'이나 '동일'과 다른 의미임은 주지의 사실이다.

10 칸트에게 도덕법칙에 따라 행동함은 "이성의 판단에 따라 일반화 가능한 준칙을 인식하고 이에 따라 행동하는 것"이라는 점에서 자유로운 것이다(윤선구 2019, 65). 그러나 현실에서 일반화할 수 있는 준칙은 결국 '법'이고, 이는 주체가 이성으로 판단해 그 합리성을 인식하기 이전에 '복종해야 할 준칙'으로 작용한다는 점에서 여전히 현실화의 문제가 해결되지 않는다.

《판단력 비판》 서론에서 연구의 의도가 "취미의 형성이나 개발"이 아님을 명시한다(칸트 2009c, 149–150). 즉 미적인 것을 교육의 목표나 수단으로 상정하지 않는다. 칸트가 마련한 단초를 적극적으로 '미적 도야'의 이념으로 주조하고 현실화를 시도한 건 프리드리히 실러였다.

2.2. '미적 도야'의 기획

실러는 당대 독일의 지식인 대부분이 그러했듯, 자코뱅주의가 대두한 뒤 프랑스 혁명 초기에 보낸 열렬한 지지를 철회한다. 그는 이성과 자유의지가 만개하는 정치체를 보여줄 것으로 기대한 혁명 세력이 (이성에 기초한) 도덕성이 아닌 물리력을 수단으로 삼았다는 점을 회의한다. 완전한 시민사회 건설의 수단을 물리력이 아닌 도덕성의 함양에서 찾는 실러는 스스로 밝히듯 자기 사유의 지반으로 삼는 칸트의 전제를 상당 부분 공유한다.

> 더욱이 인간은 이런 권리들을 단순히 요구하는 것에 그치지 않고 (대서양) 저편과 이편에서 들고 일어나 자신의 의견으로 보면 부당하게 자신에게 거부된 것을 힘으로 얻으려 하고 있습니다. (…) 법을 옥좌에 앉히고, 인간 자체를 궁극적 목적으로 존중하고, 참된 자유를 정치적 결합의 근본으로 삼게 해줄 **물리적** 가능성이 주어진 것처럼 보입니다. 헛된 희망이지요! **도덕적** 가능성은 아직도 결핍되어 있으며, 많은 기회를 제공해주는 지금 이 순간에도 도덕적 가능성을 받아들일 준비가 되어 있지 못한 종족만 보이니 말입니다. (실러 2012, 65. 강조는 실러)[11]

---

11 인용된 글은 실러의 《인간의 미적 교육에 관한 편지》(이하 《편지》) 중 다섯 번째 서신이다. 실러는 3년간 장학금 지불을 약속한 덴마크의 아우구스텐부르크 왕자에게 감사의 표시로 보냈던 일련의 편지들을 보완해 출판한다. 여기에서 실러는 인간의 자기교육과 미의 관

실러의 관점에서 이상적 시민사회는 '도덕국가'이고, 계몽 이전은 물리력을 기반으로 하는 '자연국가'의 시대이다. 그는 도덕국가로의 이행은 필요하지만, 선행조건이 도덕적 인간의 출현임을 강조한다. 실러가 보기에 자연국가를 구성하는 물리적 인간은 설령 국가를 해체하더라도 물리력에 의존할 수밖에 없고, 국가 전복 이후에도 도덕국가를 건설하는 방법을 알지 못하기 때문이다. 반면 우선 도덕적 인간이 출현하고 그러한 인간 유형이 주류를 이루면 자연스럽게 "도덕적 원칙들에 따른 국가 변화를 해롭지 않게 진행할 수 있다는 것"(실러 2012, 59)이 그의 논리이다.

실러는 당대의 인간이 "야만 상태로의 회귀"와 "완전한 무기력"의 두 부류로만 존재함을 개탄한다(실러 2012, 65). 전자는 대다수의 하층 계급에 해당되며 이성을 갖추지 못한 채 감각적, 물리적 힘에 지배되는 인간을 말한다. 후자는 '문명화된 계층'으로, 사변에 갇혀 행동하지 못한다는 점에서 무기력하다. 양자는 모두 도덕적 인간에게 필요한 속성이기에 하나의 주체 안에서 지양되어야 하며, 도덕적 인간에게 "반드시 나타나야 할 특성은 바로 품성의 총체성(Totalität)"(실러 2012, 63)이다. 이 점에서 실러의 교육적 이상은 '전인적 인간'의 완성을 지향하는 도야 개념에 근접한다. 그런데 여기에서 하나의 순환이 발생하는데, 자연국가는 그러한 교육을 수행할 수 없다는 자가당착이 그것이다.[12] 즉 도덕적 국가의 수립에는

계, 그리고 흔히 '미적 교육론'이라 불리는 기획의 구상 등을 설명한다. 저서의 제목에서는 'Erziehung'을 사용하고 있지만, 16번째 편지 등 미적 도야의 기획을 본격화하는 부분에서는 'Bildung'을 사용한다(송하영 2012, 134 참조). 또한 후술하겠지만 실러가 자신의 주장이 '국가로부터 비롯되지 않은', 즉 지배질서로부터 자유로운 '문화'를 매개로 해야 함을 강조한다는 점에서 그의 이상은 '도야'로 해석하는 것이 더 적절하다. 실러의 미적 교육론을 다룬 대다수의 연구 역시 이러한 관점에서 실러의 교육적 이상을 도야로 보고 있다.

12 "이런 활동을 어쩌면 국가에 기대해 볼 수 있을까요? 그것은 가능하지 않습니다. 왜냐하면 현재의 국가는 재앙을 만들어냈으며, 이념(Idee) 속 이성이 제시하는 대로 더 나은 인성의 기초가 되기는커녕 오히려 더 나은 인성을 바탕으로 그런 국가가 우선 건설되어야 할 판이기 때문입니다"(실러 2012, 80).

도덕적 인간의 육성이 선행해야 하는데, 그러한 교육을 위해서는 도덕적 국가가 선행해야 한다는 모순이다. 이러한 모순의 고리를 끊기 위해 실러는 "국가가 만들어내지 않은 도구"(실러 2012, 87)를 찾아야 했는데, 이때 그가 제시하는 도구가 '예술'이다.

실러에게 예술이 전인적 도야의 도구가 되는 근거는, 그것이 구현하는 이상적인 미(美)가 인간의 '형식충동(Formtrieb)'과 '감각충동(sinnliche Trieb)'의 종합을 매개하기 때문이다. 실러에 따르면 인간에 대한 추상화를 끝까지 밀고 나갔을 때 인간 내면에는 '불변하는 것(인격, Person)'과 '끊임없이 변하는 것(상태, Zustand)'이 발견된다. 인격이 시공간과 무관하며 주체의 근원적인 정체성이자 이성적 본성이라면, 상태는 시공간의 법칙을 따르는 물리적 삶의 현실이자 감각적 본성이다. 두 본성은 각각 '절대적 형식화(Formalität)'(인격)와 '절대적 현실성(Realität)'(상태)을 지향하는데 이를 추동하는 힘이 전자에서는 형식충동, 후자에서는 감각충동이다. 만약 대비되는 두 충동 중 하나가 다른 하나에 종속될 경우 주체는 분열된다.[13] 전인적 인간은 감각적 현실을 받아들이면서도 이를 자신의 이성에 기초한 준칙에 통합시켜야 하고, 이성의 확장을 제한하지 않되 감각적 현실을 도외시해서도 안 된다. 이때 두 충동의 조화를 가능케 하는 것이 바로 '유희'이다. 유희는 "자기제약의 조건을 바로 자신이 만들어내는 것 자체"(강성훈 2008, 67)이기 때문에 그러하며, 유희를 자극하는 힘이 '유희충동(Spieltrieb)'이다. 또한 "주관적으로나 객관적으로 우연하지 않으며, 내적으로나 외적으로 어떤 강요도 받지 않는다는"(실러 2012, 126) 점에서 유희는 아름다움과 유사하다.

---

13 "요약하면, 이념과 함께하면 모든 현실성은 **하찮은** 것이므로 그 진지함을 잃어버립니다. 또 감각성과 만나게 되면 필연성 역시 **가벼워져서** 그 진지함을 잃어버리는 것입니다"(실러 2012, 127. 강조는 실러). 즉 현실과 유리된 채 무기력해지거나('완전한 무기력'), 감각과 현실에 매몰된다('야만 상태').

그렇다면 어떻게 유희는 유사성을 넘어 아름다움과 등치되며, 그러한 아름다움이 예술로 제시되어야 하는 이유는 무엇인지에 답하는 것이 실러가 논증해야 할 마지막 과제이다. 이에 대해 실러는 그리스의 올림피아 경기를 "이성이 제시하는 아름다움의 이상", 로마의 검투사 시합을 "실제로 존재하는 아름다움"의 예로 들며 자신이 말하는 '유희=아름다움'을 전자로 한정한다(실러 2012, 128-129).[14] 나아가 미의 범주를 '진정시키는 아름다움(schmelzende Schönheit)'과 '활력을 주는 아름다움(energische Schönheit)'으로 나눈 뒤 이상적인 미는 두 가지 아름다움을 포괄해야 함을 주장한다. 전자가 '조화'를, 후자가 '긴장'을 촉진한다는 점에서 우리가 흔히 아름다움으로 인식하는 것은 전자이며, 조화에 대한 감수성을 느끼게 한다는 점에서 감각충동에 친화적이다. 후자는 이성과 감성의 부조화를 유발한다는 점에서 '숭고(Erhabenen)'에 가까운데, 여기에서 감각의 한계에 대한 감지는 곧 이성의 자유를 깨닫게 한다는 점에서 형식충동을 자극한다.[15] 특히 인간은 본성상 긴장보다 조화를 선호하기 때문에 미적 도야를 위해서는 인위적인 숭고의 경험이 필요하다(실러 1999, 191). 즉 인간이 (직접적으로 숭고를 느낄 수 있는) 파괴적 자연에 직면하지 않고도 숭고와 접촉하게 해야 하는데, 이를 가능케 하는 것이 예술이며 구체적으로는 초감성적인 것을 묘사한 '비극'이다(송하영 2012, 141).

14 그의 용어를 빌려 말하면 검투사 시합은 인간의 감각충동만을 자극하는 반면, 올림피아 경기는 형식충동과 감각충동을 종합하는 유희충동에 활력을 제공한다고 할 수 있다.

15 숭고에 대한 실러의 사유는 스스로 밝히듯 칸트에게 영향받은 바가 크다. 《판단력 비판》에서 칸트는 숭고한 것을 '단적으로 큰 것', 혹은 '일체의 비교를 넘어서 큰 것'으로 규정하는데, 이는 숭고한 대상이 양적으로 가늠될 수 있는 게 아님을 의미한다. 즉, 숭고한 것은 논리나 수학 등 인식의 범주로 파악할 수 없으며 비교할 대상이나 척도를 찾을 수 없다는 점에서 절대적으로, 혹은 무한히 큰 어떤 것이다. 한편 숭고한 것과 마주한 주체는 불쾌가 쾌로 전환되는 경험을 하게 된다. 불쾌는 대상을 직면했을 때의 공포이며, 쾌는 모든 감각을 벗어나 무한한, 혹은 절대적인 것이 존재 가능하다는 것, 그리고 그것이 자신의 이성임을 감지할 때의 감정을 의미한다.

실러의 미적 교육론은 칸트가 다진 사상적 지반 위에 개인과 사회, 그리고 오성과 감성의 조화라는 이상을 현실화하고, 또 거기에 내포된 모순을 극복하려 한 탐색의 결과이다. 이 점에서 《편지》가 "미학 또는 예술에 관한 책이라기보다는 오히려 정치철학적 저술이라고 보는 것이 옳다"(윤선구 2019, 61)는 지적은 적절하다. 한편으로 "국가의 합법성"과 "시민 사회의 '도덕적' 또는 정서적 영역" 중 후자에 비중을 두었다는 점에서 "어떤 점에서는 '밑으로부터'"의 사회적 통일안을 제시했다는 의의를 부여할 수도 있다(이글턴 1995, 122). 그러나 '미적 교육'으로 요약되는 그의 안은 또 다른 문제를 산출하는데 첫째, 예술이 그의 주장처럼 사회로부터 자족적일 수 없다는 점이다. 다름 아닌 예술가 자신이 사회로부터 자유로울 수 없다는 점에서 그러한데, 이는 곧 예술의 공급 문제와도 연관된다. 예술가가 도덕적 인간 도야를 위한 예술을 야만적 자연국가의 질서로부터 자유롭게 산출할 수 있는 방법이 문제인 것이다. 실러 역시 이 점을 의식하지만, 그의 해결책은 예술가들의 의지에 기대는 수준에 그친다.[16] 주장의 현실성을 차치하더라도 좋은 문화가 예술가의 결단에서 비롯되는 것이라면, 그런 예술가의 출현을 그저 기다려야 한다는 점에서 도야는 비의적인 개념이 된다.

둘째, 마침내 예술가가 결단해 어떤 작품을 생산했다 하더라도 그것이

16 "그러나 예술가는 어떻게 사방에서 둘러싸고 있는 자기 시대의 타락으로부터 자신을 보호할 수 있을까요? 그것은 시대의 판단을 무시하면 됩니다. 위를 향해 자기 소명의 품위와 법칙을 바라볼 뿐, 아래로는 행운이나 일상의 필요성 같은 것을 내려다보지 않으면 됩니다. (…) 그대가 오류와 변덕이라는 건축물이 무너질 것이라고 확신하기만 하면 그것은 무너질 것이고, 무너져야 하고, 이미 무너진 것이다. 그러나 외적인 인간뿐 아니라 내적인 인간의 내부에서도 이 같은 건축물이 무너져야 한다. 그대 마음의 수줍은 고요함 속에서 승리하는 진실을 키우고, 그것을 그대의 내면에서 꺼내 아름다움의 형식 안에 세워 사변뿐 아니라 감각까지도 진실의 출현을 사랑으로 붙잡게 해야 한다. 그대가 세계에 모범을 제시해야 하는데 거꾸로 세계에서 그 모범을 받아들이지 않도록, 그대 마음속에서 이상의 보호를 받는다는 확신이 서기 전에는 수상쩍은 사회로 나가지 마라"(실러 2012, 89-92).

미적 도야에 적합한 것인지를 누가 판정하고 분류할 것이냐는 문제가 남는다. 앞서 살펴보았듯 실러는 물리적 인간을 모든 유희나 예술이 아니라 '이상적인' 예술에 노출시켜야 함을 강조한다. 이때 예술의 '수준'을 평가해 작품을 선별하는 건 다름 아닌 실러 본인과 같은 지식인일 수밖에 없다. (그가 상정한 수준이라는 게 정말 타당한 것이라 해도) 이는 또 다른 문제를 동반하는데 독자, 혹은 관객이 그것을 온전히 이해할 수 있느냐는 점이다. 달리 말해 이상적 미와 관객의 수준 사이에 필연적으로 발생하는 간극을 상쇄하기 어렵다는 점이 새로운 난제로 등장하는데, 실러가 실제로 실험한 미적 교육의 사례가 이를 반증한다. 《편지》가 출판된 이듬해 실러는 괴테가 총감독으로 재직하던 바이마르 궁정극장에서 미적 교육의 실험을 시작한다. 당시 극장은 경비의 삼분의 일을 궁정으로부터 지원받고 나머지는 관객의 입장료로 충당하고 있었다. 미적 교육의 이상을 공유하던 괴테와 실러는 극장 운영을 위해 대중적인 작품을 무대에 올리되, 선정 작품의 수준을 단계적으로 높여나가는 전략을 취한다.[17] 그럼에도 그들의 전략은 "예술에 부여한 너무 높은 가치"와 "독자들의 이해능력" 사이의 틈을 메우지 못한 채 "민중으로부터 소외되어 버렸다"(안인희 1995, 18). 실러는 칸트의 '계몽군주'를 '미적 군주'로 대체하면서 그 소명을 자신에게 부여한 셈인데, 바로 이 점에서 이글턴은 '어떤 점에서'라는 유보를 달았던 것이다. 결국 실현된 건 실러의 마지막 서신에 담긴, 미적 가상의

---

17 가령 2·3류로 분류되는 작품에 1급 배우를 투입하거나, 유럽 연극사에서 중요하게 취급되는 소포클레스, 셰익스피어 등의 작품을 괴테와 실러가 각색하는 방식이었다(안인희 1995, 4–8 참조). 한편 실러가 뷔르거, 헤르더, 니콜라이 등과 벌인 논쟁을 통해 알 수 있듯 그가 지나치게 예술의 자율성에 집착하고 있다는 점도 이 간극을 초래한 원인으로 볼 수 있다. 특히 프랑스 혁명이 발발하고 나폴레옹이 독일을 침략하기까지, 당대 독일 민중과 지식인의 현실참여에 대한 인식과 요구가 괄목할 만하게 증폭되고 있던 시기에 사회로부터 자유로운 예술의 이상은 더욱 동의를 얻기 어려웠다. 물론 그 직후 모든 '프랑스적인 것'에 대한 반발이 독일 낭만주의를 격발하지만 이는 전적으로 반합리주의적(반[反]프랑스) 성격을 띤다는 점에서 실러가 생각한 이상적인 미와 거리가 멀다.

국가는 현실적으로 "몇몇 정선된 모임"(실러 2012, 214)에만 존재할 것이라는 음울한 전망뿐이었다.

3. '교육'과 '도야'의 분화

앞서 살펴보았듯 칸트가 제시한 계몽의 이상을 미적 도야라는 기획으로 실험한 실러의 시도는 칸트가 남긴 문제를 해결하지 못했다. 칸트의 경우 주체의 자유가 법의 질서에 종속되었다면, 실러의 경우 위로부터의 미적 규율이 법을 대체한다. 또한 아름다움이 오성과 감성의 조화를 가능케 한다는 주장의 논거를 차치하더라도, 미적 도야의 매개인 문화는 주체 스스로의 계몽 의지를 자극하기 어렵다. 오히려 문화는 국가보다 강제력이 적다는 점에서 도야의 주체로부터 외면받기 더 쉽기 때문이다.

한편 실러 자신이 촉발한 또 다른 문제는 그가 도야의 기획에서 (수단으로서의) 국가를 배제함으로써 '도야'와 '교육'의 대립을 예비한다는 점이다. 근대 국가의 성립에 반드시 뒤따르는 교육 제도는 개인/사회, 태도/인식의 각 대립항에서 후자를 자신의 것으로 포섭한다. 동시에 도야는 전자의 항에 제한된 채, '문화'의 이름으로 분리된다.[18] 실러는 미적 도야의 구상에서 국가로부터 자유로운 도구로서의 문화에 주목함으로써 그러한 분화의 단초를 예시(豫示)한다. 이 절에서는 훔볼트와 딜타이의 사례

18 즉 국가와 교육제도는 주체에게서 인식의 영역을 탈취한다는 의미이다. 칸트의 '비판'과 '계몽' 개념, 그리고 그 분화의 효과를 고대 그리스로부터 이어져 온 '자기인식'과 '자기배려'의 전통 속에서 논구하는 푸코는 비판에 해당하는 힘이 우세해진 원인으로 실증과학의 성립과 이를 바탕으로 한 국가의 발전을 꼽는다. 양자는 서로 직조되며 지배의 기술이 되는데, 그중 대표적인 것이 "교육과 교습의 테크닉, 의료와 심리학적 테크닉"이다(푸코 2016, 52–124 참조). 이제 주체는 무엇인가를 스스로 인식하는 게 아니라 산출된 지식을 전달받는다는 점에서 주체성을 상실한다.

를 통해 실러 이후의 분화 양상을 살펴보고자 한다. 미적 도야를 교육 제도로 통합하려 했던 훔볼트가 분화의 필연성을 드러낸다면, 도야에서 합리주의적 속성을 소거하고자 한 딜타이는 분화가 심화되는 계기를 마련한다.

3.1. 제도적 도야의 실험

훔볼트(Wilhelm von Humboldt)는 도야 개념을 다룬 교육학 분과 연구에서 가장 많이 언급되는 인물 중 하나이다. 이는 그가 도야 개념을 본격적으로 "신인문주의의 인간관과 세계관"의 중심으로 부각시키고, 또 이를 통해 "구체적인 교육이념과 실질적인 교육정책을 수립"했다는 점 때문이다(안성찬 2009, 116). 훔볼트가 주도한 신인문주의 교육철학은 "당시 지배적인 계몽주의 교육학과 정면으로 맞서"(조상식 2004, 229)는 흐름이었다. 이때의 '계몽'은 칸트의 용례와 의미가 사뭇 다른데, 이를 이해하기 위해 당대 독일의 상황을 간략히 살필 필요가 있다. 당시 영국과 프랑스의 지식인들이 산업자본의 성장을 바탕으로 정치경제적 토대 위에서 계몽주의를 현실화한 데 비해, 그러한 영향력을 갖추지 못한 독일 지식인들의 계몽주의는 철저히 관념에 머무를 수밖에 없었다.[19] 대신 고급 관료가 된 귀족과 영주 권력에 의해 계몽주의는 "국부증진에 집중된 국가발전의 도구"(강성훈 2008, 51)에 한정되어 활용된다. 전인적 인간상을 전제로 하는, 훔볼

19 30년 전쟁(1618–1648) 이후 오랫동안 독일은 300개가 넘는 소공국이 난립하는 분리지배 체제를 벗어나지 못하고 있었다. 이에 산업의 발달은 지연되고, 독일의 교양시민계급은 자신들의 계몽주의 사상을 현실화할 물적 토대를 얻지 못한 채 하급관료에 머무르고 있는 실정이었다. 이에 "경험적 현실을 경멸하고 무시간적이고 무한하며 영원하고 절대적인 것을 지향하는 형이상학적 세계관"을 통해 "엘리트로서의 예외적 위치를 확보하려는 노력"이 대두되는데, 현실과 괴리된 이상주의는 후술할 딜타이에 의해 '독일정신'으로 낭만화된다(하우저 1999, 135–155 참조).

트와 그가 주도한 신인문주의 교육철학이 겨냥한 대상 역시 "인간의 지성을 계발하는 것만을 목적으로"(송하영 2012, 134) 삼는 계몽주의 교육학이었다.

먼저 훔볼트의 도야 개념을 간략히 살피면, 그는 역사를 인간(Mensch), 도야(Bildung), 세계(Welt)의 상호작용으로 파악한다. 그에 따르면 도야의 기본 전제는 개별 인간이 유일무이하다는 것, 어느 순간에도 완성될 수 없다는 것, 그리고 그에게 결정되어 있는 것은 아무것도 없다는 것이다. 인간의 고유성은 유일한 인격의 형성으로 완성되어야 하고, 비결정성은 무엇이든 결정할 가능성을 열어주며, 불완전성은 완성을 지향하는 계기로 작용한다. 또한 "내가 아닌(Nicht-Ich) 모든 개별적인 대상과 이념들"(연세대학교 교육철학연구회 1999, 315)을 포괄하는 세계는 나에 의해 창출되지만 나를 규제하기도 한다는 점에서 도야는 주체와 세계의 상호작용으로 이루어진다. 그리고 세계에서 "결정적인 도야의 의미"를 지니는 요소 중 하나가 예술이다.

훔볼트의 도야 이론에 대한 보다 깊은 이해는 별도의 장을 필요로 한다. 여기에서 그보다 중요하게 살펴보려는 것은 그의 도야이론이 교육정책으로 실현될 때 필연적으로 내재하는 모순이다. 계몽주의 교육학이 만연했던 당대의 상황은 1807년 틸지트 조약을 계기로 훔볼트의 교육 이념을 정책으로 실험할 수 있는 무대로 전환된다. 전쟁에서의 패배로 사실상 프랑스의 속국이 된 프로이센에 "물리적 상실을 정신적 성취를 통해 상쇄시키고자"(연세대학교 교육철학연구회 1999, 341) 하는 분위기가 형성되고 있었기 때문이다. 빌헬름 3세는 군사 · 행정 · 농업 · 교육 등에서 대대적인 개혁에 착수했고, 훔볼트는 1809년 내무성의 문화 및 교육국장(교육부 장관)에 임명되어 교육 부문의 개혁을 지휘하게 된다. 이 과정에서 그가 세운 원칙은 크게 세 가지였다. 첫째는 도야(Bildung)가 특수한 직업교육(Ausbildung)에 우선한다는 것, 둘째는 인간을 규격화하려는 국가의 의도는 모두 배격되어야 하며 교육기관은 그 자체의 목적을 가져야 한다는 것, 셋째는 일원화된 보편교육의 체계를 갖추어야 한다는 것이었다.[20]

이상에서 훔볼트가 구상한 제도적 도야의 기본 전제는 첫째, 학교는 국가로부터 전적으로 자유로워야 한다는 것, 둘째, 우리는 '시민'이 되기 전에 '인간'이 되어야 한다는 것이다.[21] 그리고 바로 이 점에서 그의 기획은 필연적으로 모순을 드러낸다. 훔볼트는 예술의 자율성을 강조한 실러의 기획에서 예술을 교육으로 치환한다. 그러나 그러한 전제가 (전적으로 타당하더라도) 이상에 그친다는 점은 훔볼트 자신이 2년의 임기를 채우지 못하고 실각한 데에서 이미 단적으로 드러난다. 훔볼트는 입각 당시 내무대신을 거치지 않고 왕에게 직접 보고할 수 있는 권한을 보장받았는데, 정부의 이해관계로부터 자유롭게 교육정책을 입안하기 위해서였다. 그러나 새로운 절대주의국가 수립을 추진하던 재상 하이덴베르크와 자주 충

20 세 번째 원칙에 따라 제시된 개혁안은 간략히 초등–중등(김나지움)–고등(대학)의 영역으로 일별할 수 있다. 초등교육은 '도야를 위한 기초교육'을, 중등교육은 도야에 필요한 교과(체육/미학/대학에서의 학문연구를 위한 기초 수업)를 통한 '도야의 단련'을, 고등교육은 '자유로운 학문연구'를 교육의 목표로 설정했다. 그중 중등학교에 해당되는 김나지움(Humanistisches Gymnasium)은 이전의 라틴어학교에 대한 개혁안이었다. 교회가 관장했고, 따라서 신학을 기반으로 조직된 라틴어학교는 인간의 도야를 경건한 믿음으로 상정하고 언어능력은 형식적인 면에 초점을 맞추어 가르쳤다(고대 로마의 수사학). 반면 훔볼트 등 신인문주의자들의 이상은 고대 그리스로, 전인적 인간을 완성하는 가장 중요한 도구로서 그리스의 언어와 문학을 중시했다. 한편 훔볼트는 패전 후 할레 대학이 베스트팔렌 왕국에 귀속된 상황에서 이를 대체하기 위해 프리드리히–빌헬름 대학(오늘날의 훔볼트 대학)을 설립한다. 그에 따르면 김나지움 과정을 마친 인간은 이미 스스로 자기결정할 수 있는 주체이므로, 대학에서는 오로지 '학문의 자유'만이 강조된다. 훔볼트가 2년이 채 안 되어 실각한 뒤에도 그가 수립한 대학제도는 한 세기 이상 기본구조를 유지하며 근대 대학 체제에 영향을 미친다(연세대학교 교육철학연구회 1999, 341–356 참조).

21 훔볼트에 따르면 "모든 공교육 속에는 언제나 '정부(政府)의 정신'이 지배하고 있기에, 그러한 교육을 받는 사람들은 누구나 시민적 형식을 부여받는다"(조상식 2004, 233에서 재인용). 그러나 진정한 인간 도야를 위해 "가장 자유로운 인간 교육, 즉 가급적이면 시민사회로의 편입에 맞추어지지 않는 교육이 선행"해야 한다는 것이 훔볼트의 주장이다(조상식 2004, 233에서 재인용).

돌하며 그러한 약속은 관철되지 않았고, 이에 훔볼트는 사임한다. 학교가 가장 지배적인 이데올로기적 국가기구라는 알튀세르의 주장이 타당하다면,[22] 교육의 타율성은 하이델베르크에 기인하는 하나의 사례가 아니라 필연적인 것이다. 한편 근대 사회에서 "인권이 시민권을 기초하는 것"이 아니라 "시민권이 인권을 기초"하며, "국가나 정치공동체가 보장하지 않는 자연적 권리란 존재하지 않"는다는 점에 비추어 볼 때 인간의 형성이 시민의 자격에 선행해야 하며, 선행할 수 있다는 이상은 현실과 괴리된다(진태원 2019, 221). 간단히 생각해 보아도 만약 누군가 시민이 아니라면, 그에게는 애초에 교육의 기회가 제공되지 않는다는 점에서도 그러하다. 전술했듯 이와 같은 전제의 모순은 훔볼트 개인의 오류에 한정되지 않는다. 그보다 훔볼트의 사례는 아도르노가 지적했듯, 주관성과 객관성을 넘어서는 사변적 이상주의의 정신적인 이상을 지향한 "교육의 원리"가 "돌이킬 수 없는 붕괴"로 이어지기 전 최후의 시도였다고 평하는 것이 더 적절할 듯하다(아도르노 2017, 141).

22 알튀세르는 지배적 이데올로기를 재생산하는 기제를 '이데올로기적 국가 기구(ISAs, Ideological State Apparatuses)'라는 개념으로 정식화했는데, 특히 그중에서도 가장 지배적인 기구가 교육 제도임을 지적한 바 있다. "무대 앞을 차지하고 있는 부르주아지의 정치 ISA의 막후에서, **부르주아지가 자신의 제일가는, 즉 지배적 ISA로 설치해놓은 것은 교육기구**이며, 사실 이 교육기구는 기능면에서 이전의 지배적 ISA였던 교회를 대체한 것이라는 내 생각이 위와 같은 모습을 보건대 난 옳다고 믿는 것이다. 심지어 혹자는 이렇게 덧붙일 수도 있을 것이다. **교회-가족**이라는 한 쌍이 **학교-가족**이라는 쌍으로 대체되었다고 말이다. (…) 학교는 학령기에 처한 모든 계급의 아이들을 수용, 아이들이 가족 국가기구와 교육국가기구 사이에 끼여 가장 '민감한 감수성을 보일 때'인 수년 동안 신구를 막론한 방법을 동원, 아이들에게 지배 이데올로기로 포장된 상당량의 '노하우'(국어, 산수, 박물학, 과학, 문학) 혹은 단순한 순수 상태의 지배 이데올로기(도덕, 시민교양, 철학)를 되풀이하여 주입한다. (…) **그 어떤 다른 ISA도 자본주의 사회구성체에서 일주일에 5·6일, 하루 8시간 동안 전체 어린이들에게 강압적으로 이러한 이익들을 (최소한 자유롭게) 주입시킬 수는 없다**"(알튀세르 1992, 158-160. 강조는 인용자).

3.2. '정신'에 한정된 도야와 '순응'의 논리

훔볼트의 교육 이론과 정책은 반쪽짜리 계몽주의가 횡행하는 사회질서에 대한 저항의 가능성을 도야 개념에 부여하고자 한 시도였다. 비록 그 목적을 완전히 성취하지는 못했지만, 훔볼트는 도야의 구상에서 칸트와 실러를 관류하는 공통분모인 '새로운 사회'라는 지향을 기각하지 않았다.[23] 그러나 곧 도야에 함축된 중요한 대립 구도에서 한 축이 상실되는데, 이를 추동한 건 역시 당대의 사회현실이었다. 1848년, 프랑스 2월혁명이 촉발한 독일의 3월혁명은 정치경제적 소외 상태에서 사변에 침잠하던 독일 교양시민계급(Bildungsbürgertum)에게는 반전의 기회였다. 그러나 1810년대 중반 이후 이미 메테르니히의 반동적 체제에 순응적 태도를 보이던 대다수의 지식인들은 이 기회를 포착하지 못하고, 혁명의 좌절 이후 약 10년간은 독일 교양시민계급의 정치적 소외가 극심해지는 기간이 된다. 이때 현실에 등 돌린 채 더욱 추상적 이념에 천착하던 이들이 몰두한 건 그러한 소외를 역사의 필연으로 합리화하고, 프랑스적 계몽주의에 맞서 독일과 자신들이 내세울 수 있는 유일한 무기인 '영성(정신)'을 중심으로 소외의 역사를 재해석하는 작업이었다. 이는 곧 실질적 역사를 '정신사'로 파악함으로써 스스로를 위로하는 보상 행위인데, 그러한 역사관의 대표자가 1833년에 태어난 딜타이이다.

비스마르크가 수상이 된 1862년까지 딜타이는 자유주의적 입장에서 반(反)정부 투쟁에 참여하고 있었다. 그러나 대(對)덴마크 전쟁의 승리 이후 군국주의 정책이 대세가 되어가던 1864년을 기점으로 그의 입장은 급변한다. 물론 그가 친비스마르크적 지식인으로 돌변한 건 아니었는데, 그의 변화는 "정치와 학문을 분리시키는"(이덕형 1996, 201) 태도로 드러난

23 훔볼트는 도야에 기초한 학교와 교육이 새로운 "자유의 왕국(das Reich der Freiheit)"을 준비하는 것이어야 함을 역설한다(안성찬 2009, 120).

다. 그는 일종의 과학철학적 견지에서 실증주의와 사변적 이상주의를 지양하는 정신과학을 정초하고자 했는데, 그의 학술활동은 주로 독일 문학사에 대한 연구에 집중되었다. 이는 어쩌면 당연한데, 딜타이와 그가 변호하고자 한 독일 시민계급에게 "정치 및 사회경제사에서의 유의미한 역사라 할 만한 것이 없었기 때문"(강성훈 2008, 73)이다. 이러한 작업에서 딜타이가 독일 문학사, 나아가 독일 정신사의 전범(典範)으로 상정하는 대상은 괴테와 그의 소설 《빌헬름 마이스터의 수업시대》(이하 《수업시대》)이다. 딜타이에 따르면 《수업시대》는 '교양소설(Bildungsroman)'의 시초이자 전범인데, 교양소설의 핵심 강령은 도야이며 그 요체는 (작중 빌헬름의 대사인) '자신의 본성에 대한 조화로운 개발'이다.

> 《수업시대》와 《헤수페수르》 이래로 그것들 모두는 당대의 한 젊은이를 묘사한다. 어떻게 한 젊은이가 행복한 어둠 속으로부터 인생으로 걸어나와 우정과 사랑을 발견하는지, 어떻게 세계의 냉혹한 현실과 투쟁하는지, 어떻게 다양한 삶의 경험들을 통해 성장하고 자신을 발견하며 **세계 속에서 자신에게 주어진 사명에 관한 확신**을 얻게 되는지를 말이다. 괴테 작품의 목적은 인간을 형성하는 활동(Tätigkeit bildenden Menschen)에 대해 이야기하는 것이었다. (…) 삶의 부조화와 갈등들은 성숙과 조화를 향한 여정 위에서 개인에 의해 극복되어야만 하는 필수적 과도기로서 나타난다. "지상의 아이들에게 지고의 행복"은 인간 실존의 통합적이며 항구적인 형태로서의 "개성(Persönlichkeit)"이다. **개성의 발달에 대한 이러한 낙관주의**는 괴테의 빌헬름 마이스터에서 최고의 환희와 확신을 가지고 표현되었다(Dilthey 1965; 강성훈 2008, 87-88에서 재인용. 강조는 인용자).

문제는 《수업시대》의 핵심을 도야로 파악하는 딜타이의 전제가 아니라 그가 이 소설에서 도야가 조화롭게 완성되었다고 본다는 점, 나아가 그러한 조화 상태를 독일정신의 이상향으로 제시한다는 점이다. 여기에서《수업시대》의 서사가 도야를 주제로 하되 조화가 아닌, "개인적 총체성이라는 요청"과 "제한되고 변형된 자아실현" 사이의 갈등을 골자로 한다는 점만은 우선 지적해 둘 필요가 있다(고규진 1990, 189).《수업시대》는 주인공 빌헬름이 자기 개성의 온전한 완성과 (사회질서를 대변하는) '탑의 결사'의 요구 사이에서 고뇌하는 지난한 과정을 그리고 있다. 그 서사의 종착점인 빌헬름의 결혼은 그의 도야가 완성된 것이라기보다 "무조건적인 보편적 교양의 이상"이 "제한된 시민적 활동의 이상"으로 축소된 것이라 보는 것이 더 타당하다(고규진 1990, 189). 이 점에 미루어 볼 때 작가인 괴테의 태도 역시 낙관주의로 볼 수 없음은 자명하다. 도야의 본질이 자기완성을 향한 주체의 자유의지와 사회의 질서가 서로 조화를 이루는 데 있다고 본다면, "세계 속에서 주어진 사명에 관한 확신"은 도야의 실현이 아니라 주체와 사회 사이의 타협에 불과하다. 더욱 문제적인 건 마모되는 쪽이 사회가 아니라 주체라는 점이고, 이 점에서 무리하게 괴테를 끌어오면서까지[24] 이상화하는 딜타이의 도야는 '순응'에 가까운 개념이 된다.

딜타이에 이르러 도야는 전적으로 주체에서 발원해 다시 주체로 귀결되는 순환 구조가 된다. 물론 이는 도야의 오래된 기본 전제이긴 하나, 주체의 능동적 작용의 산물인 사회와의 변증법적 관계가 소거된다는 점에서 도야는 전적으로 자기폐쇄적이고 심리적인 것이 된다. 주체는 자유의지를 마음껏 발휘해 자신의 삶을 모색할 수 있다. 그러나 그것을 온전히 보장해 줄 사회가 부재하다면, 혹은 사회가 불변의 어떤 것이라면 주체는 다시 자신의 자유와 사회질서 사이에서 '소명'의 자리를 저울질해야 한다. 이 때 자유는 한갓 "개인으로 하여금 소신 있게 개인성의 길을 포기하도

---

24 인용된 딜타이의 글에서 '개성'이 '인간의 최고의 행복'이라는 구절은《수업시대》가 아니라 괴테의《서동시집》에 수록된 시에서 가져온 것이다(고규진 2001, 50).

록 유도"(모레티 2005, 121)하는 것에 지나지 않는다. 또한 철저히 정신적인 영역에 한정해 진행되어야 할 이 기만적인 기획에서 문학은 주된 매개가 된다. 문학은 주체의 정신에 (순응적) 도야라는 가상의 통일된 체험을 제공할 수 있기 때문이다. 전술한 이글턴의 지적처럼 칸트가 정초한 도야 개념이 담지한, 사회에 대한 주체적인 인식과 변혁의 가능성이 가상의 경험으로 대체되고 문학은 그러한 경험을 제공하는 장(場)으로 전화된다.

딜타이의 문학관은 이후 독일 내에서 교양소설 연구 경향에 지대한 영향을 끼친다. 독일에서 1920-30년대는 교양소설 연구의 황금기를 이루는데, 이는 딜타이의 영향에서 비롯된 바가 크다. 초기 토마스 만이 단적으로 드러내듯, 이 시기 독일의 문예학자와 작가들은 어떤 식으로든 《수업시대》를 '독일적인 것'의 전형으로 고평한다(고규진 2001, 46). 한편 딜타이가 정초한 정신과학은 교육학에도 영향을 끼쳐 '정신과학적 교육학(Geisteswissenschafitliche Pädagogik)'의 조류가 형성되었고, 이 흐름은 1960년대 초까지 독일 교육학 연구의 주류를 이룬다(홍은영 2013, 89). 한 가지 의미심장한 건 나치 집권 시기에 대한 반성적 논의가 활성화되기 시작한 1960년대 중반, 정신과학적 교육학이 대대적인 비판에 직면했다는 점이다. 이때 사회 참여와 비판에 소극적인 정치적 보수성과, 사회경제적 관계나 조건을 배제한 사변적 경향성이 주된 표적이 되었다(손승남 2001, 139-140 참조).

그러나 그보다 시사하는 바가 큰 건, 이후 대두된 새로운 주류가 '경험적 교육학'이었다는 점이다. 정신과학적 교육학과 대별되는 경험적 교육학의 특징은 정치적 중립성과 실증주의로, 이는 지금까지도 '과학성'의 가장 중요한 전제로 통용되는 조건이다. 과연 이 두 가지 조건이 과학, 혹은 학(學)의 필수요건인지 여기에서 논하기는 어렵다. 다만 한 가지 지적해 둘 점은, 교육현실을 사회경제적 조건, 그리고 그 조건의 실질적인 역사와 분리해 사고한다는 점에서 정신과학적 교육학과 경험적 교육학은 동형(同形)이라는 점이다. 한편 경험적 교육학은 '영성'과 대립되는 '지식', 특히 교과별로 분절된 지식에 대한 탐구를 주장하고 심화시킴으로써 정신과학적 교육학과의 차이를 강조한다. 두 경향의 정오(正誤)를 따지기에 앞서 분명한 것은 이러한 전환이 '도야'와 '교육'의 분리와 대립을 가장 명시적으로 보여주는 사례 중 하나라는 사실이다.

4. 결론

도야(Bildung) 개념의 기원과 역사적 전변을 일별했을 때, '교양'으로 운위되는 지금의 용례와 다른 의미들을 확인할 수 있다. 거칠게 말해 '개별적 지식'이 아닌 '전인적 완성을 위한 태도'가 강조되는 것으로 그 차이를 요약할 수 있다. 물론 다시 한번 주의해야 할 점은 도야의 이상이 지식(인식)과 태도의 대립에서 후자에 방점을 찍는 게 아니라 양자의 지양을 위한 '주체성'을 강조한다는 점이다. 그런데 앞서 개략적으로 살핀 역사에서 드러나듯 도야 개념은 근대 이후 교육 제도와 교육학에서 다루기에 특히 까다로운 개념일 수밖에 없다. 다음 두 가지 점에서 그러한데 첫째, 개별 교과교육의 결과를 전인적 완성으로 견인하는 문제, 둘째, 학습자들에게 공통적으로 적용될 수밖에 없는 교육의 '체계'에서 주체성과 개별성을 이끌어내는 문제가 도야 개념을 전유할 때 난제로 제시된다.

개념의 발생 초기부터 지금에 이르기까지 도야의 중요한 매개로 인식되어 왔을 뿐 아니라 여전히 교육 제도의 한 분과로 남아있는 문학을 다루는 문학교육연구에서 위와 같은 문제의 중요성은 각별하다. 특히 한국 근대문학이 근대적 교육 제도의 성립 이전에 도야의 목적이 각인된 것으로 출현했다는 점을 고려할 때 그러하다. 식민지 조선에서 "개별성이라는 가치"를 "집단적인 기획으로 제출"하기 위한 매개로 미(美)와 정(情)의 가치가 부각되었으며, 교육 제도의 도입에 앞서 미육과 정육의 수단으로 제시된 것이 문학이었음은 주지의 사실이다(권보드래 2012, 88). 이 시기에 문학은 교육 제도에 앞서 국민-제작을 위한 가장 중요한 수단으로 인식되었고, 또 그러한 목적에 따라 형성된 것이었다. 이때의 문학에 기대되는 기능은 '교육'보다 '도야'에 더 가깝다. 그렇기에 도야 개념에 대한 연구, 나아가 도야와 교육 제도의 관계에 대한 고찰은 비단 교육철학이나 교육사 분과뿐 아니라 문학교육연구에서도 핵심적인 위치를 점한다.

문학교육연구의 중요한 축을 이루는 경향 중 하나가 '주체'와 '윤리'에 대한 연구라는 사실도 전술한 중요성을 증명한다. 그러나 앞선 연구들의 유의미한 성과에도 불구하고, 대상이 되는 개념을 현실조건과 유리된 '폐쇄체계' 안에서 다루고 있다는 한계는 지적되어야 한다. 이는 환언하면 연구 대상을 비역사적, 혹은 초역사적인 것으로 상정하고 있음을 의미한다. 즉 교육의 '방법'(어떻게)의 구안에 집중하는 과정에서 '내용'(무엇을)의 교육적 가치가 본래 무엇이었으며 어떤 과정을 거쳐 지금의 형태에 이르렀는지에 대한 역사적 검토는 소홀히 하지 않았는가 하는 반성이 요청된다. 이 점에 비추어 볼 때 "문학이라든가, 문학성 자체에 대한, 아울러 그것의 교육적 가치에 대한 근본적 회의는 제기되지 않은 편"(정재찬 2003, 6)이라는 지적은 여전히 유효하다.

대상에 대한 역사적 검토, 혹은 개시된 이래 오랜 기간 방치되어 온 문학교육사(史) 연구는 "현재 형성되어 있는 문학적 인식이 어떤 연원에 뿌리를 두고 있는가 하는 점을 밝히는 작업"(우한용 2009, 3)을 필연적으로 포괄한다. 한국 근대문학의 형성기, 도야 개념은 독일 지성사 특유의 산물인 'Bildung'이 1910년대 일본의 '문화주의'를 경유해 유입된 것이었다(허병식 2016, 24). 이 글의 작업은 서구, 그중에서도 독일에 한정해 개념의 변천을 간략히 살핀 시론(試論)의 성격을 갖는다. 문학의 도야적 속성에 대한 탐구가 문학교육사(史) 연구, 혹은 문학교육철학 연구에 나름의 기여를 하기 위해서는 한국에서 도야 개념의 수용과 전개 양상, 그리고 문학교육현실과 결부되어 변용되는 과정이 밝혀져야 할 것이다. 이에 대해 추적하는 작업은 이후의 과제로 남겨두고자 한다.

참고 문헌

교육부. (2015). 《국어과 교육과정(교육부 고시 제2015-74호[별책 1])》. 교육부.

강성훈. (2008). 〈루소에 대한 자연주의적 해석의 문제〉. 고려대학교 박사학위 논문.

고규진. (1990). 〈독일 교양소설과 유토피아—괴테의 《빌헬름 마이스터의 수업시대》를 중심으로〉. 《인문과학》(연세대학교 인문과학연구소) 64, 177-250쪽.

______. (2001). 〈교양소설 개념의 문제점—《빌헬름 마이스터의 수업시대》를 중심으로〉. 《독일문학》(한국독어독문학회) 79, 45-63쪽.

권보드래. (2012). 《한국 근대소설의 기원》. 소명출판.

손승남. (2001). 《교육해석학》. 교육과학사.

송하영. (2012). 〈실러의 아름다움과 숭고함의 미적 교육론〉. 《윤리철학교육》(윤리철학교육학회) 17, 131-150쪽.

안성찬. (2009). 〈전인교육으로서의 인문학—독일 신인문주의의 "교양(Bildung)" 사상〉. 《인문논총》(서울대학교 인문학연구원) 62, 99-126쪽.

안인희. (1995). 〈'바이마르 고전주의'의 미적 교육 프로그램〉. 《독일문학》(한국독어독문학회) 56(1), 1-22쪽.

연세대학교 교육철학연구회 편. (1999). 《위대한 교육사상가들 3》. 교육과학사.

우한용. (2009). 《한국 근대문학교육사 연구》. 서울대학교출판부.

윤선구. (2019). 〈프리드리히 실러의 교육철학—예술을 통한 자유시민 교육론〉.

《근대철학》(서양근대철학회) 14, 59–86쪽.
이덕형. (1996). 〈독일 교양소설론의 비판적 고찰—딜타이적 조화론의 허구성〉. 《문예미학》(문예미학회) 2(1), 193–212쪽.
정영근. (2004). 〈교육학에 "도야(Bildung)" 개념이 필요한가?—도야의 교육학적 의미와 한국적 논의〉. 《교육철학연구》(교육철학회) 36, 165–180쪽.
정재찬. (2003). 《문학교육의 사회학을 위하여》. 역락.
조상식. (2004). 〈훔볼트의 'Bildung' 개념에 대한 교육학적 이해〉. 《헤겔연구》(한국헤겔학회) 16, 223–258쪽.
진태원. (2019). 《애도의 애도를 위하여》. 그린비.
천정환. (2011). 〈교양의 재구성, 대중성의 재구성—박정희 군사독재 시대의 '교양'과 자유교양운동〉. 《한국현대문학연구》(한국현대문학회) 35, 281–315쪽.
허병식. (2016). 《교양의 시대》. 역락.
홍은영. (2013). 〈독일교육철학 연구의 성과와 과제—비판적 교육학의 전개와 과제를 중심으로〉. 《교육철학》(한국교육철학회) 49, 89–118쪽.

가다머, 한스 게오르크. (2012). 《진리와 방법 1》. 이길우 외 옮김. 문학동네.
모레티, 프랑코. (2005). 《세상의 이치》. 성은애 옮김. 문학동네.
아도르노, 테오도어 W. (2017). 《사회학논문집 1》. 문병호 옮김. 세창출판사.
쉴러, 프리트리히. (1999). 〈숭고론〉. 《쉴러의 미학·예술론》. 장상용 편역. 인하대학교 출판부.
실러, 프리드리히. (2012). 《미학 편지》. 안인희 옮김. 휴머니스트.
알튀세르, 루이. (1992). 《레닌과 철학》. 이진수 옮김. 백의.
이글턴, 테리. (1995). 《미학사상》. 방대원 옮김. 한신문화사.
칸트, 임마누엘. (2009a). 〈계몽이란 무엇인가에 대한 답변〉. 《칸트의 역사철학》. 이한구 편역. 서광사.
______. (2009b). 〈세계 시민적 관점에서 본 보편사의 이념〉. 《칸트의 역사철학》. 이한구 편역. 서광사.

칸트, 임마누엘. (2009c). 《판단력 비판》. 백종현 옮김. 아카넷.
푸코, 미셸. (2016). 《비판이란 무엇인가?/자기수양》. 심세광 · 전혜리 옮김. 동녘.
하우저, 아르놀트. (1999). 《문학과 예술의 사회사 3》. 염무웅 · 반성완 옮김. 창작과비평사.

3부 인공지능 시대의 대학 국어교육과 교양교육

핵심역량 중심의 교양교육 방법 및 효과 연구

성공회대학교의 <말과글> 수업 사례를 중심으로

오현화

1. 들어가며

기업체의 업무 효율성을 위해 도입되었던 핵심역량 개념은 2010년 이후 대학교육의 효율성 제고와 개선을 위한 도구로서 논의되기 시작했다. 특히 대통령자문 교육혁신위원회(2007)에서 향후 학교 교육과정을 핵심역량 중심으로 재구성할 것이라는 계획을 발표하면서, 이러한 교육과정 개편에 속도가 붙기 시작한다. 2010년에 시작된 '학부교육 선진화 선도대학 지원사업'에 따라 역량에 대한 직접적인 논의가 확산되고 있다. 이 사업은 특색 있고 경쟁력 있는 대학 교육의 선진 모델 창출과 확산을 목적으로 하고 있다. 국내 대학들은 비전, 철학, 인재상에 기반한 핵심역량을 설정하고, 이를 중심으로 교육 과정을 개편하였다(이민정 2016). 이후 ACE사업은 대학혁신지원사업으로 대학교육의 질적 향상 및 성과 확산을 이어가고 있다.

국제포럼과 전경련 등 다양한 국내외 단체에서 도출된 핵심역량을 기반으로, 교육부는 국내 대학의 교육과정 및 체계를 고려하여 4차 산업혁명을 대비한 미래 핵심역량을 개발하였다(이영환 2019, 185).[1] 교육부에서 제안한 핵심역량을 토대로 각 대학들은 교육이념과 특성 등을 고려하여 핵심역량 중심의 교육과정을 개발·운영하고 있다(이영환 2019, 185-186).[2] 성공회대 역시 2018년도에 '가치, 대안, 실천'의 3가지 핵심역량을 기반으로 교육과정 및 체계를 개편하였다.

이러한 핵심역량 중심의 교양교육 개편과 그 실효성에 대한 연구들은 아직 초기 단계라 할 수 있다. 핵심역량 중심의 교육과정 운영에 대해 긍정적인 평가가 다수(권순철 2013; 김혜경·김경미 2016; 김혜영·이숙정 2012; 이숙정·이수정 2012)이긴 하나, 대학 교양교육의 계량화된 운영 및 평가에 대한 우려의 목소리(백승수 2020; 송경오·박민정 2007)도 많다. 이들은 핵심역량 중심의 대학교육이 교육의 본질을 훼손시킬 위험이 있을 뿐만 아니라 수행의 측면을 지나치게 강조함으로써 행동주의와 환원주의의 오류(소경희 2009, 2)[3]를 범할 수 있다고 보았다. 또한 교육부의 대학재정지원

---

1 교육부와 전경련 등에서 개발한 핵심역량은 다음과 같다.

구분	핵심 역량
교육부(moe)	창의성, 복합문제 해결능력, 비판적 사고, 소통 및 협동적 수행능력, 인적네트워크 관리능력
전경련(FKI)	창의성, 도전정신, 전문성, 주인의식, 도덕성
세계경제포럼	비판적 사고, 문제해결능력, 창의성, 자기조절능력, 메타인지, 협동과 사회정서기술

2 국내 주요 대학들의 교양교육 핵심역량은 다음과 같다.

구분	교양교육 핵심역량
연세대학교	3C(기독교정신(Christianity) 의성(Creativity), 연결성(Connectivity))
성균관대학교	소통역량, 인문역량, 학문역량, 글로벌역량, 창의역량, 리더역량
중앙대학교	도전역량, 신뢰역량, 융합역량, 창의역량, 소통역량
동국대학교	의사소통, 자기개발, 대인관계, 국제화, 정보 기술활용, 문제해결
건국대학교	창의역량, 종합적 사고력 성실성, 소통능력, 주도성, 글로벌 시민의식
충남대학교	창의(창의융합, 글로벌), 개발(의사소통, 자기개발), 봉사(인성, 대인관계)
전남대학교	의사소통, 분석, 비판적 사고, 다양한 학문 및 문화에 대한 이행, 자기개발, 공동체의식

3 소경희는 "역량기반 교육은 한편으로는 전통적인 직업훈련 모델을 지향하는 것으로 보이기도 하고, 다른 한편으로는 광범위한 능력이나 가치를 통합한 총체적 수행을 주장하는 것으로 보이기도 한다. 전자의 경우는 학교 교육을 반지성적인 형태로 만드는 것이 아닌가 하

사업의 일환으로 도입된 외재적 목적에 의해 핵심역량 중심 교양교육이 형식주의, 측정주의에 매몰되어 있음을 지적하고 있다. 핵심역량 중심의 교양교육이 다양한 교육시스템의 원활한 소통의 가능성을 추구하며, 학생들의 학습결과에 대한 책무성과 적극적인 지식 수행성을 강조하고 있다는 점에서 긍정적인 변화를 가져올 수 있지만, 실제 교육현장에서의 실효성에 대해서는 여전히 많은 문제점을 노출하고 있다.

이 글에서는 이러한 핵심역량 중심의 교양교육이 앞서 제기한 바 있는 한계점들을 극복하고, 대학교육의 본질과 질적 향상을 제고할 수 있는지에 대해 실제 수업 사례를 통해 살펴보고자 한다. 먼저 성공회대의 교양교육 체계 및 교육과정 운영 현황 및 결과를 살펴보고, 1학기 '혁신' 과정의 핵심역량 과목으로 지정된 〈말과글〉 수업 운영 사례 분석을 통해 핵심역량 중심의 교양교육의 실효성에 대해 검토해 보고자 한다.

2. 핵심역량 중심의 교양교육 과정[4] 운영 현황 및 결과

2.1. 교양교육 체계 및 교육과정 운영 현황

성공회대의 교양교육은 가치, 대안, 실천이라는 세 가지 핵심역량을 중심으로 교육과정을 단계적으로 개설 및 운영하고 있다. 가치 역량은 인간·인권, 민주시민, 생명·평화의 가치를 익히며, 이러한 가치를 중심으로 인간, 사회, 세계를 성찰하는 능력 함양을 목표로 한다, 대안 역량은 통합

는 우려를 자아내며, 후자는 자유교육의 복잡한 모조품에 지나지 않는 게 아닌가"하는 생각이 들 수 있다고 주장한다.

4 성공회대학교의 교양교육 체계 및 교육 과정은 열림교양대학 홈페이지(http://www.skhu.ac.kr/uni_b/uni_b_1_1.aspx)와 2020년 6월 2일~8일까지 실시된 교수세미나(LMS 연계) 자료집을 참고하였다.

적 사고력과 창의적인 통찰력을 갖추고, 이를 통해 대안을 모색하고 창출하는 능력을 기르는 것이다. 실천 역량은 연대와 협력을 통해 대안을 실현해 나갈 수 있는 능력을 기르는 것이다. 핵심역량 체계는 다음과 같다.

<표 1> 교양교육 핵심역량 체계

영역	핵심역량	정의
가치역량	인간인권 의지	인간이 평등하게 존중받고 존엄을 유지할 수 있어야 한다는 인식과 이를 일상에서 실천하려는 의지
	민주시민 의식	민주주의의 가치에 기초해 지역, 국가 그리고 세계의 책임있는 구성원으로서 공동체 발전에 참여하고 기여하고자 하는 의식
	생명평화 의식	생명존중과 정의의 바탕 위에서 인간은 물론이고 자연세계까지 포괄하는 타자와 공존을 추구하는 상생 의식
대안역량	융복합적 사고 능력	사회와 세계를 통섭적으로 이해할 수 있는 능력
	조사·분석 정보 활용능력	주어진 문제들과 관련이 있는 정보와 자료를 수집, 분석, 활용하는 능력
	대안 제시·문제해결 능력	주어진 문제에 대해 혁신적으로 창의적인 대안을 찾고 제시할 수 있는 능력과 용기
실천역량	민주적 소통 능력	서로에 대한 존중과 올바른 이해를 기초로 공동의 의사를 도출할 수 있는 능력
	연대 및 공동체적 실천 능력	협력과 연대를 통해 문제를 해결하고, 공동체 전체 발전에 기여하는 실천 능력

성공회대는 이러한 세 가지 핵심역량을 기반으로, 1~3학기로 나누어 단계별 교양교육을 실시하고 있으며, 1학기 교육과정은 '혁신(Change yourself)', 2학기는 '발견(Find Yourself)', 3학기는 '발전'(Develop Yourself, Advance Yourself)을 토대로 교육과정을 운영하고 있다. 1학기 '혁신'은 새롭게 변화된 환경에서 주체적으로 대응할 수 있도록 자신을 변화시키는 과정으로, 주요 프로그램으로는 핵심역량과목인 〈인권과평화〉, 〈말과 글〉이 있으며 그 외 〈대학생활세미나 I〉과 〈전공탐색수업〉과 같은 교양과목이 있다. 2학기 '발견'은 자신이 진정으로 원하는 것이 무엇인지, 나에게 잠재된 능력이 무엇인지 찾아가는 과정으로, 핵심역량과목에는 〈과

학기술과 에콜로지〉, 〈데이터 활용 및 분석〉이 있으며, 〈대학생활세미나 II〉과 〈전공탐색 수업〉(타 학부 포함) 등이 주요 프로그램으로 구성되어 있다. 3학기 '발전'은 대학생활 목표를 설정하고 이에 필요한 능력을 갖추는 과정으로, 핵심역량과목에는 〈사회봉사〉가 있으며, 〈전공탐색 세미나〉 등의 주요 프로그램이 있다.

교양교육과정 이수 조건은 교양 필수[5] 16학점, 가치역량 6학점 이상, 대안역량 6학점 이상, 실천역량 6학점 이상, 총 34학점 이상을 이수해야 한다. 가치, 대안, 실천 3가지 핵심역량 교양교육 체계를 중심으로, 다시 하위 영역별 세부 교육 내용 및 목표를 수립하고 교과목을 개설 · 운영하고 있다. 핵심역량 체계에 따른 교육 내용 및 이수 조건은 다음과 같다.

<표 2> 핵심역량 교육 내용 및 이수 조건

영역	핵심역량	교육 내용	이수 조건
가치역량	인간인권 의지	인문학, 신학 분야의 관련 주제 및 인공지능 등 미래 사회에 인간이 직면하게 될 근원적인 문제에 대한 이해와 성찰을 다루는 주제	세 영역 중 최소 두 영역에서 각 1과목씩 총 2과목(6학점) 이수
	민주시민 의식	우리가 사는 세계의 변화와 작동을 민주주의 원리에 따라 이해하고 평가할 수 있도록 하는 주제	
	생명평화 의식	세계와 자연의 지속성에 관한 주제	
대안역량	융복합적 사고 능력	다양한 현상과 분야 사이의 연관성을 파악하는 데 기초가 되는 논리적 사고를 기르는 주제	세 영역 중 최소 두 영역에서 각 1과목씩 총 2과목(6학점) 이수
	조사·분석 정보 활용능력	객관적으로 세계를 분석하는 데 필요한 기초학문 습득과 필요한 정보를 수집하고 처리하는 방법을 기르는 주제	
	대안 제시· 문제해결 능력	문제해결에 실제로 적용될 수 있는 아이디어를 찾는 능력을 기르는 주제	

5 교양필수 과목에는 〈말과글〉(2학점), 〈대학생활세미나〉 I · II(2+2=총4학점), 〈인권과평화〉(2학점), 〈과학기술과에콜로지〉(2학점), 〈데이터 활용 및 분석〉(2학점), 〈비아메디아채플〉(1+1=총2학점), 〈사회봉사〉(2학점)이 있다. 교양필수 과목은 영역필수 이수학점에서 제외된다.

실천역량	민주적 소통 능력	상대의 다양한 의사 표현을 정확히 이해하고 자신의 주장을 효과적으로 표현하는 능력을 기르는 주제	두 영역에서 각 1과목 총 2과목(6학점) 이수
	연대 및 공동체적 실천 능력	협력과 연대에 필요한 감성을 기르고 방법을 익히는 주제	

이상에서 살펴본 바와 같이 2018학년도부터 성공회대학교는 3단계(1~3학기) 단계별 교양교육과정을 수립하고, 교양필수 과목 외에도 영역별 핵심역량을 습득할 수 있는 다양한 교과목을 개설 · 운영함으로써 핵심역량 중심의 교양교육을 추진하고 있다. 또한 핵심역량 중심의 교양교육의 질적 제고와 학습자의 교육 환경 및 학습 능률 향상을 위해 교양필수 과목들은 20명 이내의 소수 인원으로 운영하고 있다. 영역별 핵심역량 교과목 역시 30명 내외의 인원 제한을 통해, 한국 대학들이 지닌 대형 교양 강의가 지닌 문제점들을 보완해 나가고 있다.

2.2. 핵심역량 중심의 교양교육 운영 결과[6]

성공회대학교는 2018학년도에 개편된 핵심역량 중심의 교양교육의 실효성과 재학생들의 핵심역량에 대한 인식을 분석하기 위해, 교수학습센터에서 자체 개발한 핵심역량 진단 도구(S-ECA: SKHU-Essential Competencies Assessment)를 통해 〈핵심역량 진단도구 개발 연구〉를 작성하였다. 〈핵심역량 진단도구 개발 연구〉는 진단 도구 활용을 통해 재학생들의 역량 수준을 종합적으로 파악하여, 핵심역량에 대한 현황 및 인식 제고를 위한 기초 자료 마련을 목적으로 연구된 보고서이다. 연구대상은 2019학년도 2학기 1~4학년 학부 재학생 중 설문에 응답한 210명(전체 재학생 대비 11.3%)으로, 측정도구는 '가치, 대안, 실천'의 영역을 구성하는 8개 하

6 핵심역량 중심의 교양교육 운영 결과는 2019학년도에 실시한 《성공회대학교 핵심역량 진단도구 개발연구》를 참고하였다.

위 핵심역량에 대한 측정문항 89개로 실시하였다.[7] 핵심역량 진단 도구를 통한 조사 내용 및 과정은 다음과 같다.

<표 3> 재학생 핵심역량 인식 조사 내용 및 과정

핵심역량 현황 파악		학부교육 기여도 파악		학생 특성별 차이 분석
측정 문항별 평균 파악 하위 요인별 평균 파악	⇒ ⇒	핵심역량 함양 정도 학부교육 학습 환경 기여도	⇒ ⇒	성별 핵심역량 차이 학년별 핵심역량 차이 학부계열별 핵심역량 차이

먼저 재학생 핵심역량 현황과 인식 결과에 대해 살펴보면, 세 가지 역량에 대한 영역별 만족도가 모두 50%를 상회하고 있어 핵심역량 중심의 교양교육에 대한 전반적 만족도는 높다고 할 수 있다. 다만 '가치'와 '실천' 역량에 대한 영역별 만족도에 비해 '대안' 역량에 대한 만족도가 낮은 것으로 나타나, 이 부분에 대한 교육과정 보완이 필요해 보인다.

<표4> 재학생 핵심역량 평균

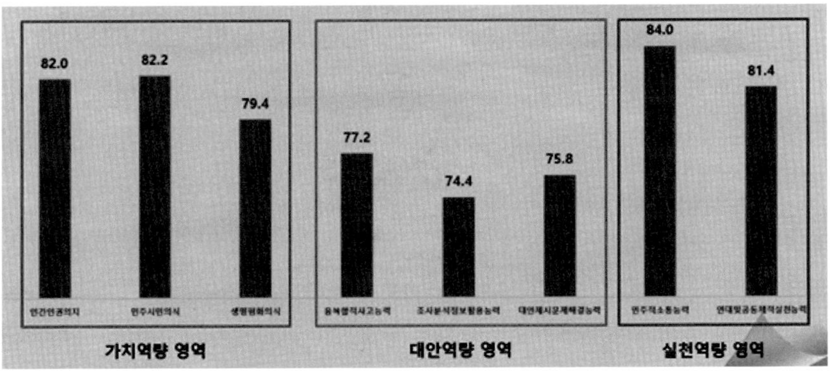

출처: 정연식·박지회·신안나·김은진·홍한솔 2019, 67

7 분석방법은 SPSS25를 활용하여 기술통계분석, 독립표본 T검정, 일원배치분산분석을 시행하였다.

핵심역량 인식에 대한 재학생의 성별(정연식 · 박지회 · 신안나 · 김은진 · 홍한솔 2019, 60), 학년별, 학부계열별(정연식 · 박지회 · 신안나 · 김은진 · 홍한솔 2019, 61) 차이를 살펴보면, 남학생보다는 여학생의 만족도가 높았다. '대안'과 '실천' 역량에서는 통계적으로 유의한 차이가 없었지만, '가치' 역량에 대해서 성별과 학부계열별 차이가 통계적으로 유의하게 나타났다.

핵심역량 중심으로 개편된 교육과정에 대한 '학부교육 학습환경 기여도 조사'에서도 모든 분야에서 긍정적 답변 비율이 높게 나타났다. 특히 핵심역량 중심의 교육과정이 '학습자 개인의 노력(학업에 대한 자기 주도성과 성취도)'(정연식 · 박지회 · 신안나 · 김은진 · 홍한솔 2019, 58)에 가장 많은 기여를 한 것으로 나타났으며, '학생–교수의 상호작용'(정연식 · 박지회 · 신안나 · 김은진 · 홍한솔 2019, 58)과 '교수자의 수업방식'에서도 긍정적 효과가 컸다. '학습지원체계'와 '교양 교육과정'에 대한 답변 역시 긍정적 기여가 기여 부족보다 높은 비율로 나타나긴 했지만, 기여 부족에 대한 비율이 다른 영역에 비해 높게 나타나고 있으므로 이에 대한 개선책 마련이 필요해 보인다.

이상에서 살펴본 바와 같이 2018학년도에 개편된 핵심역량 중심의 교육과정 개편에 대한 재학생들의 인식이나 만족도는 크게 향상됐음을 알 수 있다. 그러나 '가치'와 '실천' 역량에 비해 상대적으로 '대안' 역량에 대한 인식과 만족도가 낮기 때문에, 지식과 기술 활용 측면의 역량 교육 강화가 요구된다. 덧붙여 학습환경 기여도 조사에서 '학습지원체계'와 '교양교육과정'의 기여도 부족이 다른 분야에 비해 높게 나타나고 있으므로, 기여도 개선을 위한 교양교육과정과 비교과 프로그램의 연계와 같은 교육과정 보완 역시 필요하다.

3. 핵심역량 중심의 교양교육 사례 분석

3.1. 〈말과글〉 수업 운영 사례

1학기 '혁신' 교육과정으로 운영되고 있는 〈말과글〉은 체계적인 말하기와 글쓰기 훈련을 통해 깊이 있는 사고와 자기표현 능력을 함양시키도록 하는 교양필수 과목이다. 학생들이 비판적으로 글을 읽고 자신의 생각을 발전시켜, 그 생각을 표현하고 전달하는 능력을 습득하는 것이 수업의 주요 목표이다. 또한 대학 신입생으로서 비판적 사고를 강화할 수 있는 다양한 텍스트 분석을 통해, 인문·사회·과학 등 각 분야의 주요 쟁점에 대한 말하기와 글쓰기 연습을 통해 통합적이고 비판적인 사유 능력을 기를 수 있도록 하고 있다. 〈말과글〉은 2019년에 실시한 '핵심역량진단 조사 결과'를 토대로, 학생들의 요구 수준 반영과 실질적인 교육과정 내실화를 위해 2020학년도 1학기부터 20명 이내의 수강인원[8]으로 수업을 운영하고 있다.

이 절에서는 20명 이내의 수강인원 개편된 2020학년도 1학기 〈말과글〉 수업 운영 사례를 통해, 핵심역량 중심의 교양교육 과정의 실효성을 살펴보고자 한다. 2019년까지 〈말과글〉은 의사소통 능력 및 실천을 기반으로 하는 '실천' 역량 중심의 교육과정으로 운영되었다. 2020학년도 1학기 〈말과글〉 수업은 학생들이 부족하다고 느낀 '대안' 역량 함양을 위해, 세부 영역인 조사·분석 정보 활용 능력과 대안 제시·문제해결 능력을 습득할 수 있는 팀프로젝트 교육과정을 추가하였다. 또한 수업 중 팀프로젝트 활동으로 끝내지 않고, 동영상 콘텐츠로 제작하여 교내 캠페인 활동을 통한 비교과 프로그램과 교양교육과정의 연계를 시도했다. 〈말과글〉 수

8 2019학년도 2학기까지 〈말과글〉 수강인원은 40명 내외였음.

업의 팀프로젝트 활동으로 진행된 '기획서 작성 및 콘텐츠 제작' 사례[9]를 통해, 2장의 '핵심역량진단 조사'에서 문제점으로 지적된 '대안' 역량 교육 강화 및 교양교육과정과 비교과 프로그램의 연계 운영 가능성에 대해 진단해 보기로 하겠다.

팀프로젝트로 진행된 '기획서 작성 및 콘텐츠 제작'은 코로나로 인해 비대면 온라인 수업으로 운영되었다. 팀프로젝트 활동은 총 5주(2020년 5월 18일~6월 19일) 동안 진행되었으며, 성공회대학교의 e-class 시스템인 LMS의 팀프로젝트 매뉴얼과 카카오톡의 오픈채팅을 통해 이루어졌다. '기획서 작성 및 콘텐츠 제작'을 위한 팀프로젝트 주차별 교육 내용 및 활동은 다음과 같다. 1주 차는 '아이디어 구상 및 도출', 2주 차는 '구체화를 위한 정보 수집 및 조사', 3주 차는 '콘셉트 잡기 및 기획서 개요 작성', 4주 차는 '기획서 작성 및 수정', 5주 차는 '동영상 제작 및 발표'로 운영하였다. 매주 팀프로젝트 활동 노트 작성을 통해 비대면 온라인 활동으로 인한 팀별 진행 과정 파악의 어려움을 보완하였다. 활동 노트는 LMS 팀프로젝트 게시글로 업로드함으로써, 각 조의 팀프로젝트 활동 내용이나 주제를 학습자가 공유토록 하였다. 주차별 활동 노트는 활동 일지와 해당 주 차의 교육 내용에 따른 진행 과정을 정리하는 것으로 구성하였다. 1주 차 활동 노트의 구성은 〈표 5〉와 같다. 2~5주 차 활동 노트 역시 주차별 교육 내용에 따라 구성을 달리하여 교수자가 제공하였다.

팀프로젝트 주제는 '학내(성공회대) 인식 개선 및 발전 방향 관련 프로젝트'와 '최근 사회적 이슈나 문제에 대한 해결 방안 프로젝트' 중 하나를 선택하도록 방향성만을 제시하였으며, 실제 수행할 수 있는 수준의 프로젝트를 기획하도록 하였다. 구체적인 아이디어와 주제 도출은 조원들과의 합의를 통해 확정하도록 하였다. 분반별 각 조의 주제와 내용은 〈표 6〉과

---

9 이 글에서 다루는 〈말과글〉 수업 사례는 총 4개 분반(IT융합 1반, IT융합 5반, 미디어융합 1반, 미디어융합 3반)의 교육과정 운영 및 결과를 토대로 분석하였다.

<표 5> 1주 차 활동 노트 예시

팀프로젝트 활동 일지	
팀명	
팀원	
활동 사항에 대한 상세 기록	
활동 내용 및 일정	조별 토의 일정이나 내용 정리
담당 업무	조원들의 이번 주 담당 업무에 대한 정리
활동 계획 및 역할 분담	다음 주 활동 계획에 대한 조원들의 업무 분담 정리
기타	

아이디어 구상 및 도출 결과 정리		
이름	아이디어 내용	논의 결과
	각자 조사한 아이디어 정리	다른 조원들의 의견
논의 결과 최종 정리		

같다.

분반별 프로젝트 주제 및 내용을 살펴보면, SNS에 해시태그와 함께 작성한 게시글을 통해 프로젝트의 의도나 방법을 홍보하는 캠페인 형식을 많이 선택했다. 또한 사회적으로 이슈가 되고 있는 사안에 대한 문제점을

<표 6> 분반별 프로젝트 주제 및 내용

분반	프로젝트 주제 및 내용
IT융합 1반	1조: 제비꽃(Violet) 프로젝트(위안부 피해자들을 위한 재모금 활동 및 위안부 문제에 대한 사회적 인식 향상)
	2조: 노인 소외 없는 사회(노년층을 위한 키오스크[무인 포스기]에 관한 조작법 제작 및 배포를 통해 디지털 소외 현상 감소)
	3조: 프로듀스 SKHU(성공회대 캐릭터 제작을 통한 학교 홍보 및 이미지 개선, 굿즈 수익금의 일부를 인권단체에 기부함으로써 사회적 약자 지원을 통한 학교의 교육이념 강조)
	4조: 반려동물의 동물등록제 참여 캠페인(반려동물의 유기 방지와 유기동물 입양 장려)
IT융합 5반	1조: SKHU FOR YOU(교회중심주의나 교파주의를 극복한 대한성공회의 종교 인식개선을 위한 카드 뉴스 형식의 홍보 책자 제작)
	2조: 다회용 빨대(실리콘) 펀딩 프로젝트(빨대 펀딩 수익금을 성공회대 이름으로 환경단체에 기부하여 환경보호와 성공회대의 이미지 개선 도모)
	3조: Project J.I.P(나와 공공을 위한 즐김이라는 뜻(Joy_I_Public)과 비대면을 통한 사람들과의 연결(Join_Internet_People)이라는 뜻을 담아 집(J.I.P) 프로젝트를 통해, 코로나 확산 방지와 타인과의 관계 형성에 도움)
	4조: 다같이(SNS 해쉬태그를 통해서 헌혈 장려 캠페인)
미디어융합 1반	1조: Oldinary 프로젝트(환경 문제 및 경제적 악습관 개선을 위해 SNS에 #Oldinary 해시태그와 함께 자신이 오래 쓴 물건과 사연을 릴레이 형식으로 게재)
	2조: 너의 유형은?(코로나 대처 유형 검사를 통해 코로나 사태에 대한 경각심과 예방수칙 준수를 위한 개인별 맞춤형 방법 제시)
	3조: Don’t ABC(Don’t ABC 태그와 함께 유기동물을 입양한 사람들이 자신의 반려동물 사진을 SNS에 업로드함으로써, 유기동물에 대한 인식 개선 유도)
	4조: 우리가 걸어갈 길:#together, #grandmamapapa(노인 소외의 문제점과 인식 개선을 위한 SNS 해시태그 캠페인 진행)
미디어융합 3반	1조: Get player, Good Gamer(청소년들의 정서 발달을 저해하는 폭력적인 게임이나 대기업의 과금 양산형 게임을 고발하고, 게임 진행 방식이 나 유형이 착한 중소기업의 게임 홍보)
	2조: 수돗물 인식 개선 캠페인(SNS에 #오늘한잔챌린지, #수돗물인식개선과 같은 해시태그와 함께 수돗물 한 잔을 든 사진을 릴레이 형식으로 게재하여 수돗물 음용에 대한 인식 개선 도모)
	3조: 퀴어, 여깃다(퀴어가 이곳에 있다는 의미의 ‘여기에 있다’와 연대 차원으로 이어나간다는 의미의 ‘여기에 잇다’를 통합해 ‘여깃다’라는 해시태그와 함께 퀴어의 인식 개선을 위한 카드뉴스를 제작하여 SNS에 게재)
	4조: KICK(The Kiosk Isn’t Complicated and Kindly)(매장 내 무인 포스기 사용에 어려움을 느끼는 사람(노년층, 장애인 등)들을 위한 사용법 제작 및 시각 장애인을 위한 음성 인식 센서 설치 장려 캠페인)

알리거나 인식 개선을 위해 카드뉴스를 제작하거나, 노년층도 쉽게 이해할 수 있는 무인 포스기 설명서 제작과 같은 홍보나 안내 책자 등을 제작하는 방법을 택했다. 이는 팀프로젝트 활동이 온라인을 통한 비대면으로 이루어졌으며, 실천 가능한 프로젝트를 기획하라는 과제의 요구 조건을 고려한 결과로 보여진다.

4주 차에 완성한 기획서를 기반으로 5주 차에는 팀원들이 역할을 분담하여 동영상 콘텐츠를 제작하였다. LMS 온라인 강의실에 동영상을 업로드하여, 팀프로젝트 활동에 참여한 4개 분반 수강생들 모두가 각자 제작한 동영상을 시청하고, 의견을 공유할 수 있도록 하였다. 6주 차에는 LMS 토론방을 통해 5주 동안 이루어진 팀프로젝트 활동에 대한 분반별 합평회 및 한 학기 〈말과글〉 수업에 대한 워크숍을 실시하였다. 팀프로젝트 활동 중 가장 큰 문제점으로 지적된 부분은 카카오톡이나 LMS와 같은 비대면 온라인 시스템을 통해 소통이 이루어지다 보니, 조원들 간 의견 조율이나 자신의 생각을 전달하는 데 있어 많은 어려움[10]을 느꼈다고 했다. 최근 온라인 비중이 높아지고 있는 대학교육 환경을 고려한다면, 학습자와 교수자, 학습자 상호 간 소통을 원활하게 할 수 있는 온라인 시스템 보완이 필요하다.

10 구글 설문조사에서도 온라인 팀프로젝트 활동 중 의사소통 부분이 가장 힘들었다는 결과가 나왔다.

※ 온라인 팀프로젝트를 통한 '기획서 작성 및 콘텐츠 제작' 중 가장 힘들었던 교육과정은 무엇이었습니까?		
[1]	팀프로젝트 활동 노트 작성	1명(2.4%)
[2]	기획서 PPT 작성	3명(7.3%)
[3]	동영상 콘텐츠 제작	16명(39%)
[4]	조원들과 회의 및 의사소통 진행	18명(43.9%)
[5]	기타	3명(7.3%)

3.2. 〈말과글〉 수업 운영 결과

지금까지 〈말과글〉 수업의 팀프로젝트 활동에 대한 교육 내용 및 과정을 살펴보았다. 앞서 말했듯이 〈말과글〉 수업의 팀프로젝트 활동은 2019년 재학생 핵심역량진단 평가에서 미흡하다고 지적된 '대안' 역량을 습득을 보완하기 위해 마련된 교육과정이다. 5주 동안 〈말과글〉 4개 분반을 대상으로 진행한 팀프로젝트 활동에 대한 교육적 효과에 대한 수강생들의 의견을 듣고자 학기 말에 구글 설문을 실시(2020년 6월 22일~6월 29일)하였다. 설문은 팀프로젝트 활동을 한 4개 분반 수강생을 대상으로 하였으며, 전체 76명 수강생 중 41명(전체 수강생 대비 53.9%)이 응답하였다.

먼저 온라인으로 이루어진 팀프로젝트 활동의 교육 내용 및 운영에 대한 만족도는 97.6%로 높게 나타났다. 이는 핵심역량 중심의 교육과정으로 운영된 교양교육의 교육적 효과에 대해서 유의미한 결과를 얻을 수 있었다.

<표 7> 팀프로젝트 활동의 교육 내용 및 운영에 대한 만족도 결과

온라인 팀프로젝트를 통한 '기획서 작성 및 콘텐츠 제작'의 교육 내용 및 운영에 대해 어느 정도 만족하십니까?		
[1]	매우 만족한다.	22명(53.7%)
[2]	조금 만족한다.	18명(43.9%)
[3]	별로 만족하지 않는다.	0명(0%)
[4]	전혀 만족하지 않는다.	1명(2.4%)

핵심역량 중심의 교양교육의 교육적 효과에 실효성을 검토하기 위해, 팀프로젝트 활동을 통해 향상된 수강생들의 학습 능력을 알아보았다. 팀프로젝트 교육과정은 '실천' 역량과 '대안' 역량을 반영한 것이므로, 두 영역에 대한 향상 정도를 조사하였다.

<표 8> 핵심역량 영역별 학습 능력 향상도 결과

온라인 팀프로젝트를 통한 ‘기획서 작성 및 콘텐츠 제작’이 핵심역량 중 어떤 영역의 학습 능력이 향상되었다고 생각합니까? (최대 2개까지 중복 선택 가능)			
[1]	사고의 폭 확장과 창의력 향상(융복합적 사고 능력)	대안역량	8명 (19.5%)
[2]	자료 수집과 해석 능력 향상(조사·분석 정보 활용능력)		5명 (12.2%)
[3]	과제 수행에 따른 문제해결 능력 향상(대안 제시·문제해결 능력)		11명 (26.8%)
[4]	타인에 대한 배려와 의사소통 능력 향상(민주적 소통 능력)	실천역량	24명 (58.5%)
[5]	사회 문제나 공동체에 대한 관심과 이해도 향상(연대 및 공동체적 실천 능력)		28 (68.3%)
[6]	기타		0명 (0%)

[1]번부터 [3]번 문항은 ‘대안’ 역량의 영역별 학습 능력 향상도를 측정한 것이며, [4], [5]번은 ‘실천’ 역량의 영역별 학습 능력 향상도에 대한 문항이다. 조사 결과에서 알 수 있듯이 ‘실천’ 역량에 대한 향상도가 ‘대안’ 역량에 대해 2배 이상 높은 수치를 기록했다. 그러나 응답자의 과반수가 넘는 24명이 ‘대안’ 역량의 영역별 학습 능력이 향상되었다는 답변을 했다는 점에서 시사하는 바가 크다. 덧붙여 팀프로젝트 활동에 대한 수강생들과의 합평회에서 ‘사고력 및 표현력 향상’과 ‘대안 제시를 통한 문제해결 능력 증진’ 의견이 다수 있었다. 수강생들의 의견 중 주된 내용은 〈표 9〉와 같다.

수강생들은 팀원들과의 소통을 통해 다양한 생각을 공유할 수 있었으며, 그 과정을 통해 사고력과 표현력에 대한 학습 효과가 있었음을 밝히고 있다. 특히 과정 중심의 주 차별 교육과정을 통해 우리 사회가 지닌 다양한 문제를 인식할 수 있었으며, 그에 대한 실질적인 문제해결 능력을 습득할 수 있었다고 한다. 〈말과글〉 수업이 ‘실천’ 역량 중심의 교양과목이긴 하지만, 기존 말하기와 글쓰기 중심의 교육과정 및 내용을 수정·보

<표 9> 팀프로젝트 활동에 대한 학습자 의견 정리

팀프로젝트 활동에 대한 간단한 의견을 작성해 주십시오.
• 퀴어, 무인 포스기, 수돗물과 같은 주제를 통해 평소 생각해 보지 못했던 사회 문제들에 마주할 수 있었습니다. 자신의 팀과 다른 팀의 기획서 발표를 비교하며 부족했던 부분, 잘한 부분을 체크하고 실제로 기획서 발표가 있을 때 어떠한 방식으로 진행해야 할지 성찰했던 뜻깊은 시간이었습니다. • 정말 모든 조가 각자 장점이 뚜렷했다. 사회 문제 소재가 좋았던 팀 좋았던 팀, 그걸 풀어내는 방식에 있어서 좋았던 팀, 추진계획에서 아이디어가 돋보이는 팀을 보면서 내 생각도 넓어진 것 같다. • 얼굴도 모르고 대화도 못 나눠본 동기들의 목소리를 들을 수 있어서 좋은 활동이었습니다. 아이디어가 많이 겹치진 않을까 걱정했던 부분이 있었는데, 모든 조들이 다양한 창의력을 보여 새로운 시각을 가질 수 있었던 활동이었습니다. 어느 부분 하나 대충 하지 않고, 진심으로 기획에 노력을 들인 것이 보였던 발표들이었습니다. • 또래 친구들이 고민하고 제작한 기획서라는 사실이 놀라울 따름이다. 관심이 없던 분야들이 많았음에도 흐름에 따라 사유하게끔 만들었다. • 내가 발표한 주제들과 또 다른 주제에 대해 알 수 있어서 유익한 시간이라고 생각한다. 또한, 여러 방법으로 기획을 진행한 것을 보면서 이러한 방법으로도 기획과 기획서를 작성하는 과정을 통해 홍보방법이나 진행방법이 있다는 것에 더 넓은 표현력을 얻게 될 수 있었다. • 처음 이 팀플 과제를 받은 후 스스로 아이디어를 구상해 보았을 때는 매우 막막했습니다. 창의력 있는 아이디어를 생각해야 하는데 마땅히 생각나지 않았기 때문입니다. 하지만 조원들과 얘기해 보면서 저의 생각이 정말 좁다는 것을 깨달았습니다. 그리고 여러 아이디어를 듣고 이해하며 어떤 방향으로 아이디어를 넓혀가야 할지 알게 된 것 같습니다. 이것을 경험하며 팀플의 필요성을 깨달았습니다. • 게임, 포스기, 퀴어, 수돗물 등 다양한 분야의 주제가 나온 것이 신선했고, 이번 팀플을 통해 우리 사회의 문제에 관심을 갖게 됐으며, 주제 접근 방식과 문제 해결 능력이 높아졌다. • 다른 조원들의 발표를 보면서 사회에는 정말 다양한 문제가 있다고 생각하였습니다. 또한 이러한 문제점들에 관해 다양한 시각을 가진 사람들의 생각을 들으면서 저도 같이 생각해 볼 수 있어서 유익한 시간이었습니다. • 공통된 주제를 바탕으로 다른 프로젝트를 이끌어 낼 수 있다는 점이 신기했고, 다른 사람들이 가지고 있는 문제의식을 엿볼 수 있어서 좋았다. • 3반 친구들은 모두 사회 이슈와 관련된 프로젝트를 진행하였는데, 프로젝트 주제가 모두 너무 좋았습니다. 친구들이 생각이 정말 깊구나, 이런 부분도 생각할 수 있구나라는 생각을 했고, 또한 다른 친구들의 발표를 들으며 제 말하기 중 부족한 부분에 대해서도 알게 되었습니다. 친구들의 발표 덕분에 제가 발전하는 계기를 가질 수 있게 된 것 같습니다.

완한다면 통합적 핵심역량 교육이 가능함을 알 수 있다.

역량기반 교육의 핵심 특징은 사회의 실제적 역할에 대한 분석을 통해 교육과정을 설계한다는 점이다(소경희 2009, 6). 팀프로젝트 활동은 사회 문제에 대한 학습자의 문제해결 및 대안 제시 능력에 초점을 맞춘 수행 중심의 교육과정이다. 〈표 8〉의 핵심역량 영역별 학습 능력 향상도 결과를 보면 수행을 강조한 팀프로젝트 교육과정이 대학교육의 본질을 훼손할 수 있다는 우려와 달리, 수강생들은 기획서 작성과 관련한 기술 습득 외에 '타인에 대한 배려와 의사소통 능력 향상'과 '사회 문제나 공동체에 대한 관심과 이해도 향상'에 더 많은 교육적 효과가 있었다고 하였다. 이는 다양한 사회 문제에 대한 관심과 참여, 나와 다른 생각을 가진 타인에 대한 이해, 사회적 약자에 대한 배려와 같은 인문학적 교양을 체득하는 교양교육의 목표와도 부합되는 부분이다. 핵심역량 영역별 학습 능력 향상도 결과에서 알 수 있듯이, 행동주의와 환원주의에 매몰된 기능 교육이라는 핵심역량 중심의 교육과정의 문제점은 교육 내용과 진행 방식에 따라 충분히 극복할 수 있다. 또한 학습자의 적극적 참여와 소통을 강조하는 팀프로젝트 활동은 주체적으로 사유하고 판단하는 자유로운 인격체를 양성하는 대학 교양교육의 본질을 수행하는 데도 일조할 수 있었다.

4. 나오며

이제까지 성공회대학교의 성공회대의 교양교육 체계 및 교육과정 운영 현황 및 결과를 기반으로, 1학기 '혁신' 과정의 핵심역량 과목으로 지정된 〈말과글〉 수업 운영 사례를 통해 핵심역량 중심의 교양교육의 실효성에 대해 살펴보았다. 〈말과글〉 수업의 '기획서 작성하기'에 대한 교육 내용 및 과정을 통해 핵심역량 중심의 교양교육의 효과에 대해 분석하였다.

팀프로젝트 활동으로 이루어진 '기획서 작성하기'는 2019년 재학생 핵심역량진단 평가에서 미흡하다고 지적된 '대안' 역량 습득 보완을 위해 마련된 교육과정이다. 코로나19로 인해 전면 비대면 온라인 수업으로 이루어진 팀프로젝트 활동은 설문조사 결과 학습자의 만족도는 매우 높게 나타났다. 또한 '대안' 역량과 '실천' 역량의 영역별 학습 능력 향상도 역시 응답자의 과반수 이상이 학습 능력이 향상되었다는 답변을 했다. 이는 〈말과글〉 수업이 '실천' 역량 중심의 교양과목이긴 하지만, 기존 교육과정 및 내용을 수정 · 보완한다면 통합적 핵심역량 교육이 가능함을 알 수 있었다.

덧붙여 핵심역량 중심의 교양교육의 문제점으로 지적된 수행을 강조하는 기능주의적 교육과정 설계는 교육 내용과 진행 방식에 따라 보완이 가능함을 알 수 있었다. 설문조사 결과에서 알 수 있듯이 학습자의 적극적 참여와 소통을 강조하는 팀프로젝트 활동은 기획서 작성과 관련한 기술 습득 외에 대학 교양교육의 본질과 목표를 수행하는 데도 일조하였다. 이상에서 살펴본 바와 같이 핵심역량 중심의 교양교육은 과정 중심의 교육과정과 내용 보완을 통해 기능주의적 기술 습득과 더불어 대학 교양교육의 본질과 목표에 부합하는 다양한 학습효과를 얻을 수 있다.

참고 문헌

권순철. (2013). 〈액션러닝 기반 핵심역량 교양수업의 효과 분석〉. 《교양교육연구》(한국교양교육학회) 7(6), 163-204쪽.

김혜경 · 김경미. (2016). 〈교양 교과목 질 관리를 위한 역량기반 교과목 모델(S-CEA) 적용 가능성 탐색〉. 《교양교육연구》(한국교양교육학회) 10(4), 261-

282쪽

김혜영 · 이숙정. (2012). 〈역량교육모델의 진단과 방향—역량교육과정과 교육효과를 중심으로〉. 《교양교육연구》(한국교양교육학회) 6(4), 11−40쪽.

백승수. (2020). 〈핵심역량기반 교양교육의 당면 과제와 개선 방향〉. 《교양교육연구》(한국교양교육학회) 14(3), 11−23쪽.

소경희. (2009). 〈역량기반 교육의 교육과정사적 기반 및 자유교육적 성격 탐색〉. 《교육과정연구》(한국교육과정학회) 27(1), 1−20쪽.

송경오 · 박민정. (2007). 〈역량기반 교육개혁의 특징과 적용가능성 탐색〉. 《한국교육》(한국교육개발원) 34(4), 155−182쪽.

이민정. (2016). 〈ACE사업 참여 대학의 핵심역량 및 실천 전략에 관한 연구〉. 경남대학교 박사학위논문.

이숙정 · 이수정. (2012). 〈대학 교양교육의 방향과 과제—역량기반 교양교육 사례연구를 중심으로〉. 《교양교육연구》(한국교양교육학회) 6(2), 11−42쪽.

이영환. (2019). 〈교양교육을 위한 대학의 핵심역량 개발 과정 연구〉. 《교양교육연구》(한국교양교육학회) 13(1), 181−198쪽.

정연식 · 박지회 · 신안나 · 김은진 · 홍한솔. (2019). 〈성공회대학교 핵심역량 진단도구 개발 연구〉. 성공회대학교.

성공회대학교 교수학습지원센터. 〈성공회대학교 2020학년도 1학기 교수세미나 자료집〉, http://lms.skhu.ac.kr/ilos/st/course/lecture_material_view_form.acl?ARTL_NUM=97067(2020. 8. 7).

성공회대학교. 〈성공회대 열림교양대학—교양교육체계〉, http://www.skhu.ac.kr/uni_b/uni_b_1_2.aspx(2020. 8. 11).

성공회대학교. 〈성공회대 열림교양대학—교양교육과정 이수조건〉, http://www.skhu.ac.kr/uni_b/uni_b_1_3.asp(2020. 8. 11).

디지털 지식정보사회의 영미 대학 글쓰기 교육 양상 검토

곽수범

1. 대학 글쓰기란 무엇인가

우리나라 대학작문교육이 교양국어로부터 독립된 형태로 시행된 것은 2000년대 이후로(옥현진 · 조갑제 2011; 조미숙 2014), 본격적인 대학작문 교육의 연구사가 짧은 상황에서 비교적 큰 폭의 양적 · 질적 도약을 위한 방편 중 하나로 우리보다 대학작문 교육과 연구의 역사가 오랜 타국의 사례와 자료를 검토하는 작업이 이루어졌다. 이 연구에서는 영국과 미국의 대학작문 현상을 살펴보고 오늘날 어떠한 사회적 요구에 직면하고 이에 어떻게 대응하고 있는지를 살펴봄으로써 우리 대학작문 교육 현장에 적용하거나 참고할 수 있는 시사점을 간추리는 데 그 목적을 두었다. 타국의 제도와 교육 현상을 기초로 한 논의라는 한계는 있으나, 우리 대학작문교육도 마주하고 있거나 앞으로 마주할 상황에 관하여 영미권 작문 연구자와 대학은 어떻게 판단하고 해석하였는지 연구와 교육 측면의 동시대적 경향을 점검하고자 하였다.

'디지털 지식정보사회'라는 용어를 제목에 덧붙였지만 테크놀로지나 컴퓨터 시대라는 표현은 이미 1970년대 초반부터 사용되었다. 정보화 사회, 정보화 시대라는 용어 역시 진부하게 들리는 것은 1970년대 후반부터 40년이 넘도록 줄기차게 사용되었기 때문이다. 그럼에도 굳이 '디지털'이나 '지식 정보'라는 용어를 굳이 사용한 것은 최근의 변화 속도가 눈에 띄게 가속화되었기 때문이다. 우리는 날마다 자고 나면 하루 사이에 250경 바이트라는, 양과 크기조차 가늠하기 어려운 자료가 생산되는 시대에 살고 있다(Silver 2015). 그런데 90%가 넘는 자료는 최근 2년 사이에 생성되었다. 이러한 비약은 시간이 지남에 따라 한층 심화될 것으로 보인다. 이런 상황에서 대학작문교육이 감당해야 할 역할은 과연 무엇인가? 대학 수준의 글쓰기란 무엇인가? 대학에서의 작문교육을 앞두고 나름의 답을 내려두어야 할 본질적인 질문이지만 그 답은 연구자와 교육자마다 엇갈린다. 가르치는 내용과 학습목표가 학교와 교강사마다 달라지는 이유이다. 대학작문교육의 기본과 본질에 대한 논의가 진행되는 동안 다른 한편에서는 시대적 흐름에 뒤처지지 않기 위하여 대학작문교육이 테크놀로지를 어떻게 끌어안아야 하는가에 관한 실험과 제언이 한창이다.

북미에서는 1970년대 사회 전방위적으로 초심으로 돌아가자며 기본을 강조한 '기본으로 돌아가기(Back-to-basics)' 운동이 일면서 대학작문 학계에서도 글쓰기의 기본을 강조하는 기조가 흘렀다(Yahner & Murdick 1991). 기초를 강조하는 목소리는 1980년대(Zamel 1987), 1990년대(Lea & Street 1998), 2000년대(Nelson & Weatherald 2014)에 이르기까지 주기적으로 반복되었다. 영국 작문학계도 당면한 문제의 본질은 비슷하다. 소수 엘리트 위주의 대학 교육 체제를 1990년대 보편적인 고등교육의 대중화로 선회하면서 대학생 작문 수준에 관한 우려가 커졌다(Ganobcsik-Williams 2006; McVey 2008). 범박하게 요약하면, 영국과 미국의 대학작문에서 디지털 테크놀로지가 작문교육에 미치는 영향이나 대학작문이 테크놀로지와 관련하여 감당해야 할 역할에 관한 논의가 한 축을 이룬다면, 다른 한 축에는 여전히 대학생의 기초 글쓰기 능력을 배양하기 위한 교수학습 전략과 방법이 있다. 쓰기 능력 발달은 단기간 내에 손쉽게 해결할 수 있는 문제는 아니기 때문이다. 대학작문이란 무엇일까? 거칠고 빠르게 답할 수도 있는 이 간단한 질문에 선뜻 답하기 어려운 이유는 글쓰기는 독서, 사고, 맥락과 복잡한 연관이 있고 상관관계에 있는 요인을 종합적으로 고려해야 하기 때문이다. 그간 많은 연구자와 교강사가 이 질문에 대한 답을 잠정적으로나마 내렸던 이유는 글쓰기를 가르치는 방법, 가르칠 내용, 요구할 사고 수준을 제시하고, 이에 따라 학습자의 쓰기 수준을 진단하고 처방하기 위함이었다. 마찬가지로 이 연구에서 대학작문을 어떻게 정의하든 그 정의에 동의하지 않는 목소리가 있을 것이다. 비동의나 반박의 목소리도 귀담아들을 필요가 있다. 더 나아가 대학작문을 단순화해서 정의하려는 시도 자체가 문제라는 지적도 있다(Gunner 1998). 모든 대학 기관과 학습자가 처한 맥락과 학습목표를 간단히 포용하기는 어렵기 때문이다. 그럼에도 이 연구에서 이 질문을 던지는 이유는 대학작문의 본질에 관한 물음을 바탕으로 그간의 연구와 사례를 숙고하고 앞으로 함께하는 학구적인 논의가 대학작문 발전의 첫머리가 되기 때문이다.

이 연구에서는 대학작문교육에 관한 국내 선행연구를 요약한 후 영국과 미국의 대학이 각각 2020년 현재 대학작문교육에 관한 문제에 어떻게 대응하고 있는지 살펴보았다. 각 대학이 영국과 미국 교육 체계를 대변한다는 해석은 무리가 있지만, 그간의 각 나라와 기관이 처한 맥락과 자원, 학습자 수준을 고려하여 수년에 걸쳐 설계한 교육과정과 방법을 구체적으로 검토함으로써 우리 대학작문교육에 도움이 되거나 참고할 수 있는 시사점을 가려내는 데에 이 연구의 목적이 있다.

2. 대학작문교육에 관한 국내 선행 연구

대학작문교육에 관한 국내 선행 연구는 크게 두 가지 유형으로 나눌 수 있다. 2000년대를 기점으로 대학작문이 대학국어에서 독립된 형식을 갖추기 시작하였다는 점과 '한국작문학회'(2005년 발족)와 '대학작문학회'(2010년 발족, 지금의 리터러시학회)의 역사로 미루어 볼 때 연구물의 양이 아직 충분히 축적되지 않았기 때문으로 풀이된다. 2010년 이후의 대학작문 연구 동향을 대별하면 하나는 이론적인 관점에서 대학작문교육에 접근한 경우이고(곽수범 2018; 구자황 2014; 김경화 2016; 김정숙 · 백윤경 2017; 옥현진 · 조갑제 2011; 이윤빈 2012; 정희모 2014ㄱ), 다른 하나는 교강사가 글쓰기 교실에서 활용할 수 있는 교수학습 전략을 소개하거나 그 효과를 다룬 연구다(고영진 · 오수연 2015; 공성수 2018; 김남미 2018; 김정현 2018; 나은미 2017; 박상민 · 최선경 2012; 서수현 · 정혜승 2015; 정희모 2014ㄴ; 조미숙 2014). 전자는 거시적으로 대학작문을 바라보고 지향해야 할 방향을 짚어보았다는 의미가 있고, 후자는 특정 대학이나 수업 사례에 초점을 맞추어 구체적인 시각과 현상을 기록하고 보고하였다는 의의가 있다.

옥현진과 조갑제(2011)는 국제학술지와 도서를 검토하여 디지털 환경에서의 작문 활동 포용, 현실 참여 기회를 부여하는 작문 활동, 학술 분야별 작문 교육의 필요성을 제안하며 교수자와 학습자 역할의 재인식을 촉구하였다. 구자황(2014)도 사회적 관점을 강화하고 비판성의 회복을 강조하였다는 면에서 지향하는 바가 맞닿아 있다. 이윤빈(2012)과 정희모(2014ㄱ)는 대학 작문의 특수성을 학술적 글쓰기 습득과 이를 통한 담화 공동체 진입에서 찾았다. 2005~2017년에 발표된 대학 작문 관련 국내 연구물을 개괄하면 과정중심 글쓰기와 첨삭 과정 연구가 다수를 이루며, 비교적 신생 분야인 만큼 용어 정립이 필요하다는 의견도 제기되었다(김정숙 · 백윤경 2017). 김경화(2016)는 기존의 기능적 문식성을 넘어 인식의 폭을 넓힐 수 있는 비판적 문식성 교육 실천을 촉구하였다. 한편, 곽수범(2018)에서는 대학작문을 한결 다양한 관점에서 조망하기 위한 시도로 영국의 대학작문교육에 관한 그간의 이론적 논의를 미국의 작문교육론과 비교 · 대조하며 정리하였다.

실증 연구에서는 첨삭 지도의 효용성을 계량적으로 살펴보거나(박상민 · 최선경 2012), 단계별 지도 방안을 제시하고(김정현 2018), 제목 구성에 대한 지도법 등 추상적일 수 있는 교수 이론을 구체적으로 어떻게 활용할 수 있는가에 관한 사례 연구가 이어졌다(고영진 · 오수연 2015). 빠르게 다변하는 매체의 속성을 고려하여 복합 양식 텍스트를 생성하는 교수 방안을 제안하기도 하였다(공성수 2018). 교수자와 학습자의 인식 차이를 이해하려는 시도도 이루어졌는데, 서수현과 정혜승(2015)은 연구 대상 교육대학생의 80%가 글쓰기 교육의 부족으로 인한 어려움을 겪는 현상과 구체적인 피드백과 상담을 요청하는 학습자의 관점을 담았다. 이창덕(2016)은 시대의 변화를 포섭하는 글쓰기 교육을 다양한 교수 전략, 내용, 과제를 통해 구현할 것을 제안하며, 특히 정의적 요인을 고려한 대학 글쓰기 교육의 필요성을 역설하였다.

대학 글쓰기 교육에 대한 수요와 요구가 많아지면서 전공 분야의 심화 글쓰기에 관한 연구도 이루어졌는데, 예를 들어 김남미(2018)는 신문방송학과 전공 글쓰기의 목적, 과제, 평가기준을 분석하고 피드백 항목을 간추리는 식으로 전공 글쓰기 교육에 접근하였다. 특정 분야로 한정한 것은 아니지만 다른 분야로의 글쓰기 전이(transfer) 가능성을 높일 수 있는 방안 중 하나로 넓은 의미의 장르 개념의 대학 글쓰기 적용을 고려해 봄 직하다(나은미 2017). 학습 전이 문제는 대학작문교육의 존재 의미와 효용성을 담고 있는 중요한 문제이나 아직 뚜렷하게 밝혀진 바가 없으므로 후속 연구를 통해 구체적인 글쓰기 교육 방안을 모색해야 하는 주제이다(정희모 2014ㄴ).

3. 자료 수집 및 분석

3.1. 연구 방법

이 사례연구는 두 학교에서 제공하는 대학작문교육 프로그램에 관한 자료 분석을 바탕으로 기술한 것이다. 연구의 범위를 영어를 모국어로 사용하는 학습자를 대상으로 한 대학작문교육 프로그램으로 정하고, 그중에서도 학점이 부여되는 정규 과목—신입생 작문(First-Year Composition, FYC)—으로 한정하였다. 대학에서 제공하는 작문교육 프로그램은 일반적으로 대학 신입생을 위한 필수 교과로 지정된 신입생 작문(FYC) 외에도 분야별 글쓰기 교육과 글쓰기와 통합한 형태의 교수학습을 위한 '범교과 글쓰기(Writing Across the Curriculum, WAC)', '분과 학문 내 글쓰기(Writing in the Disciplines, WID)' 등이 있고, 외국인 학습자를 대상으로 한 '학술적 글쓰기(Academic Writing)'나 '학문 목적 글쓰기(Writing for Academic Purposes)' 교과까지 범위가 넓어지기 때문이다. 신입생 작문(FYC)은 일반적으로 대학에서 요구하는 글쓰기 관습을 익히는 학술적 사회화 단계로 인식되며, 이러한 시각은 북미 학계에서는 35년 동안 이어졌다(Bartholomae 1985; Bizzell 1986). 이렇게 연구의 범주를 좁히는 일은 탐색적 사례연구 방법론을 따른 것으로(Creswell & Poth 2017), 두 교육기관에서 설계하고 시행한 작문교육과정에 대한 분석 결과나 관계자의 반응을 특정 모형이나 변수를 대입하여 해석하거나 비교·대조할 수 없기 때문에 선택하였다. 사회 구성주의(social constructivism) 관점을 기반으로 두 학교의 작문교육과정의 탄생과 설계 의도를 이해하고자 하였고, 가능하면 해당 교육과정 이면의 역사적, 문화적 환경의 영향까지 함께 파악하고자 노력하였다(Denzin & Lincoln 2017). 덴진과 링컨(Denzin & Lincoln)의 저술은 일반적인 질적 연구방법론을 논한 것이기 때문에 한층 정교한 자료 수집과 분석을 위하여 캐롤(Carroll 2002)의 대학작문 연구방법을 함께 참고하였다.

여러 연구방법 중 사례연구를 택한 이유는 폭넓은 상황—디지털 지식정보사회의 대학작문교육 양상—에 대한 이해를 위하여 특정 현상—두 영미권 대학의 교육 사례—에 초점을 두고자 함이다. 사례연구의 장점은 구체적인 특정 현상을 깊이 있게 살펴봄으로써 해당 사례의 발생, 과정, 맥락 등 주요 특징을 자세하게 탐구할 수 있다는 데에 있다(Stake 1995). 여기에서 지금 초점을 맞추고 있는 연구 주제—영미권 대학의 대학작문교육—와 각 맥락에서 수집된 자료의 복합성, 사회문화적 요인, 조직적 절차의 세부적인 이해를 요하는 연구 질문을 제시하였다는 점을 고려하면 사례연구가 적합한 연구 방법으로 판단된다(Hancock & Algozzine 2017).

이 연구의 한계는 다음과 같다. 오랜 기간 가까이서 수업을 참관하고 기록하며 자료를 수집하고 교강사와 학습자를 면담하면서 자료를 수집하지는 않았으므로 내부자적 위치(emic)에 이르지 못하고 철저하게 외부자(etic)로서의 관점으로 자료를 수집하고 분석하였다. 그러므로 관계자, 문서, 현상, 맥락을 이해하고 해석하는 과정에서 겉으로 드러난 표상 이면의 이해관계, 관습, 정치적 요인과 같은 민감한 요소까지 파악하기는 어려웠다.

3.2. 수집한 자료와 분석 방법

이 사례연구는 영국 잉글랜드 북부의 중소형 연구중심 대학과 미국 중서부의 대형 연구중심 대학의 작문교육 프로그램을 살펴보았다.[1] 수집한 자

1 참여자와 학교 이름은 IRB 연구윤리 규정 및 연구참여자의 의사에 따라 익명으로 처리하였다. 연구가 이루어진 영국 대학의 연평균 재학생 규모는 15,000명 정도이고, 미국 대학 재학생 숫자는 55,000명 정도이다.

료는 담당 교강사 면접, 강의계획서, 교재, 과제물이다. 또한 본격적인 연구 이전에 사전조사(pilot testing)를 실시하였다. 사전조사는 충분한 배경 정보를 수집하고, 연구 질문과 절차를 조정하거나 연구자의 편견을 교정하기 위한 목적에서 시행하였다. 편의성과 접근성을 고려하여 영국 대학 수업은 촬영 영상을 통하여 실제 수업 모습을 확인하였고, 미국 대학작문 수업은 한 강사의 수업을 직접 참관하였다. 모든 수업을 참관할 수는 없었으나—특히 미국 대학은 개설한 대학작문 수업의 가짓수가 많았다—수집한 강의계획서상의 교수전략이 어떤 식으로 구현되는지 부분적으로나마 확인하였다는 의의가 있다.

자료 수집 과정에서, 교강사에게 각 작문 수업에서 가장 중요한 부분과 해당 교실에서 일어나는 작문 교수학습 현상에서 주의 깊게 보아야 할 부분, 과거 수업과 달라진 부분이 무엇인지를 물어보았다. 어떤 수업이든 교강사의 의도에 따라 특별히 더 강조하는 부분과 세심하게 설계한 과제와 의도가 있기 때문이다(Ganobcsik-Williams 2006). 수업 참관이나 강의계획서 및 교재 분석으로 드러나지 않은 부분도 많으므로(예를 들어, 채점 절차, 글쓰기 교강사 워크숍 내용 등) 면담을 통하여 다른 자료 분석으로는 알 수 없는 부분을 함께 확인하고자 하였다.

<표 1> 연구 맥락과 수집 자료

	영국 대학	미국 대학
대학 규모	중소형 (재학생 수 16,000명 이하)	대형 (재학생 수 55,000명 이상)
대학 작문 과목 종류	필수 과목 2	필수 과목 3 선택 과목 8
주관 부서	라이팅 센터(Writing Centre)	작문과 수사학과(Rhetoric, Composition, and Literacy)
면접	일대일 면담 2회	일대일 면담 18회
문서	강의계획서 6부 교재 4종 신입생 안내자료 1부	강의계획서 5부 교재 13종 신입생 안내자료 1부

공식적 기록인 문서는 분석의 기본적인 밑바탕과 자료이지만, 이 연구에서는 면담을 함께 진행하였다. 강의계획서는 비공개 자료이므로 연구 참여자를 통하여 수집하였고, 강의계획서에서 안내하는 필수 교재를 추가 분석대상으로 포함하였다. 이러한 문서의 수집과 분석은 직접 관찰에 비하여 시간이 절약된다는 장점이 있으나, 탈맥락적이고 해석이 정확하지 않을 수 있으므로(Scheurich 1997) 문서상으로는 알 수 없는 교실 맥락이나 이전의 교육 방향에 관한 정보를 면담으로 확인하였다. 애플비와 랭어(Applebee & Langer 2013)에 따르면, 면담과 관찰은 문서상으로 나타나지 않는 작문교육의 이면을 들여다볼 수 있는 창구가 될 수 있다. 즉, 교강사가 강조하는 부분이나 개인적인 교육관, 암묵적으로 가치를 부여하는 부문이나 교강사-학습자 관계는 문서 분석만으로는 드러나지 않는다. 면담은 교재 활용 방안, 수업 계획과 실행 간 차이를 확인할 수 있게 해주었다. 이를 통해 주요 연구 문제인 각 교육환경과 맥락에서의 대학작문교육 현황을 검토할 수 있었다.

이렇게 수집한 원자료—면담, 강의계획서, 교재, 신입생 안내자료—는 유형별로 목록화하여 정리한 후 모든 자료를 읽고 일반적인 이해를 하였다. 이 단계에서 자료를 읽으며 주로 집중한 질문은 다음과 같다. 수집한 자료에서 나타나는 전반적인 의미는 무엇인가? 각 대학작문 수업을 이수한 학습자가 도달해야 할 학습목표는 무엇인가? 학습자가 배우고 익혀야 하는 내용으로는 무엇이 있는가? 수업 교재에서 상정한 대학작문이란 무엇인가? 과거 글쓰기 수업과 비교해서 달라지거나 새롭게 시도하는 부분은 어떻게 나타나는가? 세 번째 단계는 자료 코딩(coding)으로, 자료를 묶어서 범주를 만들고, 범주를 통해 주제를 끌어내는 작업을 하였다. 정확하고 체계적인 코딩을 위하여 테슈(Tesch 1990)가 제시한 코딩 순서를 따랐다. 다음 〈그림 1〉은 자료 분석 절차를 나타낸 것으로 크게 원자료 정리부터 해석 및 서술까지 다섯 단계로 이루어졌고, 그중 '자료 코딩'은 오른

편에 다섯 단계로 세분한 모습을 도식화하였다. '자료 코딩'은 질적 연구의 특성상 선형적으로 이루어지지 않고 자료의 범주화와 코드를 생성하는 단계를 오가며 해당 절차를 반복하는 회귀적인 경향을 보인다.

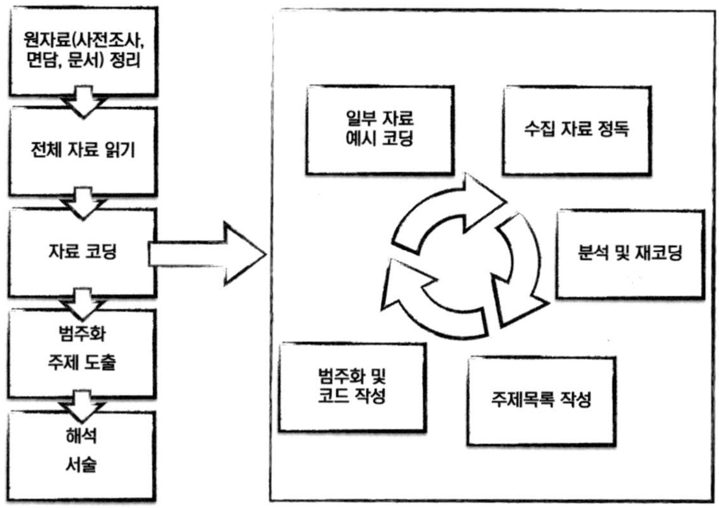

<그림 1> 자료 분석 절차

질적 사례연구의 타당도를 높이는 방법은 연구 결과 도출 과정과 해석의 정확성 확인이다(Creswell & Miller 2000). 이 연구에서는 타당도를 높이기 위하여 두 가지 방법을 사용하였다. 첫 번째는 후속 면담에서 연구자가 이해하고 해석한 내용이 맞는지 확인하는 연구참여자 점검(member checking)을 하였고, 그다음으로는 외부 인사(external auditor)를 활용한 검토를 하였다. 질적 사례연구 결과 해석은 연구자 자신의 성장 배경, 문화, 역사에 따른 선입견이 영향을 미치는 것을 피하기 어렵다. 특히 이 연구는 영국과 미국 대학이라는 이질적인 공간에서 이루어지는 대학작문을 연구하였으므로 연구참여자의 의도나 의미를 제대로 이해하였는지 재확인하고, 정리한 연구 결과를 외부 전문가가 다시 한번 검토하면서 사례

분석의 전반적인 타당성을 높였다.

4. 결과와 논의

이 연구에서는 기술된 문서—강의계획서, 홍보 자료, 교재—에서 도출할 수 있는 대학작문 교수학습 전략, 문종, 주제에 초점을 맞추고, 더불어 과제대학작문을 가르치는 교강사의 생생한 경험에서 비롯된 체험적 교수학습 현상—이론을 현장에 접목하는 시도와 시행착오—을 함께 톺아보았다. 수집한 자료 분석 결과는 포스터와 러셀(Foster & Russell 2002)이 제시한 국가별 작문교육 비교연구에서 연구 참여자—학생, 교사, 교수—와 맥락—교육과정, 평가 도구, 담화 공동체—을 중심으로 분류한 분석 체계를 바탕으로 '글쓰기의 기본'과 '새로운 글쓰기'로 대별하여 논의하였다.

〈표 2〉는 각 대학의 첫 번째 필수 대학작문 강의 정보를 요약하였다. 영국 대학은 1년 3학기제를 적용하고 있으므로 한 과목에 할당된 시간이 미국 대학 수업보다 더 적다는 차이가 있다. 성찰일지에는 해당 수업을 들으면서 스스로의 학습과 태도를 꾸준히 성찰하고 그 내용을 기술하게 되어 있다. 다른 문종에 대한 읽기와 쓰기 방식에 변화가 생겼다면 그 내용 역시 구체적으로 적는다. 쓰기에 대한 전략이나 접근 방식이나 태도에 대한 변화, 새로 이해하거나 적용하게 된 부분도 작성한다. 성찰일지는 매주 작성해서 제출하며, 학기 말에 최종 성찰일지를 종합적으로 작성해야 한다. 주간 성찰일지는 매주 교강사의 피드백이 제공된다. 말하기 시험에서는 텍스트가 주어지면 1) 주어진 텍스트의 예상 독자, 목적, 의도를 설명하고, 2) 주요 수사학적, 언어적 특징을 파악하고, 3) 독자 관점에서 해당 텍스트를 평가하고, 4) 관련 있는 내용과 지식을 더하고 글을 더 발전시킬 수 있는 조언을 할 수 있어야 한다. 최종적으로 제출하는 2,000

단어 에세이는 독자는 일반 대중으로 상정하되, 비판적 사고력과 구조화된 논증 능력을 갖춘 학술적인 글을 한 편 쓰는 과제이다.

<표 2> 첫 번째 필수 대학작문 강좌

	영국 대학	미국 대학
과목 이름	Writing for Diverse Audiences	English 1110.01
규모	15명	24명
시간	9주(주당 180분)	16주(주당 180분)
학습목표	· 독자에 대한 이해를 바탕으로 논증적 글쓰기 능력 강화 · 수사학과 쓰기 전략 학습	· 학술적 담화 관습 학습 · 비판적/분석적인 텍스트 이해
평가	형성평가: · 500단어 에세이 · 주간 성찰일지 총괄평가: · 2,000단어 에세이 · 1,500단어 성찰일지 · 말하기 시험	· 1,500-2,000단어 에세이 · 연구주제 발표 및 토론 · 멀티미디어 프로젝트 · 성찰일지

미국 대학의 첫 번째 필수 대학작문 수업은 한 강좌를 수강하는 학생 규모가 영국 대학 수업보다 크다는 차이가 있으며, 상대적으로 수업 시간이 더 길고 과제 분량은 적었다. 눈에 띄는 부분은 전통적인 학술적인 글쓰기와 함께 비학술적인 텍스트를 함께 가르친다는 사실이었다. 비학술적인 텍스트 종류로는 공공 안내문과 광고, 패러디, 영상 등이 있으며 이를 독자 관점에서 읽고 접하는 데에 그치지 않고 실제로 멀티미디어를 활용한 텍스트나 영상물을 만들어야 하는 프로젝트를 진행하며 직접 제작해 보는 과제가 포함되어 있다. 즉, 구체적인 내용은 교강사에 따라 조금씩 다르지만 어떤 분반 수업에 참여해도 학습자는 한 편의 학술 에세이와 하나의 멀티미디어 프로젝트를 완성해야 한다. 학술에세이는 관심 있는 주제를 선정해서 자료를 조사하고 분석하여 일반 대중을 독자로 상정한 하나의 연구보고서를 작성하도록 안내하고 있어 영국 대학의 총괄평가 과제와 상당히 유사한 면모를 보였다.

<표 3> 두 번째 필수 대학작문 강좌

	영국 대학	미국 대학
과목 이름	Transcultural Communication	English 1110.02
규모	15명	20명
시간	9주(주당 180분)	16주(주당 180분)
학습목표	· 문화 요소, 규범, 관습을 개인, 국가, 전 지구적 관점에서 이해 · 의사소통 도구로서의 영어 이해 · 횡문화적 의사소통 능력 중요성 이해 · 다양한 문화권 구성원과 원활하게 의사소통하고 협력하는 방법 학습	· 다양한 종류의 텍스트 이해와 분석 · 비판적 사고와 글쓰기 능력 증진
평가	· 모둠토론 1회 · 2,000단어 에세이 · 3,000단어 에세이	· 750단어 이미지/영상 분석 에세이 · 1,250단어 문학/수필 분석 에세이 · 500단어 지역 에세이 · 2,000단어 학술 에세이

〈표 3〉은 두 번째 필수 대학작문 강좌를 정리한 것으로, 첫 번째 강좌를 먼저 이수한 학생이 졸업 전에 수강해야 하는 과목이다. 따라서 위의 두 수업은 학술적 글쓰기의 기본적인 사항에 대해서는 어느 정도 배우고 익힌 학습자를 대상으로 좀 더 심화된 대학작문을 가르칠 수 있도록 설계되어 있다. 미국 대학작문 과목의 학생 숫자는 20명으로 교강사가 학생 한 명 한 명에게 더 자세한 피드백을 제공할 수 있도록 하나의 분반당 20명의 제한을 두었다고 안내하고 있으나, 영국 대학작문 과목에 비하면 교강사가 담당하는 학생 숫자는 여전히 더 많다. 선행 강좌의 후속으로 마련된 심화 수업이지만 두 대학 수업의 방향성은 조금 달랐다. 미국 대학작문 과목이 다양한 문종을 학술적으로 분석하고 작성하는 기회를 부여했지만, 영국 대학작문 과목에서는 국제적인 의사소통이라는 관점에서 언어와 쓰기 행위를 숙고할 것을 요구했다.

영국 대학작문 수업에서는 토론하고, 수업 시간에 이루어진 토론을 관련 전문자료와 학술지에 대한 이해를 바탕으로 비판적으로 분석한 글을 작성해야 한다. 그리고 다른 한 편의 글쓰기 과제는 이 수업을 들으면서 자기 자신의 학습과 태도를 꾸준히 성찰하고 그 내용을 기술해야 한다. 미국 대학작문 수업에서는 소설, 시, 광고, 철학, 회고록, 영화 등 다양한 텍스트를 읽고 분석하게 된다. 네 가지 과제가 주어지는데 멀티미디어를 분석한 글, 단편소설이나 수필을 비평한 글, 살고 있는 지역의 문화 행사, 식당, 미술관 등을 선정하여 작성하는 비평문, 수업시간에 다루었던 주제 중 하나를 선택하여 여러 선행 연구와 참고자료를 찾아 작성하는 학술 에세이를 통하여 학생의 쓰기 능력을 평가한다.

미국 대학에는 〈표 2〉, 〈표 3〉에 포함하지 않은 필수 과목이 'English 1110.03'이라는 이름으로 개설되어 있다. 이 과목은 입학 후 시행하는 글쓰기 평가에서 기본적인 글쓰기 능력이 부족한 것으로 판정받은 학생들이 수강하는데, 소규모 워크숍 형태로 운영되며 1:1 면담을 통한 개별지도가 함께 병행된다. 한 편의 글을 완성하는 데 필요한 쓰기 전략을 익히고 적용하는 데에 중점을 두어 진행되며 한 강좌당 15명 이하의 학생으로 구성된다.

4.1. 글쓰기의 기본—구체적인 평가와 피드백

평가는 학습자의 쓰기 능력을 가늠한다는 면에서, 평가 과정 중 피드백은 더욱 나은 글쓰기를 위한 방향을 제시한다는 면에서 중요하다. 두 학교 모두 글쓰기 수업을 절대평가 방식으로 운용하면서 전통적인 쓰기 평가에서 중시하는 공정성과 신뢰성보다는 타당도에 큰 무게를 실어주었다. 수업 안에서 학습자 순위보다 쓰기 맥락, 학습자의 특성에 적극 집중하겠다는 뜻이다.

영국 대학 수업의 평가(marking)는 미국 대학 수업과 달리 총괄평가만 실시하는 과목이 대부분이므로(Ganobcsik-Williams 2006), 대학작문 과목에서 시행하는 형성평가는 학습자의 쓰기 수준과 수업 이해 상황을 중간에 확인하려는 의도가 반영된 것으로 보인다. 물론 이러한 중간과제와 피드백은 연구참여 교강사의 표현에 따르면 "노동집약적(labour–intensive)"이고 "심리적 소모(psychological energy)"가 많다. 일반적으로 평가(marking)란 학생이 제출한 과제를 읽고, 여백에 주석을 달고, 피드백을 적고, 등급을 부여하는 일을 의미한다. 두 대학에서 공통으로 평가 절차와 피드백을 중시한 것은 쓰기 능력 발달에 초점을 맞추어야 한다는 문제의식에서 비롯된다. 단순히 졸업에 필요한 필수 요건을 채우는 과목이 아니라, 대학에서 요구하는 글쓰기 능력을 증진하기 위한 생산적이고 체계적인 피드백이 필요하다는 뜻이다.

두 학교 사례에서 쓰기 평가 차원에서 돋보였던 점은 피드백을 체계적으로 제공할 수 있는 체계가 갖추어져 있다는 사실이다. 학습자의 쓰기 능력 향상에 피드백이 중요하다는 점은 오래전부터 제안되었으나 실제 교육 현장에서 피드백에 어떤 내용을 담아야 하는가 하는 문제는 국내외를 막론하고 해당 강의 담당 교강사의 재량에 맡기는 경우가 대부분이다(김정현 2017; 이정아 2013; 전지니 2014; Underwood & Tregidgo 2006; Van Heerden, Clarence, & Bharuthram 2017). 물론, 피드백의 목적, 가용한 시간, 선호하는 의사소통 방식에 따라서 피드백의 내용이 달라지는 것은 당연하지만, 글쓰기의 특정한 측면에 치우치거나 등급 외의 유의미한 내용을 담지 않는 경우가 빈번하다(Court & Johnson 2016). 따라서 학생의 글을 면밀하게 검토할 수 있는 모종의 틀이 마련된 것은 응당 담아야 할 내용을 역연히 담을 수 있는 지침을 제시하였다는 의의도 있고, 쓰기 수준 측정에 그치지 말고 구체적인 방향성을 제시하라는 권유이기도 하다. 더 나은 글을 쓰기 위한 조언을 받지 못한다면 매회 같은 방식의 글을 재생산하는 경험만 반복하는 것으로 대학작문 수업의 의미가 종결되기 때문이다.

영국 대학 대학작문 과목의 피드백 체계는 다음과 같다.

- 모든 학생은 기본적으로 등급 이외에 피드백을 받아야 한다.
- 피드백의 목적, 형성평가와 총괄평가의 차이를 학생에게 설명한다.
- 피드백 절차와 내용에 대하여 간략하게 설명한다.
- 문서나 구두 피드백에 포함될 구체적인 항목을 안내한다.
- 학생이 피드백을 받게 될 구체적인 시간과 날짜를 미리 안내한다.
- 평가 기준을 학습자와 함께 토론하고, 이러한 평가 기준이 교과 지식 이해에 어떠한 도움이 되는지 학습자 스스로 이해하도록 유도한다.
- 형성평가와 총괄평가에서 낮은 등급을 받은 학생에게는 추가 면담을 시행한다.
- 일대일 면담에서 학생이 피드백을 제대로 이해하였는지 여부와 후속 질문을 확인한다.
- 일대일 면담에서 학생이 주도적인 위치에서 대화를 이끌도록 유도한다.
- 피드백 내용은 교강사와 학습자 본인 외에는 확인할 수 없다.

피드백 내용에 담아야 할 요소에 관한 지침은 다음과 같다.

- 등급을 매기는 것보다, 학습자의 고쳐 쓰기에 도움을 주는 방향으로 작성한다.
- 사고와 구조적 문제를 우선하고, 문체, 형식, 어법은 그다음 순위로 삼는다.
- 두주(頭註)에 전반적인 평을 작성하고 여백과 말미에 구체적인 견해를 작성한다.
- 가장 중요한 2-3가지 사고나 구조적 문제와 1-2가지 문체, 형식, 어법 문제를 논의한다.
- 글 전반에 걸쳐 반복되는 문제는 한두 가지 예시만 수정하고 평한다.

위에서 제시한 피드백 절차와 내용에 관한 지침에는 학습자가 피드백을 등수나 등급에 관한 판정으로 인식하거나 고쳐 쓰기에 큰 도움이 되지 않는 모호한 평을 받는 상황을 피하기 위한 제안이 포함되어 있다. 고쳐 쓰기에 도움을 주는 방향으로 평을 작성하라는 지침은 학습자가 제출한 글에서 부족한 부분을 재고할 수 있는 질문이나 추천을 포함하라는 의미이다. 잘한 부분과 미흡한 부분을 언급하는 것으로는 학습자의 쓰기 습관이나 실수를 수정하기에 불충분하기 때문이다.[2] 피드백 내용의 우선순위는 사고, 구조적 문제와 나머지 문체, 형식, 어법 간의 위계를 세우려는 목적이 아니라, 형태보다는 의미 생성 과정에 집중할 것을 촉구한 것이다. 모든 측면이 중요하지만, 예를 들어, 특정 문단을 전반적으로 다시 써야 할 것을 제안하면서 동시에 문장 단위의 지적을 한다면, 학습자로서는 문단을 다시 쓰라는 지시와 이미 존재하는 문장에 대한 지적 사항만 고쳐 쓰는 작업 사이의 혼란이 가중된다. 대학 측에서는 이러한 우선순위를 현시적으로 나타내기 위한 방안으로, 교강사가 활용할 수 있도록 '고쳐 쓰기를 할 때 가장 먼저 해결해야 할 문제는…'과 같은 관용구 목록을 제공하기도 하였다.

'구체적인' 견해라는 표현 자체도 모호하지만, 대학 측에서 교강사에게 요구하는 구체적인 수준은 학습자가 피드백을 읽은 후 자신이 무엇을 해야 하는지 이해할 수 있는 수준의 구체성을 가리킨다. 다시 말하면, 주장은 제시되어 있으나 충분한 근거나 전제에 관한 서술이 누락된 문단 여백에 'Why?'라는 평을 적어두는 대신, 특정 문장을 명시하면서 '이 주장은 충분한 근거로 뒷받침되지 않았으니까 왜 이 주장이 사실이라고 생각하

2 어색함(Awk), 헷갈림(Confusing), 좋음(Good), 다시 생각하기(Re-think), 모호함(Vague) 같은 강평은 영미권 글쓰기 교육에서 전형적으로 볼 수 있는 피드백 문구이지만, 학습자 관점에서는 저러한 문구가 여백에 적혀있으면 구체적으로 왜 좋은 부분이거나, 모호한 부분인지, 다시 생각해 보아야 한다면 어느 지점을 어떻게 다시 고민해 보아야 하는지 스스로 파악하기가 힘들다.

는지 보여주어야 합니다'와 같은 식으로 기술해야 학습자가 피드백을 읽은 이후 자신이 해야 할 일을 이해할 수 있다.

일대일 면담은 전통적으로 교강사가 학습자의 글에 관한 생각을 효율적으로 전달할 수 있는 수단으로, 글로 피드백을 작성하는 것보다 일반적으로 시간이 덜 소요되고 학습자의 즉각적인 반응을 확인할 수 있는 의사소통 창구이다. 하지만, 이 사례 연구에서 확인한 영국 대학작문에서 일대일 면담은 글로 전달할 피드백을 단순 대화 형식으로 전환해 전달하는 방식이 아니라는 차이가 두드러졌다. 이 수업에서 일대일 면담은 먼저 제공한 피드백을 학생이 어떻게 이해하였는지 확인하는 통로 역할로 규정하고, 학습자가 피드백을 그릇되게 해석하지 않고 앞으로의 방향성을 이해하는 구간으로 활용되었다. 일대일 면담은 학교 연구실이나 온라인(예를 들어, 구글 행아웃, 페이스타임, 스카이프 등)으로 이루어졌다.

□ **Understanding assignment**	□ **Developing ideas**	□ **Writing Intros/conclusions**
□ **Brainstorming**	□ **Revising prose for clarity of prose**	□ **Conducting database research**
□ **Focusing/Crafting a thesis statement**	□ **Editing for grammar/usage**	□ **Conducting internet research**
□ **Refining argument(s)**	□ **Structuring the paragraphs**	□ **Citing sources**
□ **Formatting**	□ **Revising for coherence**	□ **Planning/revising the writing process**
□ **Using examples/quotations**	□ **Reviewing professor feedback**	□ **Other __________**

<그림 2> 면담 체크리스트

미국 대학작문 수업에서 피드백에 관한 지침은 영국 대학 규정과 대체로 비슷하였으나 상대적으로 간소한 편이었다. 영국 대학작문 담당 교원은 간헐적인 워크숍 형태로 교수방법에 관한 정보를 공유하는 반면, 미국 대학작문 담당 교원은 공식적으로 이수해야 하는 교육이 체계화되어 있기 때문에 정리한 지침을 전달하는 대신 세미나와 교육을 통하여 여러 암묵지(tacit-knowledge)가 형성된 것으로 판단된다. 미국 대학작문 수업 자료와 인터뷰에서 흥미로운 부분은 일대일 면담 시 작성하는 점검표였다(그림 2 참조).

이 점검표는 면담을 이끌어가는 원리이기도 하지만, 일대일 면담에서 주로 다루어지는 영역이 무엇인지를 함축한다. 즉, 이 점검표는 면담 전에 함께 의논하고 싶은 부문이 무엇인지 미리 생각해 보는 용도로 활용되기도 하고, 면담이 끝난 후 학습자와 교강사가 각각 작성하여 서로 면담 과정에서 논의하고 이해한 내용의 간극을 확인하는 용도로도 사용되고, 여러 번의 면담을 진행하는 경우에는 다양한 논의 주제를 다루면서 균형 있는 피드백을 제공하기 위한 보조 도구로 활용되기도 하였다. 피드백은 전통적으로 가장 널리 활용되는 쓰기 지도 방안 중 하나이다. 대학이라는 공간과 졸업 이후 여러 현장에서 활용되는 분석적 글쓰기나 논증적 글쓰기 지도에서 빠짐없이 사용되는 지도 방법이고, 구체적으로 학습자의 실수와 숙고해야 할 지점, 앞으로 나아갈 방향을 제안할 수 있는 통로라는 면에서 그 중요성은 매우 크다. 기본적인 글쓰기 능력을 신장할 수 있는 지도 방법으로서의 중요성에도 불구하고 몇몇 실험 연구를 제외하면(예를 들어, 김현정 2017; 박현희 2019; 지현배 2017), 실제 현장에서 어떤 식으로 피드백을 제공해야 하는가 하는 물음에는 그동안 '구체적'이어야 한다는 식의 다소 추상적인 제언이 반복되었을 따름이다. 우리나라에도 익히 알려진 하바드 대학 작문교육 프로그램의 낸시 소머스는 이미 1982년에 추상적인 일반 진술의 무용함, 잘못된 글쓰기 개념의 주입, 미시적인 문제에 집중한 피드백과 같은 현상을 지적하면서 건설적인 피드백 절차와 방안 개발의 필요성을 역설하였으나(Sommers 1982), 이러한 요청은 오늘날의 대학 작문 현상에도 그대로 적용할 수 있을 것으로 보인다. 많은 대학작문 피드백이 아직까지 대체로 '전반적인 평과 장/단점 언급'의 추상적인 틀을 벗어나지 않거나 전적으로 교강사의 재량에 맡겨왔던 것이 주지의 사실이기 때문이다(김정현 2017; 이정아 2013; 전지니 2014; Underwood & Tregidgo 2006; Van Heerden et al. 2017). 이러한 맥락에서, 앞에서 살펴본 두 대학작문 수업에서 나타난 규정은 거창하지는 않지만, 체계적인 피드백 제공을 위한 주요 요소를 정리하고 참고할 수 있는 지침으로 제시되었다는 의의가 있다.

4.2. 새로운 글쓰기—복합양식 텍스트와 심포지엄

모든 대학 수업이 그러하듯, 대학작문 수업도 끊임없이 시대의 흐름과 요청을 반영하면서 변화한다. 작문교육에 관한 새로운 개념이 등장하면서 변화를 맞기도 하고, 국지적으로는 대학의 맥락과 학습자의 수준에 맞추어 자체적으로 교육과정을 수정하면서 교과 내용이 바뀐다. 미국 대학작문 수업에서는 다양한 미디어를 활용한 멀티리터러시 능력 진작을 꾀하면서 기존 분석적 글쓰기 과제 외에 심포지엄 프로젝트를 또 하나의 주요 과제로 구성하였다. 심포지엄 과제는 한 학기 내내 준비하게 되는 큰 과제로, 발표 주제는 학생이 자신의 분석적 글쓰기 과제의 연구 주제를 확장하거나 보완할 수 있는 내용으로 정하도록 안내한다. 모든 학생은 한 학기 동안 발표 내용을 글과 시청각 자료로 복합적으로 재구성하여 학기 말에 2주간 진행되는 심포지엄을 대비한다. 분석적 글쓰기가 전형적인 학술적 글쓰기였다면, 심포지엄 과제의 또 다른 특징 중 하나는 자신의 분석적 글쓰기 과제를 학술 담화 공동체가 아닌 일반 대중을 청중으로 상정하고, 달라진 독자와 맥락에 따라 전달하고자 하는 내용을 재구성할 것을 요구한다. 단순히 학술적 글쓰기를 단상에서 발표하는 것이 아니므로, 이렇게 달라진 독자와 맥락은 학습자로 하여금 자신의 주장을 뒷받침하는 주요 근거의 속성, 언어의 사용역, 효과적인 의사소통 방식, 발표 목적을 다시금 숙고해야 한다.

많은 멀티리터러시 관련 글쓰기가 시청각 자료를 종래 글 위주의 텍스트에 혼합하여 복합양식 텍스트를 만들어보는 경험을 하는 사례가 대부분이며(예를 들어, 공성수 2018; 손미란 2019), 이 또한 변화하는 문식성 양상을 적극적으로 반영하였다는 데에 그 가치가 있다. 특별히 앞에서 관찰한 대학작문 수업에서는 텍스트의 속성과 더불어 텍스트를 둘러싼 주변 맥락—독자, 매체, 공간, 표현 수단의 변화가 필자에게 요구하는 것은 무엇인가—을 사유하도록 단계적으로 설계한 점이 두드러진다. 심포지엄 프로젝트에서 다음으로 눈여겨볼 만한 점은 시청각 자료의 속성에 집중하여 이러한 자료를 사용하는 데에 있어서 지적 재산권 문제를 어떤 식으로 이해하고 접근해야 하는가를 교육 목표 중 하나로 삼았다는 사실이다. 책이나 논문을 인용하고 주석을 다는 데에는 어려움이 없을 정도로 학술적 글쓰기에 익숙한 학습자도 온라인에서 쉽게 찾을 수 있는 이미지나 영상을 저작권 침해 없이 어떻게 공적인 장소에서 사용할 수 있는지 잘 모르는 경우가 많다. 심포지엄 프로젝트에서는 이 부분을 학습자가 직접 자신의 발표물을 만들면서 함께 고민하고 배울 기회를 부여하였다. 우리나라에서도 유명 방송이나 병원에서 사진을 무단 도용하는 문제가 종종 불거지고 있으므로 정보 리터러시 관련하여 시의성 있는 내용이라 판단된다(김나경 2018).

심포지엄 프로젝트의 대미는 맥락의 실제성에 있다. 한 학기 동안 준비한 심포지엄 프로젝트 과제물은 해당 교실 안에서 교강사와 동료 사이에서 공유되는 데에 그치지 않는다. 학과 학생과 교수진, 다른 친구, 가족이 모두 모인 자리에서 자신이 관심을 가지고 한 학기 동안 준비한 주제에 대해 발표하게 되어있다.

5. 시사점 및 결론

앞서 살펴본 두 학교의 대학작문 수업은 모든 글쓰기가 사유의 한 형태라는 전제 위에 다양한 교수학습이 이루어졌다. 다루는 읽기 자료나 주제는 다르더라도 글쓰기를 통해 새로운 내용 지식을 탐색, 습득, 확장하는 일은 다시 말하면 '결과' 중심에서 '과정' 중심으로의 변화를 상징한다. 표상적으로는 계획하고, 초고를 쓰고, 고쳐 쓰는 일련의 과정이지만, 학습자 나름의 방식으로 이해하고, 모르는 부분을 깨닫고, 추론하면서 배우는 과정 자체에 가치를 둔다는 면에서 다층적인 과정 중심 글쓰기로 볼 수 있다.

대학생 글쓰기의 기본기에 관한 문제는 영국과 미국 두 나라에서 줄기차게 제기되었다. 영국의 국립문학기금(Royal Literary Fund) 보고서에 따르면 "수많은 영국 학부생의 기본적인 글쓰기 능력이 결여되어 있다. (…) 이 현상을 표현할 한마디는 그저 '충격'"이다(Murray & Kirton 2006, 7). 미국에서는 하버드 대학에서 처음 신입생 대학작문 과목을 1885년에 개설하였으나 여전히 왜 미국 대학생은 글쓰기의 기초가 허술한지에 관한 한탄이 끊이지 않는다(Deneen 1991; Elgin 1976; Linden & Whimbey 2012; Warner 2018). 이는 양국 교육 체계의 한계를 드러낸다기보다 유의미한 쓰기 발달을 위한 작문 교육의 지난함을 방증한다. 이러한 이유로, 앞으로도 잊을 만하면 계속 대학생의 글쓰기 수준을 고발하는 형식의 기사와 논평이 세간에 회자될 것이다. 그렇기 때문에 앞서 살펴본 두 대학의 작문 교육 풍경과 마찬가지로, 다양한 매체와 테크놀로지의 범람에 어떤 식으로 대처할 것인가에 관한 고민과 동시에 글쓰기의 기본을 보다 체계적으로 가르치기 위한 노력이 병행될 것으로 보인다.

선다형이나 단답형 문제로 학습자의 성취 수준을 측정하는 일은 특정 시점에서 학습자가 아는 내용을 평가할 뿐, 어떤 과정을 거쳐 그 내용을 알게 되었는지에 대해서는 아무것도 말해주지 않는다. 작문교육에 있어서도 맞고 틀린 부분을 판별하고 이를 여백에 적어주는 식으로 피드백을 제공한다면 이는 힘들게 글을 쓰게 해놓고 선다형 시험 문제와 똑같은 결과를 양산하는 격이다. 글쓰기 습관이나 생각하는 방식은 쉽게 바뀌지 않는다. 대학작문 수업에서 교강사의 강의도 중요하지만, 실제로 글을 써보는 경험, 작성한 글에 대한 피드백 역시 중요하다. 앞서 살펴본 두 대학에서는 피드백을 글쓰기의 다양한 측면에서 체계적으로 제공할 수 있는 지침을 제시하였다. 그리고 새로운 글쓰기 차원에서는 심포지엄 프로젝트를 통하여 복합양식 글쓰기와 더불어 실제성이 뛰어난 맥락을 조성하고, 지적 재산권을 위시한 정보 리터러시까지 작문교육의 범주를 확장한 형태를 확인하였다.

우리 대학작문의 본격적인 역사도 2000년대 이후 여러 연구 성과를 축적하고, 기관 상황과 학습자 수준에 따라 자체적인 대학작문 교육과정을 구성하였다. 물론 이 연구에서 부각된 몇 가지 교수학습 방안을 이해하고 적용한다고 그간의 우리 대학작문 지도의 문제와 어려움이 단숨에 해결되지는 않는다. 또한 단편적인 사례를 살펴본 만큼 이를 영국과 미국 대학 작문을 대변하는 예시로 간주하거나 일반화하기에는 무리가 따른다. 한 교실에서 효과적이었던 방법론이 다른 교실에서도 그러리란 보장은 없다. 타국에서 파생된 교수학습 전략은 더욱더 그러하다. 이에 따라 이 연구는 영미권 두 대학에서 오늘날 어떤 식으로 작문교육에 대응하는지를 살펴보고 유의미한 시사점을 추려냈다는 의의가 있으며, 앞으로 다양한 실증과 실험 연구를 통하여 우리 맥락에 맞는 교수학습 방안과 교육과정을 설계해 나가야 할 것이다.

참고 문헌

고영진 · 오수연. (2015). 〈대학 신입생의 쓰기과제물 제목구성 지도교수법 제안〉. 《인문학연구》(인문과학연구소) 56(3), 33–62쪽.

공성수. (2018). 〈인식의 확장 도구로서 다매체 글쓰기 연구〉. 《리터러시 연구》(리터러시학회) 9(4), 45–85쪽.

곽수범. (2018). 〈영국 대학작문교육의 동향 및 쟁점 분석〉. 《리터러시 연구》(리터러시학회) 9(4), 301–332쪽.

구자황. (2014). 〈대학글쓰기 교육의 반성과 전망〉. 《반교어문연구》(반교어문학회) 36, 163–180쪽.

김경화. (2016). 〈대학작문에서 비판적 문식성 교육의 필요성과 방법 고찰〉. 《리터러시 연구》(리터러시학회) 18, 45–76쪽.

김나경. (2018). 〈종영 '알쓸신잡3', 사진 무단도용 재차 사과 "뼈저리게 반성"〉. 《한국경제》, 12월 15일. https://www.hankyung.com/entertainment/article/2018121504551.

김남미. (2018). 〈전공 글쓰기 능력 신장을 위한 협업〉. 《우리말연구》(우리말학회) 53, 249–280쪽.

김정숙 · 백윤경. (2017). 〈대학 글쓰기 교육에 대한 연구 동향의 분석과 시사점〉. 《인문학연구》(인문과학연구소) 56(3), 359–391쪽.

김정현. (2017). 〈외국인 작문 수업의 수준별 지도방안 연구〉. 《리터러시 연구》(한국리터러시학회) 22, 197–222쪽.

______. (2018). 〈대학 글쓰기 교육의 기수별 운용모델 연구〉. 《우리말연구》(우리말학회) 53, 223–248쪽.

김현정. (2017). 〈대화주의적 관점에서의 동료 피드백을 활용한 글쓰기 수정 방법과 의미〉. 《인문사회과학연구》(인문사회과학연구소) 18(1), 547–575쪽.

나은미. (2017). 〈장르에 대한 이해와 대학의 〈사고와 표현〉 교육 설계〉. 《사고와 표현》(한국사고와표현학회) 10(3), 7–38쪽.

박상민 · 최선경. (2012). 〈대학 글쓰기 교육에서 첨삭지도의 실제적 효용 연구〉. 《작문연구》(한국작문학회) 16, 171–197쪽.

박현희. (2019). 〈대학 논문 작성 교육의 과정적 접근과 다면 피드백〉. 《작문연구》(한국작문학회) 40, 111–154쪽.

서수현 · 정혜승. (2015). 〈교육대학교 학생들의 작문 교육에 대한 요구 분석〉. 《리터러시 연구》(한국리터러시학회) 14, 11–41쪽.

손미란. (2019). 〈다중매체 언어 읽기와 '멀티리터러시–글쓰기' 교육〉. 《인문연구》(인문과학연구소) 87, 85–116쪽.

옥현진 · 조갑제. (2011). 〈작문 연구의 국제 동향 분석과 대학작문교육을 위한 시사점〉. 《반교어문연구》(반교어문학회) 31, 271–295쪽.

이윤빈. (2012). 〈대학 신입생 대상 '학술적 글쓰기'의 장르적 의미와 성격〉. 《작문연구》(한국작문학회) 14, 159–200쪽.

이정아. (2013). 〈대학 글쓰기로서의 자기소개서 쓰기 방법 연구〉. 《우리어문연구》(우리어문학회) 46, 167–203쪽.

이창덕. (2016). 〈21세기 문식력(literacy)과 '대학글쓰기' 교육에 대하여〉. 《리터러시연구》(한국리터러시학회) 18, 11–43쪽.

전지니. (2014). 〈학술적 글쓰기의 단계적 피드백 방향 고찰〉. 《교양교육연구》(한국교양교육학회) 8(1), 79–112쪽.

정희모. (2014ㄱ). 〈대학 작문 교육과 학술적 글쓰기의 특성〉. 《작문연구》(한국작문학회) 21, 29–56쪽.

______. (2014ㄴ). 〈대학 글쓰기 교육에서 전이의 문제와 교수 전략〉. 《국어교육》(한국어교육학회) 146, 199–224쪽.

조미숙(2014). 〈교양국어 교육 변천과정 연구〉. 《인문연구》(인문과학연구소) 71, 133–164쪽.

지현배. (2017). 〈온오프라인 융합 글쓰기 피드백 시스템의 설계 개념〉. 《문화와 융합》(한국문화융합학회) 39(6), 203–234쪽.

Applebee, A. N., & J. A. Langer. (2013). *Writing Instruction That Works*. New York: Teachers College Press.

Bartholomae, D. (1985). "Inventing the university." In M. Rose, ed. *When a Writer Can't Write*. New York: Guilford.

Bizzell, P. (1986). "What happens when basic writers come to college?" *College Composition and Communication* 37(3), 294–301.

Carroll, L. A. (2002). *Rehearsing New Roles*. Carbondale, IL: SIU Press.

Court, K., & H. Johnson. (2016). "Whose job is it?" *International Journal of Teaching and Learning in Higher Education* 28(1), 18–29.

Creswell, J., & C. Poth. (2017). *Qualitative Inquiry and Research Design*. 4th ed. London: Sage.

Creswell, J., & D. Miller. (2000). "Determining validity in qualitative inquiry." *Theory into Practice* 39(3), 124–130.

Deneen, J. (1991). "Why Johnny Can't Write." *NASSP Bulletin* 75(538), 134–136.

Denzin, N., & Y. Lincoln. (2017). *The SAGE Handbook of Qualitative Research*. 5th ed. London: Sage.

Elgin, S. H. (1976). "Why 'Newsweek' can't tell us why Johnny can't write." *The English Journal* 65(8), 29–35.

Foster, D., & D. Russell. (2002). *Writing and Learning in Cross-National Perspective*. Urbana, IL: NCTE.

Ganobcsik–Williams, L. (2006). *Teaching Academic Writing in UK Higher Education*. London: Palgrave Macmillan.

Gunner, J. (1998). "Iconic Discourse." *Journal of Basic Writing* 17(2), 25–42.

Hancock, D. R., & B. Algozzine. (2017). *Doing Case Study Research*. New York: Teachers College Press.

Lea, M., & B. Street. (1998). "Student writing in higher education." *Studies in*

Higher Education 23(2), 157–172.

Linden, M. J., & A. Whimbey. (2012). *Why Johnny can't write*. New York: Routledge.

McVey, D. (2008). "Why all writing is creative writing." *Innovations in Education and Teaching International* 45(3), 289–294.

Murray, N., & B. Kirton. (2006). "An analysis of the current situation." In S. Davies, D. Swinburne, & G. Williams, eds. *Writing Matters: The Royal Literary Fund report on student writing in higher education*. London: The Royal Literary Fund.

Nelson, P., & C. Weatherald. (2014). "Cracking the code." *Social Work Education* 33(1), 105–120.

Scheurich, J. (1997). *Research Method in the Postmodern*. London: Routledge.

Silver, N. (2015). *The Signal and the Noise*. New York: Penguin Books.

Sommers, N. (1982). "Responding to student writing." *College Composition and Communication* 33(2), 148–156.

Stake, R. (1995). *The Art of Case Study Research*. London: Sage.

Tesch, R. (1990). *Qualitative Research*. New York: Falmer.

Underwood, J., & A. Tregidgo. (2006). "Improving student writing through effective feedback." *Journal of Teaching Writing* 22(2), 73–98.

Van Heerden, M., S. Clarence, & S. Bharuthram. (2017). "What lies beneath." *Assessment & Evaluation in Higher Education* 42(6), 967–977.

Warner, J. (2018). *Why they can't write*. Baltimore, MD: JHU Press.

Yahner, W., & W. Murdick. (1991). "The evolution of a writing center: 1972–1990." *The Writing Center Journal* 11(2), 13–28.

Zamel, V. (1987). "Recent research on writing pedagogy." *TESOL Quarterly* 21(4), 697–715.

인공지능 시대 교양교육의 방향

소통·공감 능력 제고를 위한 인문학적 교육콘텐츠의 확대

김영애

1. 교양교육의 현황과 쟁점

인공지능, 포스트휴먼 시대에 대한 기대와 우려의 목소리는 비단 교육 현장뿐만 아니라 모든 곳에서 지속적으로 들려오고 있다. 이제 이것이 당면한 과제임을 아무도 부인하지 못할 것이다. 교육의 확대, 교육 수준의 향상 등으로 요약할 수 있는 21세기, 역설적으로 학습자들의 공감, 소통 능력의 저하 문제 또한 끊임없이 제기되어 왔다. 교육의 기회는 확대되고 교육 복지 또한 양적 · 질적으로 개선되어 왔다. 그럼에도 불구하고 연일 매체에 게재되는 기사나 칼럼은 대부분 확대되고 향상된 교육의 부정적인 결과나 부작용에 집중된다. 이른바 '실질적 문맹'이나 문해력, 문식력 부족 등의 용어를 사용해 다양하게 표현하고 있는 이 문제는 궁극적으로 타자에 대한 이해 · 공감 부족에서 기인한다.

타자에 대한 이해와 공감 능력을 향상시키는 데 교양교육의 역할이 중요하다는 명제에는 재론의 여지가 없어 보인다. 그럼에도 불구하고 교양교육의 역할을 폄하하거나 과장하는 목소리 모두에 대해 경계할 필요가 있다. 인공지능 시대 학습자들이 겪는 문제를 교양교육이 전적으로 도맡거나 해결할 수도, 그럴 필요도 없기 때문이다. 교양교육의 주체가 고민할 지점은 다음 몇 가지로 압축될 수 있다. 교양교육이 인공지능 시대에 어떤 유의미한 역할을 할 수 있는가? 교양교육의 존재 가능성과 필요성은 어디에서 찾아야 하는가? 필수교양, 핵심교양, 선택교양 등 교양교육의 층위 구분은 이러한 시대 변화 앞에 필수적인 것인가? 첨단기술의 가능성에 어느 때보다 이목이 집중된 시대 이와 같은 다양한 문제제기를 통해 교양교육의 현황을 점검하고 그 개선 방향을 모색해 보는 것이 이 글의 취지이자 목적이다.

교육 기회의 확대 현상은 대학교육의 위상에도 변화를 초래했고 이는 곧 교양교육의 효용성에 대한 근본적인 질문으로 이어질 수밖에 없다. 우리가 숱하게 접하는 교양교육의 쓸모는 어디에서 찾을 수 있을까? 교양교육의 주체들이 교양교육 무용론을 주장하는 의견에 쉽게 반박하지 못하는 이유는 무엇일까? 기술발전의 시대 대학은 고급 수준의 지식과 기술을 전수하는 학문의 전당이므로 이에 부합하지 못하는 교육, 이를테면 전공 영역과 무관하거나 거리가 먼 교양 강의를 축소하거나 폐지해야 한다는 주장은 갈수록 설득력을 얻는 것처럼 여겨진다.

복잡다단해 보이는 이 문제의 진단과 해법을 찾는 일은 그러나 의외로 단순 명료할 수도 있다. '교양'과 '교육'을 유사한 의미로 이해한다면 앞으로 교양교육이 어떤 방향으로 나아가야 하는가에 대한 답은 단순 명료하다. 단순히 전공 영역과 교양 영역을 구별하고 둘을 위계화하는 방식으로는 당면한 문제를 해결하기 어렵다. 인공지능이 대체할 수 없는 인간 고유의 영역, 인공지능 시대 최후의 보루는 인문학과 교양이다. 인문학의 위기를 말하지만 취업률이라는 단일 지표만으로 그것을 증명하기는 어렵다. 인문학적 가치를 기반으로 한 교양교육의 확대를 통해 인공지능 시대 교양교육과 대학교육의 위상을 재정립해야 한다.

인공지능이 초래하거나 초래할 것이라 예측하는 위기의 상당 부분은 인간이 만들어놓은 사회가 초래한 결과이기도 하다(이경수 2019, 439). 인공지능이 문학과 예술, 교육을 대체할지도 모른다는 두려움과 위기의식 또한 인공지능에 의해 촉발된 것일 뿐 사실상 인문학과 교양교육이 이미 안고 있는 위기일 가능성이 높다는 인식에 주목할 필요가 있다. 인문학의 본질이 자아와 세계에 대한 성찰에 있음을 기억하면서 인공지능 시대의 교양교육의 역할에 대해 적극적으로 고민해야 한다. 인공지능과의 바람직한 공존 방식에 대해 적극적으로 개입하고 상상함으로써 인간과 인공지능이 공존 가능한 세계에 대비해야 한다. 인공지능과 평화롭게 공존하는 타자 존중의 사회를 만들기 위해서는 교육 주체들 간의 이해와 합의가 중요하다. 인간이 인공지능의 지식 습득 능력과 속도를 따라가는 것은 현실적으로 불가능에 가까우므로 인간 고유의 능력인 창의성, 자율성, 비판적 감수성 등을 강화하는 방향으로 교양교육의 전환이 이루어져야 한다.

2. 실질적 문맹률의 역설

대학 교양교육은 보편적으로 인간 삶의 방향에 대해 성찰하고 새로운 지식을 습득하여 사회 변화에 지혜롭게 적응하는 능력을 길러줄 것으로 기대된다. 그런 의미에서 교양교육의 기대효과는 궁극적으로 인문학이 추구해온 거시적인 방향성과 크게 다르지 않다. 인문학이 인간 삶과 이를 둘러싼 보편적인 환경에 대한 성찰과 개선을 고민하는 것처럼, 교양교육의 역할 또한 이와 유사한 내용으로 규정된다.[1] 그렇다면 교양교육과 인

---

1 우리나라 대학의 교양교육은 '모든 학습자들을 대상으로 폭넓은 지식을 간학문적으로 제공함으로써 인성 및 기본 소양과 지적 능력을 함양하는 일반 교육'(윤유진 2020, 314)으로 정의된다. 고려대학교 교양교육원 교육 목표는 "지덕체를 겸비한 인격을 연마하고, 창의적 학문 탐구와 전문적 실천 능력을 배양하며, 한국과 국제 사회에 기여할 개방적 지도력 육성", "지능정보사회를 선도하며 모범적 인격과 교양을 갖춘 귀감이 되는 지성인 육성"(고려

문학의 방향성을 적극적으로 통합하는 작업이 필요할 것이다.

패러다임의 변화에 교육이 즉자적으로 반응하는 것은 대체로 자연스럽다. 산업화시대를 지나 포스트휴먼시대, 인공지능 시대의 도래가 기정 사실화된 현재 기존 대학 교육 특히 교양교육에 대해 근본적인 변화를 요구하는 것 또한 지극히 당연해 보인다. 그렇다면 시대 변화에 맞춰 바뀌어야 하는 것은 교양교육의 본질이 아니라 방법이다. 교육의 내용이 아니라 방법의 변화를 고민하는 것이 무엇보다 중요한 것이다. 사적 검토를 통해 교양교육에서 변화된 것과 변하지 않은 것을 추출해 비교 검토할 경우, 변화된 것은 주로 매체와 방법에 집중되며 변하지 않은 것은 교육 목표와 콘텐츠이다. 매체의 변화는 사회 변화와 연동하며 이는 곧 교육 도구나 방법의 진보를 의미한다. 문제는 도구, 매체, 방법의 변화에 따라 변화하지 말아야 할 교육 콘텐츠에 부정적인 변화가 발생한다는 데 있다.

그런 의미에서 근래 실질적 문맹률 증가 현상은, 고등교육 비율이 전 세계 최상의 수준에 이를 정도로 개선된 한국 교육 환경의 이면을 보여주는 특이 현상이다. 국립국어원이 2008년에 조사한 바에 따르면 식민지 시기 90%, 해방 후 78% 수준으로 높았던 문맹률은 2008년 1.7%로 낮아졌다. 그러나 폭발적으로 증가한 교육 수준에도 불구하고 2012년 성인 문해력 조사 결과는 OECD 국가 중 12위로 하위 수준을 기록했다(황혜진 2015, 587). 이에 대해 황혜진은 "문맹률 자체는 낮지만 문해력은 평균 이하"이며, "노년층과 청년층의 문해력 차이가 가장 크"다고 보았다. 문제는 청년층의 문해력 또한 점차 낮아지는 추세라는 점에 있다. 노년층의 문해력이 교육 기회 부족, 기술 소외 등과 밀접한 인과관계를 맺는 데 비해 청년층의 문해력은 그 원인이 다르기 때문이다.

대학교 교양교육원 홈페이지) 등으로 제시되어 있다. 인문학의 사전적 · 역사적 개념과 교양교육의 목표가 다르지 않은 이유는 교양(교육)이라는 개념이 서양 인문학에서 파생되었기 때문일 것이다.

텍스트의 심층적인 의미를 정확히 이해하지 못하는 현상이 전 세대에 걸쳐 확산되면서 실질적 문맹률 증가는 중대한 사회 문제로 대두되었다. 학습 효율을 위한 선택적·단편적 독서와 학습량 축소 등으로 변화된 교육 환경과, 교육 매체·방법의 변화 등이 그 원인으로 지목된다. 독서는 그 자체가 목적이 아니라 각종 평가에 대비하기 위한 도구로 일찍이 전락했고, 학습자들이 긴 지문을 접할 기회는 과거에 비해 현저하게 줄었다. 일례로 중고교 국어, 문학교과서 소설 지문은 대부분 단편소설 일부를 제시하는 방식으로, 학생들이 문학텍스트를 총체적으로 이해하는 경로를 차단하고 있다. 긴 지문 읽기에 미숙한 학습자는 결국 짧은 지문만을 선택적으로 읽고 '주어진 해석'을 암기하기에 바쁠 따름이다.

노년층에 비해 청년층을 중심으로 실질적 문맹률이 높아지는 문제에 관해서는 아직까지 적극적인 분석과 모색이 충분히 이루어지지 않았다. 특히 대학생 학습자들이 겪고 있는 문해력 부족 문제를 심층적으로 연구한 결과는 노년층, 아동 등에 비해 부족한 실정이다. 이는 대학생 학습자들이 다른 세대에 비해 상대적으로 많은 교육 기회와 경험을 보유했기 때문에 이들의 문해력 문제가 심각하지 않다고 여기는 경향 때문으로 보인다. 그러나 실제로 대학 강의에서는 이러한 일반적인 경향과 다른 문제들이 발견된다. 대학 학습자 또한 실질적 문맹과 무관하지 않은 것이다.

결국 실질적 문맹률 증가 현상은 제도교육의 양적 측면만으로 해결할 수 없는 문제라 할 수 있다. 더 많은 교육을 경험한 학습자들이라고 해서 반드시 더 높은 문해력을 습득하는 것이 아니기 때문이다. 문제 해결의 중요한 열쇠는 교육의 양이 아니라 콘텐츠의 질과 내용에서 찾아야 한다. 문해력을 바탕으로 타자의 감정과 경험을 폭넓게 공감할 수 있는 능력은 인간에 대한 심층적이고 적극적인 이해를 전제로 배양할 수 있다. 교육이 제공해야 하는 것은 이러한 능력을 배양하고 향상시킬 수 있는, 검증된 콘텐츠이다. 그러나 교육 현장에서 인문학 고전 콘텐츠는 명목상의 목록으로만 존재하는 경우가 대부분이다. 많은 교육 기관에서 경쟁적으로 내놓은 이러한 콘텐츠의 목록만으로 공감 능력이 계발되고 향상되는 것은 아니다.

여러 교육 기관에서 제시하고 있는 인문고전 콘텐츠 목록은 상호 간 큰 차이가 발견되지 않을 정도로 유사하다. 많은 교육 주체들에 의해 오랫동안 검증된 콘텐츠의 목록은 이미 충분하고 유익한 것이다. 문제는 이러한 콘텐츠를 교양교육, 특히 글쓰기 교육에서 충분히 활용하지 못한다는 데서 발생한다. 유시민은 '글쓰기에 도움이 되는 책을 고르는 세 가지 기준'을 제시하고, 이러한 기준을 충족하는 예로 박경리의 《토지》, 존 스튜어트 밀의 《자유론》, 칼 세이건의 《코스모스》를 들었다. 그가 제시한 세 가지 기준은 '인간, 사회, 문화, 역사, 생명, 자연, 우주를 이해하는 데 꼭 필요한 개념과 지식을 담은 책', '정확하고 바른 문장을 구사한 책', 그리고 '지적 긴장과 흥미를 일으키는 책'이다(유시민 2015, 136-137). 그가 선정한 좋은 책의 예는 전혀 새로운 것이 아니며 앞서 언급한 교육 기관 추천 도서 목록에도 빠지지 않은 것들이다. 학습자들은 엄선된 콘텐츠를 통해 지식을 배우고, 그 과정에서 새로운 어휘와 문장 구사 방법을 익힌다. 글쓰기 교육의 효과적인 방향전환을 위해서는 이렇게 검증된 인문학적 콘텐츠를 적극적으로 도입하는 방법을 고민해야 한다.

3. 실질적 문맹률의 증가와 소통·공감 능력 저하의 인과율

실질적 문맹률의 증가가 타자와 세계에 대한 공감 및 소통 능력의 저하와 긴밀한 인과관계를 맺는다는 점은 지금까지 여러 연구를 통해 증명되었다. 텍스트를 이해하지 못한다는 것은 언어적이고 기술적인 차원의 문제가 아니라 의미와 컨텍스트 차원의 문제에 가깝다. 즉 언어 자체에 대한 무지 때문이 아니라 언어적인 표현 속에 내포된 의미에 대한 무지와 몰이해로 인해 발생하는 문제인 것이다. 텍스트의 의미와 맥락에 대한 몰이해는 결국 타자와의 의사소통 불능 상태를 유발하여 공동체 존속과 발전을 방해하고 심각한 사회 갈등을 초래하는 위험 요소이다. 궁극적으로 공감과 소통 능력은 인공지능 시대 인간에게 요구되는 핵심적인 자질이며, 교양교육은 새로운 시대가 요구하는 이러한 자질과 역량을 강화하는 데 좀 더 집중해야 한다.

실질적 문맹률의 증가가 공감과 소통 능력 저하에 영향을 미친다는 사실은 궁극적으로 지금까지의 교육 목적이 새로운 시대적 요구에 부합하지 못한다는 의혹을 짙게 한다. 실질적 문맹 증가에 관한 전문가들의 지적은 이미 1980년대 후반부터 등장하기 시작한다. 김극래의 〈독해력 부족으로 실질적 문맹이 늘고 있다〉(김극래 1989)에서 이미 "시대 발전으로 교육이 보편화"되었으나 "영상 매체가 확산됨에 따라 독서하는 경우는 급속히 줄어들고" "국어 독해력의 부족으로 실질적 문맹자가 턱없이 늘고 있는 현상"을 심각한 문제로 지적하고 있다. 실질적 문맹 증가 현상이 최근 갑자기 등장한 문제가 아니며, 30년 이상 긴 시간이 지난 현재까지 이 문제가 여전히 해결되지 않았음을 알 수 있다. 이는 곧 과거 교육과 현재 교육이 그 내용이나 방식에서 크게 달라지지 않았음을 의미하는 현상이기도 하다.

고등교육의 기회 확대와 기술 발전의 수혜를 가장 많이 입은 세대에서도 실질적 문맹률 증가 현상은 공통적으로 발생한다. 교육의 확대가 문해력 확대로 직결되지 못하는 데는 입시를 포함한 교육시스템 문제가 주요 원인으로 지적된다. 그러나 모든 것을 시스템의 문제로만 돌릴 수는 없다. 검색을 통한 일회성 정보 획득 및 즉각적 폐기로 지식은 제대로 축적되지 못한다. 검색에만 익숙한 학습자들은 이해되지 않는 문장과 텍스트를 수차례 반복적으로 읽음으로써 텍스트를 심층적으로 이해하기를 시도하지 않는다. 문해력을 평가하는 척도가 바로 문학 작품에 대한 이해라고 할 수 있다. 함축과 상징, 비유 등으로 버무린 문학 텍스트를 학습자들이 이해하지 못하는 것도 이러한 맥락에서 보면 지극히 당연한 결과일 수 있다.

대학 교양교육도 크게 다르지 않다. 고려대학교 〈글쓰기〉 강의는 학부 1학년 전체를 대상으로 하는 필수교양과목이다. 이 강의는 글쓰기의 과정, 기술 등을 집중적으로 소개하는 대신 텍스트에 대한 심층적이고 체계적인 이해를 요구하는 커리큘럼은 상대적으로 부족하다. 종합적인 사고력은 독해력과 무관하지 않다. 자료나 텍스트에 대한 풍부한 해석이 병행되지 않는 글쓰기는 창의성과 비판적 사고력이 결여된 기술적인 결과물에 불과할 가능성이 적지 않다.

이러한 맥락에서 사고와 표현 영역을 담당하는 핵심 교과목인 〈글쓰기〉와 〈자유 정의 진리〉 등을 좀 더 융합적으로 운영하는 방안에 대한 모색이 필요하다. 창의적, 비판적 사고력과 독해력을 향상시킬 수 있는 대안으로, 두 교과목을 개별적으로 수강하는 차원을 넘어 양자를 상호 접목하여 커리큘럼이나 콘텐츠를 공유하는 방식으로 운영하는 것이 일례가 될 수 있다. 소통과 공감 능력을 강화하기 위한 교육 콘텐츠를 확대하여 실질 문맹률 증가를 막고 인공지능 시대 교양교육의 위상을 높여야 할 것이다. 학문의 영역 대부분이 기술 발전으로 대체되는 인공지능 시대에 인간 본연의 정체성을 보존하기 위해서는 인간만이 가진 고유한 자질인 공감과 소통 능력의 확장이 무엇보다 절실히 요구되기 때문이다.

지금까지의 교양교육 커리큘럼에 학습자들의 공감·소통 능력 계발을 위한 새로운 콘텐츠를 보완하거나 확대할 필요가 있다는 주장은, 현재 교양교육의 방향성이 이러한 가치와 다소 거리가 있음을 의미한다. 좀 더 구체적으로 접근하면, 인문학적 사유를 고양할 수 있는 교재 개발과 커리큘럼 확보를 해법으로 제시할 수 있을 것이다. 글쓰기의 기술적인 측면에

지나치게 치우친 현행 글쓰기 커리큘럼이나 교안을 보완하고 학습자들의 공감 소통 능력을 증진하기 위해 이러한 콘텐츠를 과감하게 활용하는 것이 필요하다. 인문학 고전 텍스트를 활용한 수업 사례들이 학습자들의 글쓰기 능력 향상에 도움이 된다고 보는 것도 이러한 교양교육의 방향 전환에 대한 설득력 있는 근거가 된다. 학습자들의 문해력 향상을 통한 실질 문맹 문제를 해결하고, 교양교육 본래의 목적을 효과적으로 달성하기 위해서는 무엇보다 인문학적 사유와 콘텐츠를 기반으로 한 새로운 방법론의 모색이 요구된다.

유시민은 글쓰기에 도움이 되는 책을 고르는 기준을 제시하면서 박경리의 대하소설 《토지》를 가장 먼저 언급한다(유시민 2015, 137-138).

> 어휘를 늘리는 동시에 단어와 문장의 자연스러운 어울림을 즐기고 익힐 수 있는 책으로는 박경리 선생의 소설 《토지》만 한 것이 없다고 생각한다. (…) 논리적인 글과 예술적인 글은 서로 다르지만 완전히 다른 건 아니다. 논리 글도 최고봉에 오르면 예술 근처에 갈 수 있다. 수준 높은 문학작품을 읽으면 논리 글쓰기를 하는 데에 도움이 된다. 굳이 단어나 문장을 암기하려고 애쓸 필요는 없다. 읽고 잊어버리고, 다시 읽고 또 잊어버리고, 그렇게 다섯 번 열 번을 반복하면 박경리 선생이 쓴 단어, 단어와 단어의 어울림, 문장과 문장의 연결이 저절로 뇌에 '입력'된다. 그리고 글을 쓸 때 그 단어와 문장을 자기도 모르게 '출력'하게 된다. (…) 이런 글을 읽으면 모든 예술적 창조 행위가 자연을 묘사하고 모방하는 데에서 출발한 것이 아닐까 하는 생각이 든다.

문학예술 작품을 꼼꼼하게 읽는 과정이 논리적인 글쓰기에 도움이 된다고 보는 저자의 견해는 교양교육 주체들이 귀담아 들을 만한 것이다. 물론 논리적인 글쓰기에 적용할 수 있는 방법은 매우 다양하며, 그에 따라 활용할 수 있는 콘텐츠 또한 무수히 많다. 그러나 학습자들이 가장 쉽고 친숙하게 접근할 수 있다는 점에서 문학예술 콘텐츠는 상대적으로 큰 장점을 지니고 있다. 지금까지의 글쓰기가 매뉴얼에 따른 기술 중심이었다면, 이제는 인문학적 콘텐츠의 과감한 활용과 도입을 통해 학습자들이 보다 더 쉽게 접근할 수 있도록 유도해야 한다. 학습자들이 느끼는 글쓰기에 대한 막연한 두려움을 해소하고 글쓰기를 일상적이고 친숙한 행위로 여길 수 있도록 문학예술 작품과 같은 콘텐츠를 적극적으로 활용할 필요가 있다. 이는 학습자들의 문해력을 높이고, 공감과 소통 능력을 향상시킬 수 있는 효과적인 방법이 될 것이다.

4. 인공지능인문학의 가능성—인문학 기반 교육콘텐츠의 확대

문해력은 기본적으로 문맥, 행간을 파악해 텍스트의 표층 구조와 심층 구조를 총체적으로 이해하는 능력이다. 이는 "해독의 수준을 넘어 문장, 문단, 텍스트의 해석과 평가 능력을 포괄"(황혜진 2015)하는 것이다. 문해력 부족으로 인한 실질적 문맹률 증가 현상이 심각한 사회문제로 대두되고 있는 상황에서 이에 대한 적절하고 효과적인 해결책을 마련하는 일은 교양교육이 담당해야 하는 과제 중에서도 매우 시급하고 중요한 것이다. 이를 위해 인문학적 콘텐츠를 적극적으로 활용하는 것이 필수적이다. 인문학적 콘텐츠는 문학, 역사, 철학 등을 기반으로 인간과 사회에 대한 이해를 확장하는 것을 목적으로 창작 혹은 제작된다. 문해력 부족이 타자에 대한 공감과 소통 능력의 부족에서 기인한 결과라면 공감·소통 능력의 향상을 통해 이러한 문제를 해결할 수 있을 것이다.

교양교육에서 인문학적 콘텐츠를 확대하는 것이 인공지능 시대 교육의 방향에 역행한다는 비판이나 우려가 제기될 수 있다. 그러나 창의적,

융합적 문제해결능력의 계발을 모토로 하는 21세기 교양교육과 인문학 본래의 목표를 상기할 때 이러한 비판은 그 근거가 미약하다. 인문학적 콘텐츠를 기반으로 하는 교육이 새로운 시대에 부합하지 않을 것이라는 의혹 또한 마찬가지라 할 수 있다. 인간의 감정과 경험을 문학적인 감수성을 통해 표현하거나 사실적으로 기록한 텍스트를 읽고 이해하는 일은 인간이라는 존재를 이해하는 데 가장 필수적이면서 가장 효과적인 방법이기 때문이다. 교양교육에서 문학과 역사, 철학을 배제하는 것은 곧 인간 존재에 대한 이해의 가능성을 배제하는 것과 다르지 않다.

정보와 기술이 인간 노동력의 대부분을 대체하는 시대는 이미 도래했다. 이제 교육은 인간의 존재 이유와 가치가 무엇인지를 더 적극적으로 가르쳐야 한다. 기술 발전으로 대체할 수 없는 인간 고유의 영역이 무엇인지를 발견하고 이를 활용할 필요가 있다. 자신이 아닌 타자의 상황에 대해 공감하고 그들과 소통하는 것은 인간만이 지닌 영역이다. 이타주의적 태도와 세계관은 인간 진보의 핵심이며, 기계나 기술이 대체할 수 없는 인간만의 자질이다. 인공지능이 인간 능력의 상당 부분을 대체하게 될 새로운 시대, 교양교육의 핵심은 바로 인간 고유의 공감·소통 능력을 더 확장하는 내용과 방향으로 설정되어야 한다. 인공지능이 시와 소설을 쓰고 그림을 그리고 음악을 만들고 바둑을 두는 시대에 무엇이 인간 고유의 능력이며 어떻게 이것을 더 발전시켜 나갈 것인지를 진지하게 모색해야 한다. 그리고 그 모색의 결과를 교육에 충분히 반영해야 한다. 인간과 기술이 위계적 경쟁구도로 전환될 때 그 경쟁에서 승리하거나 적어도 살아남기 위해서는 인간만이 지닌 능력을 계발하고 활용하는 일이 불가피할 수밖에 없다.

인문학 텍스트를 더욱 적극적으로 활용할 필요성이 제기되는 배경 또한 이러한 맥락에서 비롯된다. 이러한 맥락에서 이경수는 '인공지능인문학'의 가능성을 언급하기도 했다. 그에 따르면, 인공지능을 상대로 인간성을 무조건 옹호하거나 도덕의 필요성을 외치는 것이 아니라, 그것을 인간과 윤리에 대해 다시 사유하는 계기로 인식하는 것이 필요하다. 인공지능의 등장이 인간의 삶에서 당연하다고 여겨졌던 것들을 새롭게 인식하도록 만들 수 있다는 것이다(이경수 2019, 435−436).

> 네게 보내는 편지를, 또는 이 번역에 붙이는 해설을, 여기서 끝낸다. 네가 앞으로 하게 될 일은 말라르메나 그의 《시집》과는 크게 관계가 없을 것이다. 그렇더라도 내가 이 시집을 번역하면서 시인에게 바쳤던 존경심을 네가 기억해주기 바란다. 중요한 것은 끝까지 간다는 것이리라. 생각하는 것의 끝에까지 간다는 것은 어쩌면 인간적인 것이 아닐 수도 있다. 그러나 인간 너머를 생각하지 않는 인간적인 삶은 없다. 게다가 지금 인간적이라고 믿고 있는 것이 항상 인간적인 것은 아니다. 지난 역사를 돌아보면 극도로 비정한 삶을 인간의 운명이라고 생각할 때도 있었다. 시는, 패배를 말하는 시까지도, 패배주의에 반대한다. 어떤 정황에서도 그 자리에 주저앉지 말라고 말할 수 있는 용기가 시의 행복이며 윤리이다. 네가 어떤 일을 하든 이 행복과 윤리가 너와 무관한 것은 아닐 것이다.(황현산 2005, 45)

이경수는 황현산이 말라르메 《시집》 번역본에서 쓴 해설을 인용하면서 이러한 태도가 인공지능인문학의 긍정적인 가능성을 보여준다고 보았다. "인간 너머를 생각하지 않는 인간적인 삶은 없다는 아포리즘은 인공지능인문학을 구축하고자 하는 연구자들이 기억해 두어야 할 문장"이며, "지금 인간적이라고 믿고 있는 것이 항상 인간적인 것은 아니라는 열린 태도"도 염두에 두어야 한다고 주장한다. 또한 "타자의 아픔에 공감하는 사회를 구축하고 우리 자신의 공감 능력을 최대치로 끌어올리는 일, 인공지능과 싸우다가 괴물이 되는 것이 아니라, 인공지능과 평화롭게 공존할 수 있는 타자 존중의 사회를 만들어가는 일에서 인공지능 시대의 가능성을 찾아야"(이경수 2019, 444-447)한다고 주장하면서 인공지능 시대 문학의 새로운 가능성을 공감 능력의 확장에서 찾고 있다.

인간과 인공지능의 공존을 이야기할 때 우선순위에 놓여야 하는 것은 당연히 인간이며, 이는 인공지능 개발과 존재의 근본적인 이유이기도 하다. 그러나 이 당연한 우선순위는 종종 역전되기도 하며 때로 그 역전이 자연스러운 것처럼 인식되기도 한다. 인간이 인공지능의 지식 습득 능력과 속도를 따라가는 것이 현실적으로 불가능에 가까우므로 성과 중심 사회에서 이러한 역전 현상을 당연시하는 것도 이해하지 못할 바는 아니다. 그러나 우선순위의 역전은 단순히 인간을 뛰어넘은 인공지능의 우수성을 평가하는 차원에 그치지 않고, 인간의 능력과 가치에 대한 평가로 연결된다는 점에서 문제적이다. 인공지능에 뒤처지는 인간의 존재 가치를 폄하하는 분위기가 확산된다면 이는 곧 인간의 존엄성, 존재 이유 등을 부정하는 인식의 확산으로 이어질 수밖에 없다. 따라서 속도와 결과를 중심으로 모든 가치를 평가하는 태도는 근본적으로 바뀌어야 한다.

인공지능인문학의 가능성은 이러한 능력과 성과 중심의 평가 방식에 대한 회의로부터 시작해야 한다. 단순히 양자의 공존 가능성을 타진하는 데서 그칠 것이 아니라, 인간의 가치와 존엄을 보존하고 인공지능을 도구적으로 활용하려는 새로운 인식이 근본적으로 요구된다. 그렇지 않다면 양자의 역전은 불 보듯 뻔한 미래가 될 것이며, 그 과정에서 인간의 존재 가치는 더 추락할 것이기 때문이다. 인간의 노동이 기계에 의해 대체된 것은 산업혁명 이후로 매우 흔하고 자연스러운 풍경이 되었다. 인공지능 시대에 이르러 이제 인간의 노동뿐만 아니라 '지능'까지 기계에 의해 대체되고 있다. 인간의 지능이 기계에 의해 대체되는 현상 또한 매우 흔하고 자연스러운 풍경이 되어가고 있다. 인간의 지능과 기계의 지능이 대결할 경우 그 결과 또한 뻔하다. 인간은 기계의 능력을 뛰어넘을 수 없고, 이것은 인공지능 개발의 당위성이기도 하다. 그렇기에 대학 교양교육에서 인공지능에 의해 대체될 수 없는 인간만의 자질을 끌어내고 강화할 필요가 있다.

인공지능인문학의 핵심 내용은 바로 이러한 대체 불가능한 인간의 자질이 무엇인지를 확인하고 이를 확대 강화하는 것이어야 한다. 이를 위해 인문학 기반 교육콘텐츠의 개발과 확대가 필요하다. 실질 문맹률의 확산을 막고 공감 소통 능력을 강화하기 위한 방안으로서 인문학적 콘텐츠를 확대하는 것은 선택이 아닌 필수가 되었다. 그것만이 인공지능 시대 교양교육의 유일한 대안이다. 물론 그 실체를 제시하는 일은 쉽지 않다. 무엇이 인문학 기반 교육콘텐츠에 부합하는 것인지를 명확히 규정하기 어렵다. 그러나 문제에 대해 본질적인 차원으로 접근한다면 방법을 찾을 수 있을 것이다. 인간을 인간답게 만드는 것, 기계와 다른 인간만의 자질을 강화하는 것, 인간의 존재 가치와 존엄성을 지키는 방법 등 본질적인 차원을 상기하면 결국 가장 인간다운 상태를 회복하는 것이 무엇보다 중요함을 알 수 있다.

노동이나 지능처럼 기계에 의해 대체 가능한 자질이 아니라 공감·소통 능력처럼 기계가 온전히 대체할 수 없는 자질을 계발하고 강화하는 것이 인공지능 시대 교양교육의 방향성이 되어야 한다. 이를 위해 문학, 역사, 철학 등 오랫동안 인간과 공동체의 진보를 다지는 기반이 되어온 인문학 콘텐츠를 교육에 적극적으로 활용해야 한다. 여기에는 비단 고전만이 아니라 인간의 존엄성과 정체성을 지키는 데 필요한 다양한 텍스트들이 포함될 수 있을 것이다. 공감 능력은 타자의 감정에 대한 이해와 이를 바탕으로 한 타자와의 소통을 의미한다. 따라서 공동체의 진보는 구성원들의 공감 능력을 토대로 해야만 가능한 미래이다.

5. 결론

이 글은 인공지능 시대 실질적 문맹률의 증가 현상이 학습자의 공감·소통 능력의 저하와 연관성을 지닌다고 보고, 이를 개선하기 위한 교양교육의 방향성을 고민하는 데 목적을 두었다. 평균적인 교육 복지와 수준 개선에도 불구하고 공감 소통 능력이 저하되는 현상의 인과관계를 분석하고, 그 기저에 인공지능 시대 교양교육의 근본적인 문제가 있다는 점을 제시하고자 했다. 또한 인공지능인문학의 가능성을 진단하여 인공지능 시대 인문학 기반 교육콘텐츠를 확대할 필요성을 강조하고자 했다. 최근 악화된 실질 문맹의 문제는 학문 내부에서 인문학 기반 교양교육의 위상이 어떠했는지를 여실히 보여주는 징후라 할 수 있다. 인문학의 위기는 인문학 자체의 위기만이 아니라, 인공지능 시대를 둘러싸고 발생하는 모든 문제에 대한 근본적인 원인을 제공한다. 교양교육의 주체들이 염두에 두어야 하는 모든 문제 또한 여기에서 출발해야 한다.

실질적 문맹률의 역설을 해소하기 위해서는 속도와 결과 중심의 교육 패러다임을 과감히 바꾸고 수정해야 한다. 고등교육의 기회 확대와 기술 발전의 수혜를 가장 많이 입은 세대에서도 실질적 문맹률 증가 현상은 공통적으로 발생한다. 교육의 확대가 문해력 확대로 직결되지 못하는 데는 입시를 포함한 교육시스템 문제가 주요 원인으로 지적된다. 그러나 모든 것을 시스템의 문제로만 돌릴 수는 없다. 검색을 통한 일회성 정보 획득 및 즉각적 폐기로 지식은 제대로 축적되지 못한다. 검색에만 익숙한 학습자들은 이해되지 않는 문장과 텍스트를 수차례 반복적으로 읽음으로써 텍스트를 심층적으로 이해하기를 시도하지 않는다. 문해력을 평가하는 척도가 바로 문학 작품에 대한 이해라고 할 수 있다. 함축과 상징, 비유 등으로 버무린 문학 텍스트를 학습자들이 이해하지 못하는 것도 이러한 맥락에서 보면 지극히 당연한 결과일 수 있다.

대학 교양교육도 크게 다르지 않다. 고려대학교 〈글쓰기〉 강의는 학부 1학년 전체를 대상으로 하는 필수교양과목이다. 이 강의는 글쓰기의 과정, 기술 등을 집중적으로 소개하는 대신 텍스트에 대한 심층적이고 체계적인 이해를 요구하는 커리큘럼은 상대적으로 부족하다. 종합적인 사고력은 독해력과 무관하지 않다. 자료나 텍스트에 대한 풍부한 해석이 병행되지 않는 글쓰기는 창의성과 비판적 사고력이 결여된 기술적인 결과물에 불과할 가능성이 적지 않다.

인간과 인공지능의 공존을 이야기할 때 우선순위에 놓여야 하는 것은 당연히 인간이며, 이는 인공지능 개발과 존재의 근본적인 이유이기도 하다. 그러나 이 당연한 우선순위는 종종 역전되기도 하며 때로 그 역전이 자연스러운 것처럼 인식되기도 한다. 인간이 인공지능의 지식 습득 능력과 속도를 따라가는 것이 현실적으로 불가능에 가까우므로 성과 중심 사회에서 이러한 역전 현상을 당연시하는 것도 이해하지 못할 바는 아니다. 그러나 우선순위의 역전은 단순히 인간을 뛰어넘은 인공지능의 우수성을 평가하는 차원에 그치지 않고, 인간의 능력과 가치에 대한 평가로 연결된다는 점에서 문제적이다. 인공지능에 뒤처지는 인간의 존재 가치를 폄하하는 분위기가 확산된다면 이는 곧 인간의 존엄성, 존재 이유 등을 부정하는 인식의 확산으로 이어질 수밖에 없다. 따라서 속도와 결과를 중심으로 모든 가치를 평가하는 태도는 근본적으로 바뀌어야 한다.

인공지능인문학의 가능성은 이러한 능력과 성과 중심의 평가 방식에 대한 회의로부터 시작해야 한다. 단순히 양자의 공존 가능성을 타진하는 데서 그칠 것이 아니라, 인간의 가치와 존엄을 보존하고 인공지능을 도구적으로 활용하려는 새로운 인식이 근본적으로 요구된다. 그렇지 않다면 양자의 역전은 불 보듯 뻔한 미래가 될 것이며, 그 과정에서 인간의 존재 가치는 더 추락할 것이기 때문이다. 인간의 노동이 기계에 의해 대체된 것은 산업혁명 이후로 매우 흔하고 자연스러운 풍경이 되었다. 인공지능 시대에 이르러 이제 인간의 노동뿐만 아니라 '지능'까지 기계에 의해 대체되고 있다. 인간의 지능이 기계에 의해 대체되는 현상 또한 매우 흔하고 자연스러운 풍경이 되어가고 있다. 인간의 지능과 기계의 지능이 대결할 경우 그 결과 또한 뻔하다. 인간은 기계의 능력을 뛰어넘을 수 없고, 이것은 인공지능 개발의 당위성이기도 하다. 그렇기에 대학 교양교육에서 인공지능에 의해 대체될 수 없는 인간만의 자질을 끌어내고 강화할 필요가 있다.

인공지능인문학의 핵심 내용은 바로 대체 불가능한 인간의 자질이 무엇인지를 확인하고 이를 확대 강화하는 것이어야 한다. 이를 위해 인문학 기반 교육콘텐츠의 개발과 확대가 필요하다. 실질 문맹률의 확산을 막고 공감 소통 능력을 강화하기 위한 방안으로서 인문학적 콘텐츠를 확대하는 것은 선택이 아닌 필수가 되었다. 그것만이 인공지능 시대 교양교육의 유일한 대안이다. 물론 그 실체를 제시하는 일은 쉽지 않다. 무엇이 인문학 기반 교육콘텐츠에 부합하는 것인지를 명확히 규정하기 어렵다. 그러나 문제에 대해 본질적인 차원으로 접근한다면 방법을 찾을 수 있을 것이다. 인간을 인간답게 만드는 것, 기계와 다른 인간만의 자질을 강화하는 것, 인간의 존재 가치와 존엄성을 지키는 방법 등 본질적인 차원을 상기하면 결국 가장 인간다운 상태를 회복하는 것이 무엇보다 중요함을 알 수 있다.

인문학의 본질이 자아와 세계에 대한 성찰에 있음을 기억하면서 인공지능 시대의 교양교육의 역할에 대해 적극적으로 고민해야 한다. 인공지능과의 바람직한 공존 방식에 대해 적극적으로 개입하고 상상함으로써 인간과 인공지능이 공존 가능한 세계에 대비해야 한다. 인공지능과 평화롭게 공존하는 타자 존중의 사회를 만들기 위해서는 교육 주체들 간의 이해와 합의가 중요하다. 인간이 인공지능의 지식 습득 능력과 속도를 따라가는 것은 현실적으로 불가능에 가까우므로 인간 고유의 능력인 창의성,

자율성, 비판적 감수성 등을 강화하는 방향으로 교양교육의 전환이 이루어져야 한다.

참고 문헌

김극래. (1989). 〈독해력 부족으로 실질적 문맹이 늘고 있다—국어 학습현장의 심각한 현실을 직시하자〉. 《새국어교육》 45, 104-115.

백승수. (2020). 〈핵심역량기반 교양교육의 당면 과제와 개선 방향〉. 《교양교육연구》 14(3), 11-23.

유시민. (2015). 《유시민의 글쓰기 특강》. 생각의 길.

윤유진. (2020). 〈4차 산업혁명 시대를 대비한 대학의 교양교육의 만족도 및 요구도 조사〉. 《교양교육연구》 14(2), 311-325.

이경수. (2019). 〈인공지능 시대 시의 윤리와 시적 정의—인공지능인문학을 위한 제언〉. 《국제어문》 82, 429-452.

황현산. (2005). 〈말라르메의 언어와 시〉. 《시집》. 문학과지성사.

황혜진. (2015). 〈OECD 성인역량조사결과에 나타난 세대 간 문해력의 차이〉. 《통일인문학》 61, 585-612.

온라인 수업에 대한 학습자 반응 연구

교양 글쓰기 수업을 중심으로

박보현

1. 들어가며

최근 몇 년간 교육계의 화두는 '인공지능'과 '4차 산업혁명' 그리고 이로 인한 교육 전반의 변화와 대응이었다. 4차 산업혁명은 로봇이나 인공지능을 통해 실제와 가상이 통합돼 사물을 자동적 · 지능적으로 제어할 수 있는 가상 물리 시스템의 구축이 기대되는 산업상의 변화를 일컫는 것으로 '초연결', '초지능', '초융합'으로 대표된다. 이러한 4차 산업혁명은 앞선 산업 혁명과는 비교도 안 될 정도의 파급력으로 우리 사회에 큰 변화를 가져올 것이다. 특히 4차 산업혁명은 대학에도 큰 파급효과를 미치게 되는데 교육 현장에서의 인공지능의 활용은 학사 지도나 상담뿐만 아니라 작문이나 글쓰기 등의 문해 교육(Literacy Education)에도 쓰일 수 있으며, 가상현실의 발달은 대학의 교수학습 환경을 완전히 뒤바꾸게 될 것이다(조헌국 2017, 55).

그러나 4차 산업혁명에 대한 수많은 담론과 교육 전반에 미칠 영향에 대한 많은 예측들에도 불구하고 교육 현장의 실질적인 변화와 준비는 미미한 수준이었다. 그런데 지난 학기 갑작스런 코로나 19의 습격으로 인해 교육 현장은 전면 온라인 수업이라는 미처 준비하지 못한 급격한 변화를 맞았고 '포스트 코로나'가 교육계의 새로운 담론으로 부상하였다. 주지하다시피 코로나 19 사태 전에는 실현 가능성이 낮은 대안으로만 여겨졌던 비대면 강의가 지난 학기에 본격적으로 시행되었고, 많은 논란과 문제점에도 불구하고 비대면 수업으로만 진행한 첫 학기는 성공적이라는 평가가 많았다(이윤정 2020)고 한다. 도입 속도의 차이였을 뿐, 디지털화되는 세계 속에서 비대면 수업 전환은 필연적이었으며 코로나 19의 존재 여부와 관계없이 앞으로는 온라인 수업이 상존하게 될 것이라는 관측이 만연하다(박대호 외 2020).

이러한 상황에서 대학이 포스트 코로나에 대비하기 위해서는 처음으로 시행된 비대면 온라인 강의에 대한 실제 학습자의 반응과 요구를 확인해야 할 것이다. 이는 미래 교육의 질을 높일 방안을 마련하기 위한 당연한 수순이라 할 수 있다. 수업에 대한 학습자의 반응을 파악하기 위한 방법은 매우 다양한데 그중에서 강의 평가는 수업에 대한 학습자의 반응을 파악할 수 있는 가장 일차적이면서도 중요한 자료이다. 특히 강의 평가의 서술형 문항은 질적인 접근방법을 통해 데이터를 수집하는 방법이며, 학생들의 강의에 대한 인식을 직접적으로 드러내는 중요한 자료로 볼 수 있다. 또한 서술형 문항은 선택형 문항에서 발생하는 신뢰도 및 타당도 문제에서 상대적으로 덜 취약하고, 자유로운 의견을 서술할 수 있다는 점에서 유익한 피드백을 제공받을 수 있다(한신일 2003). 따라서 강의 평가의 서술형 문항 분석을 통해 학생 개개인의 구체적이고 실제적이며 의미 있는 정보를 확인하고, 학생들이 대학 수업에서 어떠한 요소들을 주요하게 고려하고 있는지, 또한 그러한 요소들이 어떠한 관계를 가지고 있는지 파악할 수 있다면 대학 수업의 질을 개선하기 위한 유용한 정보가 될 수 있을 것이다.

따라서 이 글에서는 전면 온라인 수업으로 진행된 대학 교양 글쓰기 수업에 대한 학습자 강의 평가의 서술형 문항을 분석하여 학생들이 표출하는 다양한 의견을 적극적으로 수렴하고 이를 체계적으로 분석하여 대학 글쓰기 수업에 의미 있는 정보를 제공하고자 한다. 이를 위해 강의 평가의 서술형 문항을 대상으로 전통적인 텍스트 내용분석 방법을 통해 특정 개념의 등장 빈도를 파악하고 하위 개념들을 범주화하여 온라인 글쓰기 수업에 대한 학습자의 반응을 파악하였고, 이를 통해 수업 전반에 대한 학생들의 인식을 직접적이고 종합적으로 살펴보고자 하였다.

2. 연구 대상 및 방법

이 연구는 서울 소재 A대학교의 2020학년도 1학기 교양 〈글쓰기〉 수업 중 4개 분반 학습자의 서술형 강의평가 자료를 분석 대상으로 하여 진행되었다. 분석 대상 수업은 전면 온라인 수업으로 진행되었으며 미리 제작한 동영상 강의와 실시간 오픈채팅 및 학습 관리 시스템(Learning Management System, LMS)을 활용하여 수업이 진행되었다.[1] 4개 분반의 총 수강인원은 158명이며, 이 중 강의평가 응답자 수는 총 148명이다. A대학교는 강의평가에서 2개의 서술형 문항을 제시하고 이에 대해 학생들이 응답하도록 요구하는데, 구체적인 문항의 내용은 다음과 같다.[2]

1 예기치 못한 코로나 19 상황으로 인해 갑작스럽게 전면 온라인 수업이 실시된 첫 학기 수업으로서 실시간 온라인 수업을 위한 최상의 여건이 마련되기 전이었기 때문에 동영상 강의 탑재 방식으로 수업을 진행하였다. 매 차시 강의 내용을 미리 동영상으로 제작하여 탑재한 후 학생들이 정해진 수업 시간에 동영상 강의를 보고 수업 당일의 글쓰기 및 토론과 같은 수업 활동은 학습 관리 시스템을 통해 수행하도록 활동 내용과 활동 시간 등은 미리 상세히 공지하고 오픈 채팅을 통해 수업을 진행하였다. 학생들의 출석도 수업 시간에 오픈채팅을 통해 확인하였으며 수업 시간 외에도 오픈채팅 및 이메일을 통해 질의응답을 진행하였다.

2 본 연구는 서술형 문항1과 문항2의 응답에 대해 각각으로 분석하지 않고 두 문항의 응답을 통합하여 분석을 진행하였다. 이는 문항1과 문항2의 실제 응답을 살펴봤을 때, 응답 내

문항1. 수업 전반에 관한 소감을 자유롭게 기술하여 주시기 바랍니다.
문항2. 이번 학기 '수업진행'과 관련하여 건의할 사항이 있으면 구체적으로 기술해 주시기 바랍니다. (예: 대리강의, 시험, 수업시간 단축, 성희롱, 인권침해, 언어폭력, 외국어강의, 수강인원, 휴강 후 미보강, 타 과정 및 대학원생과의 합반수업 등)

학습자의 서술형 강의 평가 응답 내용에 대한 분석은 〈표 1〉과 같은 순서로 진행하였다. 먼저 서술형 강의평가 결과를 단어와 아이디어 중심으로 읽으면서 하위 요소를 나열한 후 관련 요소들끼리 범주화하여 자료원의 분류 체계를 설정하였다. 이 단계에서는 콜라이치(Colaizzi 1978)의 분석법을 사용하여 학생들의 서술형 강의평가 자료를 분석하였는데, 이는 자료원을 읽으면서 의미 있는 진술이나 문장 또는 구를 찾아내고 도출된 의미를 범주화하는 방식이다. 다음으로 도출된 분석 범주 체계에 따라 하위 요소들에 대한 학생들의 응답 빈도를 분석하고, 마지막으로 강의에 대한 학습자들의 긍정적 반응과 부정적 반응을 구분하였다.

<표 1> 분석 과정

1단계	분석 범주 체계 도출
2단계	범주별 하위 요소에 대한 학습자의 응답 빈도 분석
3단계	강의에 대한 학습자의 긍정적 반응과 부정적 반응 구분

학습자의 서술형 강의평가 내용을 면밀히 검토하여 분석한 결과, 최초 27개의 1차 하위요소를 도출하였고, 이를 다시 범주화하여 12개의 2차 하위요소로 분류한 후 최종적으로 3개의 대영역으로 정리하였다. 이에 따라 도출된 본 연구의 분석 범주 체계는 〈표 2〉와 같다.

용이 '수업 전반'과 '수업 진행'으로 명확히 나뉘어 있지 않고 양쪽에 혼재되어 있었으며, 문항1에 비해 문항2의 응답 내용이 현저히 빈약하여 각 문항별 분석의 실익이 없기 때문이다.

<표 2> 분석 범주 체계

대영역	하위요소	
	2차	1차
1. 교수자	a. 수업 역량	• 수업 전달력
	b. 수업 태도	• 성실성
		• 열정
	c. 학생지도 및 관계	• 상호작용, 소통
		• 학생 이해 및 배려
	d. 개인적 특성	• 목소리 및 발음
2. 수업	a. 수업 내용	• 수업 내용 적절성
		• 수업 내용 다양성
		• 학습부담
		• 자세한 설명
		• 체계적 접근, 설명
	b. 수업 방법 및 매체	• 교수법
		• 수업 자료
		• 온라인 수업
	c. 수업 평가	• 과제 적절성
		• 과제 제출 기한
		• 과제의 양
		• 과제 부담
		• 피드백 제공
		• 평가 기준
		• 평가 방식
	d. 수업 진행 및 관리	• 출결 관리
		• 질문
3. 수업 총평	a. 수업 유용성	-
	b. 수업 만족도	-
	c. 교수에 대한 인사	-
	d. 건의사항(없음)	-

3. 학습자 반응 분석 결과

A대학 〈글쓰기〉 수업에 대한 학습자의 서술형 강의평가 내용을 앞에서 도출한 분석 범주 체계에 따라 분류한 후 하위요소별 빈도분석을 실시한 결과는 다음의 〈표 3〉과 같다.

<표 3> 학습자의 서술형 강의평가 내용분석 결과

대영역	하위요소		학습자 반응	
	2차	1차	긍정적	부정적
1. 교수자	a. 수업 역량	• 수업 전달력	2	-
	b. 수업 태도	• 성실성	5	-
		• 열정	7	-
	c. 학생지도 및 관계	• 상호작용, 소통	1	-
		• 학생 이해 및 배려	8	-
	d. 개인적 특성	• 목소리 및 발음	3	-
2. 수업	a. 수업 내용	• 수업 내용 적절성	17	3
		• 수업 내용 다양성	3	1
		• 학습부담	2	1
		• 자세한 설명	3	-
		• 체계적 접근, 설명	6	-
	b. 수업 방법 및 매체	• 수업 활동의 다양성	2	-
		• 수업 자료	1	-
		• 온라인 수업	7	7
	c. 수업 평가	• 과제 적절성	-	1
		• 과제 제출 기한	3	-
		• 과제의 양	2	2
		• 과제 부담	1	3
		• 피드백 제공	15	8
		• 평가 기준	1	3
		• 평가 방식	1	1
	d. 수업 진행 및 관리	• 출결 관리	4	1
		• 질문	3	-
3. 수업 총평	a. 수업 유용성	-	14	-
	b. 수업 만족도	-	35	-
	c. 교수에 대한 인사	-	21	-
	d. 건의사항(없음)	-	63	-

학습자가 서술형 평가에서 가장 많이 언급한 내용을 2차 요소를 중심으로 살펴보면 수업평가(41회), 수업 내용(36회), 교수자의 수업 태도(12회), 학생지도 및 관계(9회)의 순으로 나타난다. 1차 요소를 대상으로 언급 횟수를 살펴보면 〈글쓰기〉 수업에 대한 학습자의 긍정적 반응 요인은 '수업 내용 적절성(17회)', '피드백 제공(15회)', '학생 이해 및 배려(8회)', '열정(7회)', '온라인 수업(7회)'의 순이었고, 부정적 반응 요인은 '피드백 제공(8회)', '온라인 수업(7회)', '과제 부담(3회)', '평가 기준(3회)', '수업 내용 적

절성(3회)'의 순으로 나타났다.[3]

먼저 학습자가 〈글쓰기〉 수업에 대해 가장 높은 빈도로 응답한 긍정적 요인인 '수업 내용 적절성'에 대한 주요 내용은 다음과 같다.

- 대학에서의 글쓰기에 대해 잘 배울 수 있는 유익한 시간이었습니다. 이 수업 덕분에 이전에는 자주 써볼 수 없었던 보고서를 써보게 되었고, 보고서의 형식과 내용 구성에 대해서도 잘 배울 수 있었습니다.
- 전반적으로 글쓰기라는 수업에 맞는 수업이었고 교수님도 질문에 대한 메일 답장도 빠르셔서 좋았다.
- 대학 글쓰기에 대한 전반적인 지식과 함께 에세이, 서평 쓰기 등의 활동을 통해 전체적인 글쓰기 역량을 기를 수 있는 좋은 수업이었다.
- 신입생으로서 꼭 알아야 할 것들을 배울 수 있어서 유익했음.

'수업 내용 적절성'이 수업에 대한 긍정적 요인 1순위라는 점은 수업의 본질이 역시 수업 내용이라는 것을 다시 한번 확인시켜 주는 의미가 있다. 갑작스러운 온라인 수업으로 인해 수업 부실의 우려가 높았던 상황이었지만 〈글쓰기〉라는 수업명에 걸맞은 수업 내용으로 학습자를 만족시킬 수 있었다는 사실은 수업 내용의 타당성과 질이 담보된다면 수업 방식에 상관없이 수업의 질을 확보할 수 있다는 점을 시사한다.

다음으로 〈글쓰기〉 수업에 대한 긍정적 요인 2위로 분석된 '피드백 제공'에 대한 주요 내용은 다음과 같다.

3 빈도 분석 순위는 수업 총평을 제외하고 제시하였는데 이는 수업 총평이 대체로 '감사합니다', '좋았습니다', '(건의사항)없습니다'와 같은 일반적인 응답 내용이기 때문이다. 또한 본 연구는 질적 분석으로서 절대 수치보다 유의미한 내용을 확인하는 데 그 목적이 있기 때문이다.

- 각 과제별로 피드백을 자세하게 해주셔서 다음 과제 진행에도 도움이 많이 되었습니다.
- 제출한 글에 대해 피드백을 주셔서 더 나은 글로 수정할 수 있었고 많은 도움이 되었습니다.
- 글쓰기 수업 내용 중 궁금한 점에 대해서도 빠르게 피드백해 주셔서 좋았습니다.
- 과제에 대한 피드백이 바로바로 있어서 좋았다.
- 글쓰기에 두려움을 갖고 있는 학생들에게도 친절하게 피드백 해주셔서 좋았습니다.
- 중간 과제에서 점수를 낮게 받았음에도 피드백을 자세하게 잘 해주셔서 그것을 바탕으로 많이 발전할 수 있었습니다.
- 피드백을 참 친절하게 해주셔서 좋았습니다.

학생들의 응답을 살펴보면 단순 질문에 대한 대답과 과제에 대한 교수자의 평가와 조언을 모두 피드백으로 표현하고 있어 학생들이 생각하는 수업 피드백의 내용 및 범위가 다양함을 알 수 있다. 또한 학생들은 자신의 질문에 대한 대답이 빠를수록, 과제에 대한 피드백은 자세할수록 높은 만족도를 나타내었다.

'피드백 제공'은 〈글쓰기〉 수업에 대한 부정적 반응 요인 1위이기도 한데 구체적인 응답 내용을 살펴보면 다음과 같다.

- 피드백을 여러 조교분들이 하시는 것인가요? 커뮤니티에서 보니까 어떤 조교분은 엄청 자세히 세세히 피드백 달아주셨다는데 저는 점수는 엄청 깎였는데… 피드백은 거의 없어서 어떻게 수정할지 정말 막막했네요.
- ppt에 기반한 수업이기에 글에 대한 피드백을 바로바로 받을 수 없었다.

• 좀 더 많은 예시 샘플과 글쓰기 피드백 과정이 있으면 좋겠다고 생각했습니다. 기본이 없는 상태에서 글을 쓰고 고치길 반복하니 제대로 쓰고 고치는 것인지 확신도 서지 않고 답답합니다.
• 과제에 대한 피드백이 없는 부분은 아쉬웠으나 전반적으로는 좋았다.

본 〈글쓰기〉 수업은 한 학기 동안 보고서에 대해 배우고 각자 자신의 보고서를 완성해 가는 과정 중심 글쓰기 수업으로서 학생들이 수행해야 하는 핵심 과제가 바로 '보고서 쓰기'이다. 보고서 쓰기 과제는 첫째, 보고서 개요 쓰기, 둘째, 보고서 초고 쓰기, 셋째, 보고서 완성본 쓰기의 총 3단계로 구성되어 있어 단계별로 진행된다. 이때 1단계인 보고서 개요 과제에 대해서는 수업 담당 교수자가 직접 피드백을 주고, 2단계 보고서 초고 쓰기 과제에 대해서는 수업 담당 조교가 피드백 내용을 작성 후 담당 교수자가 확인하여 학습자에게 전달한다. 학습자의 반응에 따르면 하나의 보고서를 써가는 과정을 단계적으로 검토하여 피드백을 제공한다는 점은 대체로 긍정적이지만 보고서 초고에 대한 피드백이 담당 글쓰기 조교에 따라 차이가 나는 점은 보완해야 할 점으로 파악된다.

'피드백 제공'이 〈글쓰기〉 수업에 대한 학습자의 긍정적 요인이자 부정적 요인이라는 점을 통해 피드백이 글쓰기 수업에서 차지하는 비중 및 역할이 매우 크다는 사실을 확인할 수 있다. 학습자는 글쓰기 수업에서 교수자에게 자세하고 빠른 피드백을 기대하며 이러한 요구의 충족 여부에 따라 수업에 대한 만족 및 불만족을 나타내게 된다. 또한 학습자 응답 내용에서 알 수 있듯이 동일한 교수자의 피드백에 대해서 개별 학습자가 정반대의 반응을 할 수 있다는 점에서 학생 특성에 따른 맞춤형 개별 피드백의 필요성도 파악할 수 있다.[4]

4 이에 대해서는 유미향(2019, 142)에서도 교수자가 개별 학습자의 상황에 맞는 글쓰기 피드백을 제공할 때, 학습자가 자신의 피드백을 긍정적으로 수용할 수 있다는 것을 확인한 바

피드백은 평가이자 그 자체가 중요한 교육 내용이기도 하다. 이는 최근의 대학교육 효과에 대한 연구에서 학생들의 고차원적 사고를 강화하기 위해서는 '평가와 피드백'이 중요하다는 점을 강조하고 있는 점과도 일맥상통한다(김선희 2017; 오은주 2009; 이희원 · 민혜리 2013). 지금까지 우리나라 대학에서 주로 사용되는 교육방식인 강의식 교육 방식은 학습자를 수동적으로 만들고 고차적 인지능력 강화에는 도움이 되지 않으므로(Bigger & Tang 2011; Plasher et al. 2007; Wittrock 1977), 학생에게 지적 자극을 주는 시험과 과제에 대한 피드백(Carless 2006; Tinto 2005)을 통해 학생을 높은 수준의 학습으로 이끄는 방식이 요구된다는 것이다(곽민호 외 2019, 515). 따라서 수업에 대한 만족도를 높이고 학습자를 높은 수준의 학습으로 이끌어줄 수 있는 피드백 내용 및 방안에 대한 끊임없는 연구가 요구된다.

수업 방법 및 매체 범주의 '온라인 수업' 또한 수업에 대한 긍정적 요인인 동시에 부정적 요인인데 먼저 긍정적 응답 내용을 살펴보면 다음과 같다.

- 온라인 강의임에도 교수님께서 카카오톡을 활용하여 출석체크를 해주시고, 강의자료 역시 발음이 분명하고 내용이 잘 전달되도록 자료를 구성해주셔서 어려움 없이 수업을 들을 수 있었습니다.
- 온라인 강의였기에 다소 어수선할 수 있었으나 교수님께서 잘 처리해 주셔서 불편함 없이 수업을 들을 수 있었습니다.
- 글쓰기에 한해 사이버 강의에 대한 만족도가 매우 높았습니다.
- 타 강의에 비해서 온라인 강의로 진행하여도 크게 부족한 부분이 있는 것 같진 않아서 만족하면서 들었다.
- 온라인 수업이지만 좋았습니다.

있다.

이어서 '온라인 수업'에 대한 부정적 응답 내용을 살펴보면 다음과 같다.

- 사이버 강의로 인해 강의집중도가 떨어지는 건 어쩔 수 없는 문제였다고 생각합니다.
- 온라인 수업으로 인해 교수님을 한 번도 뵙지 못하고 학기가 종료되어 너무 아쉽습니다.
- 비록 시기가 시기인지라 온라인 강의로 들을 수밖에 없었지만 교수님을 오프라인 강의에서 뵐 수 있었다면 더 좋았을 것 같습니다.
- 대면수업 부탁드려요.
- 아무래도 사이버 강의의 단점이기도 하겠지만 회차가 진행될수록 글쓰기에 대한 이론적인 수업을 지속적으로 들어야 하다 보니 시간이 갈수록 저도 모르게 제 태도가 루즈해지는 경우가 잦아졌습니다.

학습자 반응을 살펴보면 온라인 수업이 갑작스럽게 진행되었음에도 불구하고 온라인이라는 수업 방식 자체가 글쓰기 수업의 심각한 장애 요인으로 작용하지는 않는다는 것을 확인할 수 있다. 또한 '글쓰기에 한해 사이버 강의에 대한 만족도가 높았다'는 학습자 반응은 〈글쓰기〉라는 수업이 다른 수업에 비해 온라인 수업 진행에 유리할 수 있다는 점을 시사한다. 그러나 온라인 수업으로 인한 집중력 저하의 문제와 학습자의 꾸준한 대면수업 요구를 고려하여 앞으로의 글쓰기 수업 방식에 대해 종합적이고 지속적인 고민을 해나가야 할 것이다.

〈표 3〉의 분석 결과를 종합하여 2차 요인으로 제시하면, 학생들이 강의에 만족하는 요인은 1. 수업 내용, 2. 수업 평가, 3. 교수자의 수업 태도, 4. 수업 방법 및 매체, 5. 교수자의 학생지도 및 관계의 순이었고, 불만족 요인은 1. 수업 평가, 2. 수업 방법 및 매체, 3. 수업 내용의 순으로 확인되었다.

4. 나오며

지금까지 코로나 19로 인해 갑작스럽게 진행된 온라인 수업에 대한 학습자의 반응을 서술형 강의평가 문항 분석을 통해 확인하였다. 분석 결과 다음과 같은 시사점을 찾을 수 있었다.

첫째, 수업 방식에 상관없이 수업의 본질은 교육 내용에 있다. 외부적 요인으로 인한 갑작스러운 비대면 수업 상황에 대해 다수의 교육 참여자들은 비대면 온라인 수업이 대면 수업에 비해 수업의 질이 낮을 것이라고 우려하였다. 그러나 이는 막연하고 근거 없는 추측에 불과하며 단순히 수업 방식이라는 하나의 요소만으로 수업의 질이 결정되는 것은 아니다. 온라인 수업으로 진행된 글쓰기 수업에 대해 학습자들이 다수의 긍정적 반응을 보였으며 특히 수업 내용의 적절성 측면에서 만족스러워 했다는 점은 포스트 코로나 시대를 준비해야 하는 교수자들에게 시사하는 바가 크다.

둘째, '피드백 제공'은 글쓰기 수업의 학습자 만족도를 좌우하는 중요한 요소이다. 그런데 이 글에서도 확인하였듯이 동일한 교수자의 피드백에 대해 학습자의 긍정적 반응과 부정적 반응이 공존하므로 글쓰기 수업에 대한 학습자의 만족도를 높이기 위해서는 개별 학습자별 맞춤형 피드백을 제공해야 한다.

4차 산업혁명 시대의 교양교육은 달라져야 하는가라는 물음에 대해 분주한 설왕설래가 오간다. 앞에서 살펴본 연구 결과를 교양교육 전체로 일반화할 수는 없지만 4차 산업혁명 시대의 교양교육이 이전의 교양교육과 본질적으로 다른 것은 아니라는 대답을 뒷받침하는 하나의 자료는 될 수 있을 것이다. 교육 환경이 바뀐다고 하여 교육의 본질이 바뀌는 것은 아니다. 불확실성이 커지는 시대와 사회에서는 전공교육보다 교양교육이 더욱 중요해지고, 여전히 교양교육은 핵심적이고 보편적인 그리고 학술적인 내용을 잘 가르치는 것이 가장 중요하다. 이는 대학의 교양 글쓰기 수업에서도 마찬가지일 것이다.

참고 문헌

곽민호 · 민혜리 · 김미림. (2019). 〈토픽 모델링을 활용한 대학생의 서술형 강의평가 분석〉. 《아시아교육연구》(서울대학교 교육연구소) 20(2), 491−522쪽.

김선희. (2017). 〈강의평가 결과 분석을 통한 교육의 질 제고 방안 탐색—A 대학교 강의평가를 중심으로〉. 《사회과학연구》(국민대학교 사회과학연구소) 30(1), 147−174쪽.

박대호 · 이지희 · 이하은 · 허정윤. (2020). 〈교육의 대전환 시대, 대학 스스로 미래를 개혁해야〉. 《한국대학신문》, 8월 16일. http://news.unn.net/news/articleView.html?idxno=233497.

오은주. (2009). 〈강의평가 실태조사를 통한 강의평가 개선 방향 연구〉. 《교육방법연구》(한국교육방법학회) 21(2), 1−20쪽.

유미향. (2019). 〈글쓰기 피드백에 대한 학습자와 교수자의 인식 양상〉. 《사고와 표현》(한국사고와표현학회) 27, 125−146쪽.

이윤정. (2020). 〈연세대 IT경영학회 "미래 교육 마중물? 대학, 첫 비대면 수업을 말하다"〉. 《IT 조선》, 8월 17일. http://it.chosun.com/site/data/html_dir/2020/08/17/2020081700253.html.

이희원 · 민혜리. (2013). 〈수업 개선을 위한 강의 평가 결과 활용 방안 탐색〉. 《열린교육연구》(한국열린교육학회) 21(3), 257−283쪽.

조헌국. (2017). 〈4차 산업혁명에 따른 대학교육의 변화와 교양교육의 과제〉. 《교양교육연구》(한국교양교육학회) 11(2), 53−89쪽.

한신일. (2003). 〈대학생들의 서술형 강의 평가 내용 분석〉. 《교육행정학연구》(한국교육행정학회) 21(3), 359−378쪽.

Bigger, J., & C. Tang. (2011). *Teaching for quality learning at university*. Buckingham, UK: McGraw−Hill International.

Carless, D. (2006). "Differing perceptions in the feedback process." *Studies in Higher Education* 31(2), 219−233.

Colaizzi, F. U. (1978). "Psychological reseach as the Phenomenogist Views It." In R. S . Valle , and M . King, eds. *Existential-phenomenological Alternatives for Psychology*. New York: Oxford University Press.

Plasher, H., P. Bain, B. Bottge, A. Graesser, K. Koedinger, M. McDaniel, & J. Metcalfe. (2007). *Organizing Instruction and Study to Improve Student Learning: A Practice Guide (NCER2007−2004)*. Washington, DC: National Center for Education Research, Institute of Education Science. Retrieved from https://files.eric.ed.gov/fulltext/ED498555.pdf

Tinto, V. (2005). Taking student success seriously: Rethinking the first year of college. Paper presented at the Ninth Annual Intersession Academic Affairs Forum, Fullerton, FL.

Wittrock, M. C. (1977). "The generative process of memory." In M. C. Wittrock, J. Beatty, J. E. Bogen, M. S. Gazzaniga, H. J. Jerison, S. D. Krashen, R. Nebes, & T. J. Teyler, eds. *The human brain*. Englewood Cliffs, NJ: Prentice−Hall.

교양교육의 글쓰기 윤리 현황 및 개선 방안

대학생 학습자의 표절 문제를 중심으로

유미향

1. 들어가기

최근 코로나 19 사태로 대학의 교육 시스템이 급속도로 전환되었으며, 비대면 강의가 본격적으로 시작되었다. 그에 따른 여러 가지 부작용이 나타나게 되었다. 온라인 시험이나 과제 제출 시의 부정행위, 온라인 모둠 활동에서의 무임승차 등의 다양한 윤리 문제가 등장하였다. 학습자들이 온라인으로 발표 자료를 공유하고, 보고서를 제출하는 과정에서 저작권 문제도 발생하였다. 교육 환경의 변화로 글쓰기 윤리 위반이 이전보다 더 다양한 형태로 나타났으며, 이를 어떻게 처리할 것인가에 대한 논의가 필요한 시점이다. 이는 학습자가 사이버 공간 속에서 수많은 정보를 어떻게 다루고, 처리해야 할 것인가의 문제도 연결된다.

그간 학습 윤리나 연구자 윤리에 대한 논의가 제기되었으나, 교과를 담당하는 교수자 혹은 대학 차원에 머물렀다. 교육공학, 정보통신 분야에서는 저작권법 위반의 관점으로, 글쓰기 교과에서는 글쓰기 윤리의 관점으로 보고서나 논문을 쓸 때 자료를 인용하거나 출처 표시나 각주 처리 등을 다루었다. 최근 교양교육에서 글쓰기 윤리 교육을 강조하기도 하였으며,

새로운 학습 환경에서 발생하는 표절 문제와는 구체적으로 연결하지 못하였다. 글쓰기 윤리는 대학생 학습자의 연구 윤리, 학습 윤리 등과 함께 살펴보아야 하며, 또 저작권 보호 및 표절 문제와도 분리될 수 없는 영역이기도 하다. 이 연구는 글쓰기 윤리의 현황을 살펴보고, 최근 개정된 법령을 근거로 표절 문제를 어떻게 접근해야 할 것인지를 고찰해 보고자 한다. 학습자가 다양한 매체를 활용하여 글을 쓰면서 발생하는 몇 가지 표절 사례와 그에 대한 개선 방안을 제안하고자 한다.

2. 교양교육에서의 글쓰기 윤리 현황

2.1. 글쓰기 윤리와 연구 윤리, 학습 윤리, 표절

대학생 학습자의 글쓰기 윤리에 대한 연구는 다수 존재하며, 특히 표절과 관련된 선행 연구가 눈에 띈다. 김태희 · 강문설(2015)은 스마트 환경에서 대학생들의 표절과 저작권 침해 실태에 대한 심각성을 지적한 바 있으며, 이주형 · 임현주(2019)는 체육전공 대학원생을 대상으로 연구 윤리와 학습 윤리 교육을 실시하고, 이후의 태도 변화를 살펴보았다. 이성흠 · 윤초희 · 최상봉(2011)은 대학생들이 학습 윤리를 어떻게 인식하고 있는지를 조사하여 그 인식 중요도와 실행도의 차이를 분석하였다. 이연정 · 이주미(2018)는 학습 윤리에 대한 대학생들의 인식 조사를 하였으며, 박희옥 · 이인숙 · 이미라(2018)는 간호대학생들을 대상으로 학습 윤리에 대한 인식을 조사하였다. 이처럼 연구 윤리 및 학습 윤리에 대한 선행 연구는 주로 학습자들의 인식이나 태도 변화에 초점을 두고 있다.

글쓰기 윤리를 대학의 글쓰기 교과와 연결하여 본격적으로 다루는 연구도 다수 존재한다. 김성수(2008)는 미국 대학의 글쓰기 교육에서 다루고 있는 표절 문제를 언급한 바 있으며, 신의항(2009)도 외국 대학의 사례를 소개하고 있다. 조세희(2009)는 글쓰기 부정행위에 대한 처벌 규정과 사례를 소개하고 있다. 정소영 외(2011)는 대학생의 글쓰기 과제물의 표절 실태와 표절 검사 시스템의 표절 예방 및 적발 효과를 제안하였다. 그 외에도 오은주(2013), 이윤진(2014), 박상석(2016), 박정희(2017ㄱ), 박정희(2017ㄴ) 등은 대학생의 글쓰기 윤리 및 표절 문제를 제시하고, 이를 방지하기 위해 대안을 제시하기도 하였다.

주지하다시피 글쓰기 윤리는 교양교육, 혹은 글쓰기 교과에 국한된 것은 아니다. 대학생 학습자가 학문적 글쓰기, 혹은 과제 수행 중에 드러난 여러 현상 중 일부에 해당한다. 선행 연구에서 이미 언급한 것처럼, 글쓰기 윤리는 연구 윤리, 학습 윤리와 분리될 수 없는 개념이다. 박정희(2017ㄱ)는 글쓰기 윤리 교육이 학습자, 교수자로 나누어 양분화할 수 없는 문제임을 주장하였다. 학습자와 교수자가 '교육'을 위한 구분일 뿐이며, 학습자는 오히려 예비 연구자이기 때문에 글쓰기 윤리의 문제를 학습 윤리, 연구 윤리와 함께 다루어야 함을 언급하였다(박정희 2017ㄱ, 21).

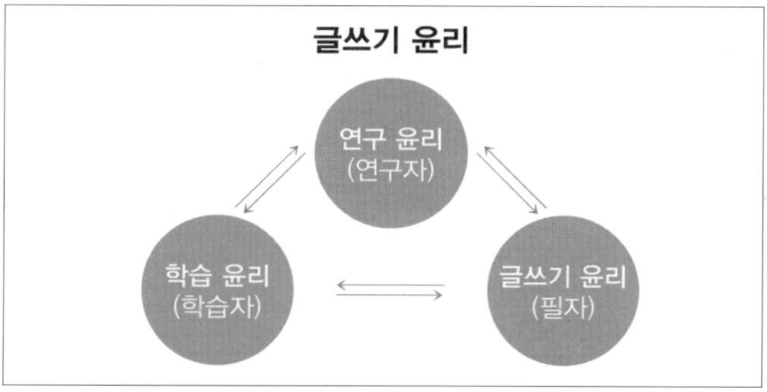

<그림 1> 글쓰기 윤리와 학습 윤리, 연구 윤리의 관계(박정희 2017ㄱ, 21)

또 이윤진(2012)은 연구 윤리, 학습 윤리, 글쓰기 윤리가 서로 불가분의 관계에 있어 그 경계를 명확하게 구분하기 어려운 측면이 있음을 기술

하였다. 연구자나 학습자나 모두 필자이며, 글쓰기 윤리는 필자의 범주에 속하기 때문에 글쓰기 윤리와 상당한 교집합이 있음을 주장한 바 있다(이윤진 2012, 24–5).

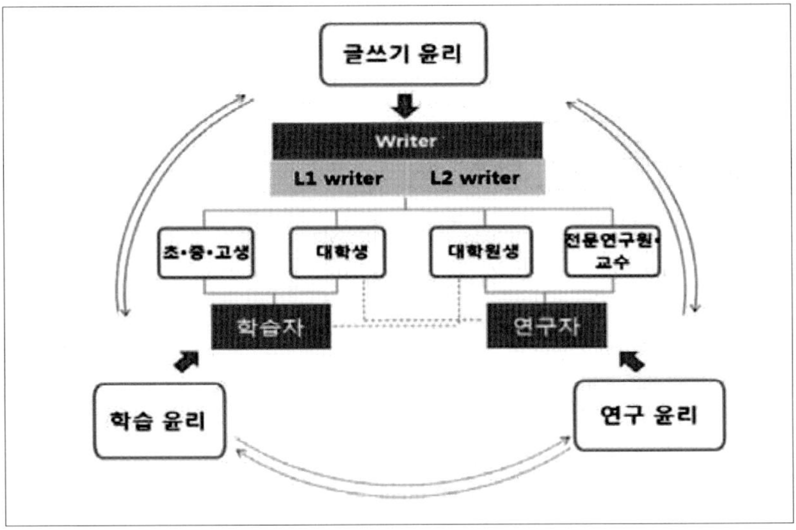

<그림 2> 글쓰기 윤리와 학습 윤리, 연구 윤리의 준수 대상별 구분(이윤진 2012, 24)

글쓰기 윤리는 교양 교과에 국한된 것이 아님을 알 수 있다. 각 대학에서 발표한 연구 윤리 규정집을 살펴보면, 연구 윤리 속에 글쓰기 윤리가 포함되거나 상당 부분 연결되어 있음을 확인할 수 있다. 연구윤리정보센터(CRE)에서 제공하는 대학별 연구 윤리와 관련된 규정은 다음과 같다.[1]

---

1 연구윤리정보센터에서는 연구 윤리와 관련된 최신 법률 규정, 연구 위반 사례, 연구 윤리 교육 자료 등을 제공하고 있다. 이것은 각 대학별로 연구 윤리와 관련된 지침이나 규정 등을 게시한 것이며, 최근 대학에서 연구 윤리를 어떻게 정의하고 있는지를 확인해 준다. 대표적인 예로 가톨릭대학교 학부대학(2018)을 찾아볼 수 있는데, 연구 윤리 규정이 비교적 잘 정리되어 있으나 표절 문제에 대한 구체적인 지침이 부재한 상황이다. 이러한 사례는 다른 대학들의 연구 윤리 규정도 마찬가지이다. 대부분의 대학 자료는 국가 차원의 연구 윤리 지침을 근거로 하기 때문에 내용상 크게 차이가 나지 않는다.

<표 1> 대학별 연구 윤리 관련 규정의 제정 및 개정 비교

대학	연구 윤리 관련 규정의 제정 및 개정
숙명여자대학교	동물실험윤리심의위원회 규정 2008 제정 생물안전관리 규정 2015 제정 생명윤리위원회 규정 2016 개정 연구윤리진실성위원회 규정 2019 개정
서울대학교	연구윤리 지침 2010 개정 생물안전위원회 규정 2012 개정 연구진실성위원회 규정 2014 개정 동물실험윤리위원회 규정 2015 개정 생명윤리위원회 규정 2018 개정
성균관대학교	생명윤리위원회 규정 2013 제정 생물안전위원회 규정 2017 개정 연구윤리진실성 규정 2019 개정 동물실험윤리위원회 규정 2019 개정
포항공과대학교	생명윤리위원회 규정 2014 제정 생물안전관리 규정 2014 제정 실험동물자원관리 규정 2014 개정 생명윤리위원회 표준운영 지침 2015 제정 생물안전관리 지침 2018 제정 연구자를 위한 생명윤리지침 2019 제정 연구윤리 규정 2020 개정
한국교원대학교	생명윤리위원회 규정 2014 제정 연구윤리진실성위원회 규정 2018 개정 동물실험윤리위원회 운영 규정 2019 제정

연구 윤리 규정은 각 대학마다 제정 시기가 다르며, 개정 방향도 다르게 나타난다. 숙명여자대학교의 경우 2008년부터 관련 규정을 제정한 후, 관련 규정을 꾸준히 개정해 나가고 있으며, 서울대학교의 경우 2010년부터 관련 규정을 제정하기도 했다. 각 대학마다 차이는 있지만 대개 2014년, 2015년부터 관련 규정이 제정되었고, 현재까지 꾸준히 개정해 나가고 있다. 연구연리정보센터에서는 해당 규정을 업데이트 하고 있다.

대학마다 정도의 차이는 있지만 연구자의 부정 행위, 즉 표절 부분을 공통적으로 다루고 있다. 하지만 표절과 관련된 구체적인 지침이나 세부사항은 여전히 부재한 상황이다. 〈교육부 연구윤리지침〉(2007 제정, 2015.

11. 3. 제6차 개정)의 제12조(연구부정행위의 범위)에서 연구개발 과제의 제안, 수행, 결과 보고 및 발표 등에 대한 세부 항목과 관련된 것이다. 연구윤리의 부정에서는 특히 위조, 변조, 표절 등을 언급하고 있다. 표절에 해당하는 법령은 다음과 같다.

> "표절"은 일반적 지식이 아닌 타인의 독창적인 아이디어 또는 창작물을 적절한 출처표시 없이 활용함으로써, 제3자에게 자신의 창작물인 것처럼 인식하게 하는 행위
>
> 가. 타인의 연구내용 전부 또는 일부를 출처를 표시하지 않고 그대로 활용하는 경우
>
> 나. 타인의 저작물의 단어 · 문장구조를 일부 변형하여 사용하면서 출처표시를 하지 않는 경우
>
> 다. 타인의 독창적인 생각 등을 활용하면서 출처를 표시하지 않은 경우
>
> 라. 타인의 저작물을 번역하여 활용하면서 출처를 표시하지 않은 경우

연구 분야에 따라 표절을 인정하는 범위가 달랐던 과거와 달리, 법률이 2007년 제정되고, 2015년에 개정되면서 표절을 이전보다 엄격하게 다루고 있다. 저작권이나 소유권에 대한 논쟁이 치열해지면서, 온라인 콘텐츠에 대한 표절 문제가 새롭게 등장하였다. 교육부와 한국연구재단에서도 '연구윤리 확보를 위한 지침 해설서'를 발간하였고, 이후 지침 해설서는 인문사회, 자연계열, 의학 등 영역별로 나누어 발간되었다.

연구 윤리와 관련된 법률을 개정하기 위해 실제 연구부정행위[2]와 연구부적절행위[3]에 대한 설문 조사는 다음과 같다(이상엽 외 2015, 82).

---

2 KIEP 연구윤리규정의 제6조에 따르면 "연구부정행위(이하 "부정행위"라 한다)는 연구의 제안, 수행, 결과의 보고 및 발표 등에서 행하여진 위조·변조·표절·부당한 논문저자 표기 행위"를 말한다(이상엽 외 2015, 48).

<표 2> 유형별 연구부정행위와 연구부적절행위

유형	연구부정행위(%)	연구부적절행위(%)
위조	96.7	3.3
변조	94.1	5.9
표절	92.2	7.8
부당한 저자 표시	65.4	34.6
부당한 중복게재	64.7	35.3
연구부정행위에 대한 조사 방해 행위	68.6	31.4
기타(학문 범위에 심각하게 벗어난 행위)	68.6	31.4

연구부정행위에서 가장 높은 비중을 차지하는 것은 위조, 변조, 표절 등의 순으로 나타났다. 위조, 변조, 표절 등이 매우 높은 비율을 차지하며, 위조와 변조는 연구 과정 및 결과에 대한 부분이 많이 나타났다. 표절은 연구 결과를 기록하거나 기존 연구를 인용하면서 발생하는 것으로, 이는 글쓰기 윤리와 밀접하게 관련된다. 특히 표절은 대학생 학습자가 보고서, 개인 과제를 할 때 가장 많이 문제가 되는 부분이기도 하다.

이처럼 국가 차원에서, 혹은 대학 차원에서 연구 윤리 지침이 발행되고 있음에도 불구하고, 연구 윤리와 관련된 상황이 개선되었는지를 확인할 수는 없다. 글쓰기 윤리는 연구 윤리, 학습 윤리와 매우 복합적인 관계 속에 놓여있으며, 저작권법과도 무관하지 않다. 이것은 매우 다층적이고, 다면적인 특성을 띠고 있기 때문에 전문가들 사이의 합의가 쉽게 이루어지 어려운 문제이기도 하다. 다만 후속 연구나 개선 사례가 산발적으로 등장할 뿐이다.

---

3 "연구부적절행위"란 연구의 독창성을 해할 정도로 자신의 이전 저작물을 이후 자신의 저작물에서 부적절하게 사용하는 중복게재를 말한다.

2.2. 교양교육에서의 글쓰기 윤리 교육 현황

글쓰기 윤리는 교양교육에서 많이 다루고 있는데, 대학생 학습자의 글쓰기 윤리 교육에 대한 연구들이 다수 존재한다. 국내에서는 주로 글쓰기 교과 차원으로, 혹은 개별 교수자의 차원으로 이루어진 연구가 많다. 이인재(2008), 정병기(2008), 정소연 외(2011), 정종진(2014) 등이 대표적이다. 또 미국 학부의 연구 윤리 제도를 언급한 김성수(2008), 신의항(2009) 등이 있다. 최근 외국 대학의 사례들을 살펴보면, 학부 또는 대학원 학생들의 표절은 심각한 범죄행위(academic offence)로 간주하고, 이를 의뢰할 수 있는 위원회가 존재한다. 미국의 대학에서는 명예 규약(Honor Code)을 작성하거나 교수-학습 센터에서 이와 유사한 행동 강령과 지침을 배우기도 한다.

최근 코로나 19 사태 이후에 외국 대학에서 연구 윤리나 윤리 규약을 많이 강조하고 있다. 캘리포니아 대학교(University of California, 2020)는 학문적 진실성을 어떻게 지키고, 부정행위를 어떻게 피할 것인지에 대해 온라인으로 배포하고 있다. 스탠퍼드 대학교(Stanford University)는 위원회를 운영하여 명예 규약을 학생들에게 배포하고, MOSS, Turnltln 등을 사용하여 표절 검사를 반드시 할 것을 권고하고 있다.

관습법을 중요하게 생각하는 유럽의 대학에서는 명예 규약을 작성하는 것보다는, 관리 위원회의 재판을 통해 '학문적 범죄행위(academic offence)'를 판정하기도 한다. 대표적으로 런던 대학, 에식스 대학 등의 사례에서 살펴볼 수 있다.[4]

---

4 명예 규약(Honor Code)은 미국 학부 대학에서 시작되었으며, 영국의 대학은 처음에 신학에서 시작했기 때문에 학문적 윤리를 매우 엄격하게 지키는 편이었다. 그러나 영국 대학에서도 위반 사례가 종종 등장하면서 명예 규약을 따로 작성하는 경우도 있다. 런던 대학, 엑세스 대학이 그 대표적인 예가 된다(Shepherd 2007).

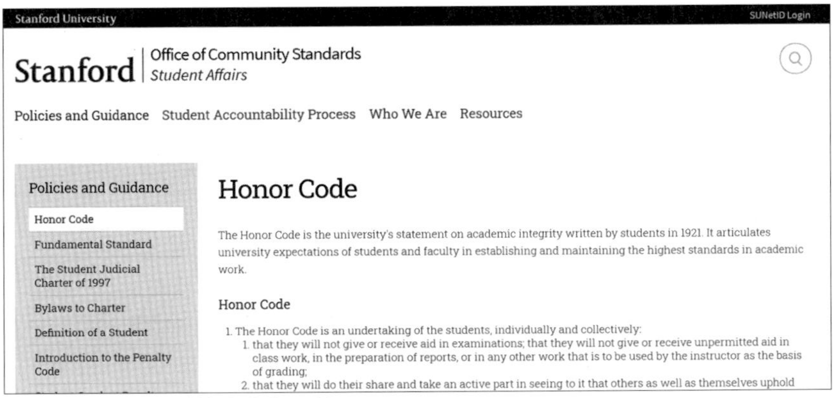

<그림 3> 스탠퍼드 대학의 명예 규약(Stanford University, https://communitystandards.stanford.edu/policies-and-guidance/honor-code)

한국 대학에서는 외국의 사례를 도입하기도 하고, 표절 검사 시스템을 사용하여 표절 예방을 하기도 한다(정소연 외 2011). 최근 여러 대학에서도 이 시스템을 적극 도입하여 학생들의 표절을 예방하기 위해 표절 방지 프로그램을 홈페이지나 각종 학습관리시스템(LMS)에 탑재하기도 하다. 또 글쓰기를 담당하는 교수자, 혹은 교수학습센터 차원에서 학습 윤리 차원에서 글쓰기 윤리 교육을 실시하기도 한다. 서울대학교의 경우, 교수학습센터에서 글쓰기 윤리 교육을 하기도 하고, 윤리 서약서를 학생들에게 받기도 한다. 다음의 〈그림 4〉는 우수리포트 공모대회에 참가한 학생들을 대상에게 받은 글쓰기 윤리 서약서의 예이다(박정희 2017ㄱ, 24).

이 경우는 학습자가 자발적으로 글쓰기 윤리 서약서를 작성하는 것이 아니다. 비록 주최 측에서 참여자들의 공정한 경쟁을 위한 방편으로 마련된 것이라고 볼 수 있다. 이와는 반대로 학습자들이 자발적으로 글쓰기 윤리에 참여한 예도 있다. 상명대학교에서는 2015년 '나의 윤리적 글쓰기 서약'을 학교 홈페이지에 게시하고 학생들에게 취지를 소개한 바 있다. 그 결과 1,600명 이상의 학생들이 이러한 취지에 동의하고 자발적으로 서

글쓰기 윤리 서약서

본인이 제출한 리포트는 글쓰기 윤리를 준수했음을 서약합니다.

1) 이 글쓰기 과제물은 다른 사람으로부터 받거나 구매하지 않고 내가(우리가) 직접 연구하고 작성한 것이다.

2) 정확한 출처 없이 다른 사람의 글이나 아이디어를 가져오지 않았다.

3) 인용한 모든 자료는 왜곡하지 않았으며 인용표시를 바르게 하였다.

4) 과제물 작성 중 도표나 데이터를 위조 혹은 변조하지 않았다.

5) 이 과제물에 실질적으로 참여하지 않은 사람을 공동 제출자로 명기하지 않았다.

6) 해당 과제물의 동일한 내용을 다른 교과목의 과제물로 제출한 적이 없다.

본인이 제출한 리포트는 이상의 글쓰기 윤리를 준수했음을 서약합니다.

확인자 (서명)

* 이상의 내용을 위반한 사실이 추후에 확인될 경우 수상은 취소됩니다.

<그림 4> 공모대회 참여자들의 서약서

약을 작성하기도 하였다. 자발적으로 서약에 동의한 학생들이 이후 글쓰기 태도가 어떻게 변화되었는지는 구체적으로 확인할 수는 없다. 다만 이러한 사례들이 파편적이지만 대학생 학습자에게 글쓰기 윤리를 인식할 수 있는 계기를 마련해 줄 수 있음을 보여준다.

대학 글쓰기 교재에서 글쓰기 윤리 문제를 다룬 예도 있다. 다수는 아지만, 일부 대학에서는 글쓰기 윤리 및 연구 윤리를 필수적으로 이수해야 하기도 한다. 〈표 3〉은 경기도권 한 대학의 글쓰기 교재로, 글쓰기 교재 전체 목차 속에서 글쓰기 윤리를 독립된 단원으로 선정하여 구성된 것을 확인할 수 있다.

해당 대학은 글쓰기 교과를 기초 교양으로 지정하고 있으며, 계열에 따라 교양적 글쓰기, 사회적 글쓰기, 과학적 글쓰기 등으로 구분되어 있다.

<표 3> 글쓰기 교재 차례와 글쓰기 윤리 단원의 차례

책의 차례	글쓰기 윤리 단원의 차례
1부 과학적 글쓰기의 개념 2부 과학적 글쓰기의 표현 3부 과학적 글쓰기와 고전읽기의 실제 4부 실용적 글쓰기의 사례 1장 글쓰기의 윤리 2장 자기소개서 3장 보고서 4장 프레젠테이션 5장 학술 논문	1장 글쓰기의 윤리 1) 인용 - 책이나 논문의 인용 - 적합한 인용과 비양심적인 인용의 구별 2) 주석 저서, 번역서, 편서, 논문, 기사 3) 참고문헌 저서, 번역서, 편서, 논문, 기사, 인터넷 자료

세 개의 교재에는 공통적으로 '4부 실용적 글쓰기의 사례'가 있으며, 4부의 1장은 '글쓰기 윤리'로 구성되어 있음을 확인할 수 있다. 글쓰기 윤리와 연구 윤리에 대해 1학년 학생들은 계열 공통으로 배우게 되는 셈이다. 해당 단원은 인용, 주석 부분은 출처를 어떻게 표시하는지를 사례별로 기술하고 있으며, 인용 표시 부분에 상당한 분량을 할애하고 있다. 직접 인용하는 방법, 간접 인용의 예시, 각주를 사용할 때와 참고 문헌을 표시할 때의 차이점 등에 초점을 두고 있다. 표절의 위험성을 여러 차례 언급하거나 잘못된 표시 사례를 제시하고 있다.

이러한 상황은 다른 대학의 교재에서도 유사하게 나타난다. 글쓰기 교과를 운영하는 교수자에 따라 글쓰기 윤리, 학습 윤리를 세부적으로 언급하기도 하고, 교수자가 과제를 수행하기 전에 학습자가 체크리스트를 작성하도록 한다. 대학 차원에서 연구 윤리를 강조하거나, 교양 교과 내에서 글쓰기 윤리를 다루는 예는 종종 찾아볼 수 있다.

그럼에도 불구하고 학습자의 글쓰기에서는 다수의 위반 사례가 발생하고 있다. 황성근(2008)에 따르면 학습자의 표절이 비의도적인 경우도 발생하며, 정병기(2008), 조세희(2009), 이성흠 외(2011) 등도 학습자의 윤리성 결여뿐만 아니라 정당한 인용에 대한 무지, 실수로 인해 학습 윤리 문제가 발생하기도 함을 지적한 바 있다. 무엇보다 최근 발생한 학습자의 표절 문제는 무지와 오해에서 비롯된 것이 아니라, 매체의 종류가 다양화되면서 발생하기도 한다.

3. 대학생 글쓰기에 나타난 표절 문제과 개선 방안

3.1. 학습자와 학습자 간의 표절

표절 문제는 글쓰기 윤리, 학습 윤리, 연구 윤리와 모두 밀접한 연관성을 갖고 있다. 글쓰기 윤리를 언급하는 연구에서는 학습자의 표절 유형을 분석하거나 표절을 피하는 방안을 제안하기도 한다. 교수자의 강의가 비대면으로 진행되면서, 학습자의 발표 및 과제 제출이 모두 온라인으로 이루어졌다. 그에 따라 글쓰기 윤리 위반 사례도 이전보다 더 자주 등장한다. 학교 차원에서는 이를 막기 위해 교수자에게 학습관리시스템을 적극적으로 활용하도록 권장하고, 학습자에게 표절 방지 프로그램을 사용하도록 유도하기도 한다. 그럼에도 불구하고 표절 문제와 관련된 글쓰기 윤리 위반 사례를 여전히 등장하고 있다.

예를 들어 학습자가 학습관리시스템으로 제출한 과제들 간의 표절 문제를 생각해 볼 수 있다. 교수자가 블랙보드(Blackboard)로 학습자의 과제나 보고서를 받은 경우, 블랙보드에 탑재된 표절 검사 프로그램을 사용할 수 있다. 이 프로그램은 개별 학습자가 제출한 보고서의 표절 여부를 표시해 주는데, 학습자가 특정 사이트의 자료를 몇 퍼센트 인용했는지까지 교수자에게 알려준다. 또 학습자와 학습자 간의 과제 일치도까지 확인할 수 있다. 이때 학습자 A와 학습자 B의 과제 일치도가 80% 이상인 경우도 있다. 일반적으로는 학습자 A와 학습자 B는 서로의 과제를 표절한 것으로 볼 수 있다. 그러나 실제 두 학습자는 서로 일면식도 없으며, 동일한 소속도 아니었다. 다만 교수자가 수업 시간에 설명한 주제어, 핵심어를 특정 검색 엔진으로 검색하였으며, 동일한 글을 인용하여 과제로 제출했던 것이다.

이 경우 학습자가 검색한 자료를 자신의 글에 어떻게 인용했는지도 문제가 된다. 두 학습자 모두 검색한 자료를 요약하거나 재진술하지 않고 상당 부분 검색 자료를 그대로 인용하였다. 두 학습자가 모두 학기 초에 글쓰기 윤리에 대해 배웠으며, 윤리 서약서도 작성하였다. 하지만 그러한 활동과는 별개의 학습자 간의 표절 문제가 발생한 것이다.

그 반대의 경우도 있다. 학습자 C와 학습자 D가 모둠 활동을 하면서 동일한 자료를 서로 공유하고, 보고서를 작성한 경우이다. 학습자 A와 학습자 B와는 전혀 다른 의도이지만, 결과는 모두 같다. 교수자는 이 두 가지 표절 사례를 어떻게 처리할 것인지에 대한 문제에 봉착하게 된다. 교수자는 표절이라는 동일한 사태가 발생했지만 그 의도성 유무를 파악해서, 4명의 학습자를 다르게 처벌해야 할 것이다.[5]

타인 저작물의 일정 표현을 그대로 쓸 때는 출처의 구체적인 표시하는 것 이외에도 해당 부분을 따옴표 등의 인용 부호로 직접 인용하는 것이 글쓰기 윤리 측면에서는 바람직한 방법이다. 그러나 학습자가 동일한 자료를 재가공하지 못하고 그대로 인용할 경우, 학습자와 학습자 사이의 표절 문제로도 나타난다.

앞서 많은 선행 연구에서 학습자에게 글쓰기 윤리 서약서를 작성하게

5 학습자의 위반 사례도 문제가 되지만, 교수자의 반응도 문제가 될 수 있다. 동일한 글쓰기 교과이지만, 교수자 A와 교수자 B가 학습자 표절에 대해 다르게 반응할 수 있다. 교수자 A는 표절로 간주한 보고서에 대해 상당한 불이익을 주거나, 학점을 전혀 주지 않을 수 있다. 그러나 교수자 B는 학습자의 표절을 문제 삼기는 하지만, 평가에 불이익을 상대적으로 덜 줄 수도 있다. 이것은 교수자의 문제가 아니다. 한국 대학에서는 학습자가 표절을 했다고 윤리심의위원회에 회부되거나 행정적인 절차에 따라 불이익을 받는 경우는 거의 드물다. 이 경우 대개는 공식적인 행정 절차보다는, 교수자의 재량으로 처리된다.

하거나, 학습자에게 각주나 출처를 표시하는 방법을 교육하는 것을 제안한 바 있다(김성수 2008; 이성흠 외 2011; 박정희 2017ㄱ). 그러나 글쓰기 윤리의 목표를 수정하거나 새로운 내용을 마련하는 것이 근본적인 대책이 될 수는 없다. 글쓰기 교과가 관심을 가져야 할 것은 학습자의 글쓰기 기본 능력임을 다시 한번 생각해 보지 않을 수 없다.

글쓰기 윤리와 학습자의 글쓰기 능력이 어느 정도 상관성이 있으며, 글쓰기 교과에서 윤리 교육뿐만 아니라 학습자의 요약하는 능력 혹은 바꿔쓰기(paraphrasing)를 중요하게 다루어야 할 필요가 있다(황성근 2008; 김지연 2017; 권선경 2018). 요약하고 자신의 의견 쓰기, 인용할 부분을 나만의 언어로 바꿔 쓰기 등이 글쓰기 교과의 학습 요소가 되어야 할 것이다. 학습자가 요약하기를 단계적으로 연습함으로써, 쓰기 능력을 향상하는 것이 매우 필요한 부분이다. 하지만 학습자가 인식하는 표절의 이유는 교수자와는 달랐다.

〈표 4〉는 153명의 학습자를 대상으로 한 설문으로, 학습자가 표절하는 이유를 조사한 것이다.[6] 학습자들은 표절 이유에 대해 '글쓰기 주제에 대한 이해'를 가장 주요 원인으로 선택하였고, '글을 어떻게 시작할지 몰라서', '다른 사람은 어떻게 글을 썼는지 궁금해서' 등을 다음으로 선택했다. 학습자가 스스로 인식하는 표절 원인과 교수자의 입장은 서로 다르게 나타났다. 학습자는 자신에게 주어진 주제에 대한 이해, 혹은 배경지식의 부족을 표절의 원인으로 이해하고 있다. 다음 순으로 학습자가 지적한 것은 '어떻게 시작해야 할지 몰라서'이며, 이는 학습자 스스로 글쓰기 능력 부족을 인식하고 있음을 알 수 있다.

교수자는 학습자에게 요약하는 연습에 앞서 학습자에게 주어진 과제에 대한 이해를 높이도록, 혹은 학습자의 배경지식을 넓힐 수 있는 다양

6 〈표 4〉, 〈표 5〉는 2020년 10월부터 12월까지 교양 교과를 수강하는 153명을 대상으로 조사한 것으로, 학습자들은 중복 선택을 가능하게 하였다.

<표 4> 대학생 학습자가 표절하는 이유

표절 이유	응답수(복수 선택 가능)
과제에 대한 관심이 없어서	22
표절이 비도덕적이라고 생각하지 못해서	7
글쓰기 능력이 부족해서	53
남들이 어떻게 했는지 궁금해서 찾다가	59
글(문장)을 어떻게 시작해야 할지 몰라서	71
주어진 주제에 대한 이해가 부족해서	97
빨리 끝내고 싶고, 과제할 시간이 없어서	28
계	337

한 자료를 제공할 필요가 있다. 무엇보다 학습자는 학문적 글쓰기에 익숙하지 않아, 과제에 대한 막연한 불안감이 있음을 추측할 수 있다. 대개의 학습자가 자신이 익숙하게 사용하는 매체의 글쓰기와 학문적 글쓰기가 어떻게 다른지, 학문적 글쓰기를 위해 어떤 자료를 읽어야 하는지 등을 선행적으로 학습하지 못한 경우가 많기 때문이다.

3.2. 매체 인용으로 인한 표절

학습자가 글쓰기 교과에서 각주, 참고 문헌 등을 사용하는 방법을 배우지만, 또 다른 표절 문제가 등장하기도 한다. 이는 비의도적 표절에 해당하는 것으로, 학습자가 인용 부호를 정확히 사용하고, 간접 혹은 직접 인용의 규칙을 모두 지켰고, 원출처를 정확히 밝힌 경우이다. 이와 반대로 학습자가 원출처를 명확히 밝히고도 원출처의 신뢰성 문제로 인해 표절 문제가 발생하기도 한다.

〈표 5〉는 교양 교과를 수강하는 학생들이 보고서를 작성할 때 선호하는 참고 자료 목록이다. 학습자는 인터넷을 활용하여 보고서를 작성하고, 도서관 홈페이지보다는 네이버, 다음, 구글 등의 검색 엔진을 훨씬 더 선

<표 5> 학습자가 선호하는 참고 자료의 종류

참고 자료의 종류	응답수(복수 선택 가능)
유료 사이트(해피캠퍼서, 리포트월드 등)	11
SNS(페이스북, 트위터, 인스타그램 등)	17
유튜브나 방송 매체	48
신문 기사, 뉴스, 논문 자료	56
개인 블로그(네이버, 다음, 구글 등)	89
위키피디아, 나무위키, 지식백과 사전 등	116
계	337

호하는 것으로 나타났다. 인터넷 활용은 위키피디아, 나무위키, 지식백과 등으로 주제어나 핵심어의 의미를 검색하는 경우가 가장 많았다. 해당 단어의 정의를 검색하고, 거기서 파생되는 여러 가지 개념들을 연쇄적으로 검색하는 것으로 나타났다. 또 검색 엔진을 활용하여 각종 블로그, 포스트, 신문 기사, 뉴스, 논문 자료 등을 참고하였다.

글쓰기 교과에서 학습자가 글을 인용할 때 개인 블로그나 출처를 명확히 알 수 없는 글은 인용하지 않는 것을 원칙으로 한다. 많은 학습자들이 여전히 개인 블로그를 인용하여 글을 쓰거나 과제를 수행한다. 예를 들어, 학습자가 서평을 쓰기 위해서 해당 도서에 대한 서평이나 추천글을 검색하고, 그것을 인용하기도 한다. 이때 전문가가 운영하는 블로그이거나 출판사, 인터넷 서점에서 운영하는 포스팅 등을 참고할 수 있다. 학습자는 출처가 명확한 정보이기 때문에 이를 자신의 글에 인용할 수 있다고 판단하게 된다. 교수자는 학습자의 입장을 이해할 수는 있지만, 인용 자료의 신뢰성 여부를 판단해야 하며, 학습자의 선택을 수용할지에 대해 고민해야만 한다.

〈표 6〉 사례1의 경우, 특정 기자가 운영하는 개인 블로그를 인용한 것이다. 해당 블로그는 개인이 운영하는 블로그이지만 특정 출판사와 인터넷 서점과 연결되어 있기 때문에 운영자의 전문성 여부를 쉽게 판단할 수

<표 6> 학습자의 참고 자료 사례 모음

	예시
사례1	[네이버 블로그] 흑인 인어 공주에 대해 어떻게 생각하시나요? 『선량한 차별주의자』 (https://blog.naver.com/changbi_book/221587073293) 검색날짜 : 20. 11. 29
사례2	강의 시간에 들었던 「사랑 장례식」 내용을 보고 작가는 어떤 생각으로 이 책을 출간했을까라는 생각이 들었다. 궁금증을 해결하기 위해 작가의 인터뷰를 찾아보았다. " 주목받지 못하는 감정인 슬픔을 바라보자는 태도였어요. 슬퍼하는 사람은 슬퍼하도록 두고, 슬픔을 인정하고 받아들이자는 이야기를 하고 싶었어요"1) 슬픔을 받아들이는 태도를 주제로 하고 있었고 슬픔을 대하는 방식에 대해 배울 수 있는 책이 1) 작가 인터뷰 중에서 헤르츠티어 "존재하는 모든 것에서 발견한 이야기를 찍어요" https://post.naver.com/viewer/postView.nhn?volumeNo=16273197&memberNo=1101&vType=VERTICAL
사례3	뉴스, 신문기사 김기태 기자, '비서 성폭행' 안희정 전 지사, 징역 3년 6개월 확정, SBS NEWS, 2019.09.09., https://news.sbs.co.kr/news/endPage.do?news_id=N1005430230&plink=ORI&cooper=NAVER (검색 날짜 : 2020-11-27).
사례4	온라인 자료 유투브, 요즘 것들의 먹고사니즘, ep3 청소일 하는 그림 작가, https://www.youtube.com/watch?v=CDB213iSczg (검색날짜 : 2020.11.30)

있다. 하지만 대개의 개인 블로그는 운영자의 전문성 여부를 학습자가 즉각적으로 판단하기 어렵다. '출처가 명확하면 인용을 해도 된다'는 기준을 학습자에게도 교수자에게도 매우 모호한 기준이 되는 것이다. 사례2의 경우, 특정 출판사에서 운영하는 포스팅을 인용한 것으로, 책 저자와의 인터뷰가 포스팅에 순차적으로 실려 있다.

사례3, 사례4는 영상 자료를 인용한 예시이다. 전자는 뉴스 영상을 참고 자료로 넣은 것이며, 후자는 개인이 아닌 텔레비전 프로그램에서 운영하는 유튜브 영상을 인용한 것이다. 학습자가 사례4처럼 1시간 이상의 영상을 인용할 경우, 대개는 몇 줄로 요약하거나 특정 부분의 내용을 그대로 기술하기도 한다. 이때 인용 방식을 어떻게 해야 할지에 대한 특정한 지침이 마련되어 있지 않다. 학습자가 인용 자료의 인터넷 주소, 검색 날짜 정도만 참고 문헌에 표시하게 된다. 교수자가 학습자의 표절 여부를 판단하기 위해서는 해당 채널을 직접 확인하고, 학습자가 인용 여부를 판단해야 한다. 교수자가 해당 매체를 직접 보거나 듣고, 그 인용의 적확성을 판단하기 어려운 것이다.

최근 학습자들은 개인이 운영하는 유튜브 채널, 특정 단체가 운영하는 뉴스 모음이나 기사 해설 영상, 팟캐스트(Podcast) 방송을 참고하기도 한다. 교수자는 학습자가 어떤 매체를 더 선호하며, 글을 쓸 때 어떤 매체를 활용하는지를 파악할 필요가 있다. 저작물의 인용은 저작권법이 허용한 범위 내에서만 가능한 것이며, 저작권법 제28조는 "공표된 저작물은 보도·비평·교육·연구 등을 위하여는 정당한 범위 안에서 공정한 관행에 합치되게 이를 인용할 수 있다"라고 규정하고 있다. 여기서 '정당한 범위 안에서'와 '공정한 관행에 합치되는지 여부'를 판단하는 근거가 사실상 매우 모호하다. 다양한 매체를 활용하는 학습자는 그 기준을 어디에 두어야 할 것인지를 고민하지 않을 수 없을 것이다.

교수자 역시 '정당한 범위' 안의 인용이 무엇인지 밝히거나 그 기준을 명확하게 제시할 수도 없다. 이처럼 표절 문제는 학습자의 글쓰기 능력만으로 해결될 수 없는 부분이기도 하다. 최근 보고서의 참고 문헌을 보면, 학습자가 인용하는 매체가 얼마나 다양한지 직접 확인할 수 있다. 대학생 학습자를 대상으로 하는 글쓰기는 학문적 글쓰기에 해당하기 때문에 타인의 저작을 인용하는 것은 필수적이다. 기존 글쓰기 윤리 교육에서처럼 적절한 출처 표기 방법을 다루는 것도 필요하지만, 관련 연구자들이 인용의 범위를 어떻게 선별할지를 먼저 논의해야 한다.

저작권법 제28조는 저작권 침해 판단의 관점에서 인용의 방식을 규정한 것이지만, 연구 윤리의 관점에서도 이러한 기준을 적용할 수 있다. 저작권법에 근거하여 인용의 규칙에 대해 연구윤리센터에서 공유하고 있는 내용은 다음과 같다.

> 올바른 인용의 원칙(연구윤리정보선터 2013)
>
> 첫째, 타인 저작물의 일정 부분을 그대로 쓰거나(verbatim, copying), 일부 단어를 말바꿔쓰기(paraphrasing)를 하거나, 일부 내용을 요약해서 사용할 때(summarizing), 또는 타인의 아이디어를 사용할 때는 타인이 기여하는 부분에 대해 인정해야(credit) 한다.
>
> 둘째, 타인 저작물의 일정 부분을 그대로 쓸 때는 해당 부분은 인용 부호(" ")로 표시해야 한다.
>
> 셋째, 타인 저작물의 일정 부분을 말바꿔쓰기를 할 때에는 그 내용을 완전히 이해하여 자신의 색깔이 담긴 언어로 표현되도록 하며 출처를 밝혀야 한다.
>
> 넷째, 연구자 자신이 생각하지 않았던 어떤 의견, 비판점이나 역사적 사실은 직접 인용하든 말바꿔쓰기를 하든 출처를 밝혀야 한다.
>
> 다섯째, 기술하는 사실이나 아이디어가 일반적 지식인지 아닌지가 불확실할 경우에는 출처를 밝혀야 한다.
>
> 여섯째, 웹상에서 가져온 자료나 정보에 대해서도 자신이나 타인의 논문이나 단행본에 있는 자료나 정보를 활용할 때처럼 반드시 출처를 밝혀야 한다.

이처럼 인용의 원칙이 공개되면서, 각 원칙에 대한 세부지침에 대해 추가적으로 논의되어야 한다. 예를 들어 '말바꿔쓰기'가 '그대로 쓰는 것'과 '일부 내용을 요약하여 사용'과는 어떻게 다른지 학습자가 수용할 만한 사례가 마련되어야 하고, '웹상에서 가져온 자료나 정보'는 무엇이며, 또 어디까지 허용할 것인지에 대한 기준이 필요하다. 웹상에서 가져온 자료나 정보는 출처 표시를 더욱 정확하게 해야 하는데, 적절한 인용 방법은 인용 매체나 대상마다 개별적으로 판단 기준이 있어야 한다. 앞서 언급한 것처럼 인용 매체가 더욱 다양화되고, 교수자보다는 학습자에게 더 친숙한 매체의 경우 교수자가 어떻게 수용하고 다루어야 할지를 안내할 수 있는 지침도 필요하다.

한국저작권협회(2018)는 출처 명시를 위한 세부지침이 비교적 상세하게 다루고 있다. 외국의 출처 명시 의무 현황과 국내의 상황을 비교 분석하여, 학술적 연구 지침을 구체적으로 소개하고 있다. 무엇보다 인터넷 자료를 인용할 때의 사례를 다양하게 상술하고 있어 글쓰기 교과에 활용할 수 있다. 예를 들어 구글의 이미지 검색을 활용한 인용한 경우, 넷플릭스(Netflix)의 다큐멘터리, 영화, 각종 프로그램을 인용하는 경우, 아이튠즈(iTunes)의 음악을 인용하는 경우까지도 언급하고 있다. 유튜브 영상물의 경우도 동영상 올린 사람의 이름을 알 수 있는 것과 알 수 없는 것으로 나누어 기술하고 있다. 그 외에도 페이스북, 트위터 등의 SNS 인용, 혹은 개인 SNS를 인용할 때, 조직/집단 SNS를 인용할 때를 구별하여 표시하는 방법을 소개하고 있다. 인터넷 자료에서 가져온 글이 작성 연도가 있는 경우와 없는 경우를 구별하여 표시하도록 하였다. 그 외에도 팟캐스트, 개인 혹은 집단의 블로그, 블로그의 댓글, 이메일 또는 문자 메시지 등까지 다루고 있다.

이러한 구체적인 논의가 반영된 대학의 연구 윤리나 글쓰기 윤리는 아직 부재한 상황이다. 이러한 제도적 장치가 선행되어야, 대학 차원, 교양교육 차원에서도 표절 기준이 마련될 수 있으며, 교수자도 학습자에게 실질적인 글쓰기 윤리 교육을 할 수 있을 것이다. 표절 문제와 관련하여 글쓰기 윤리는 학습자의 글쓰기 능력에 국한된 것만은 아니다. 표절 문제는 저작권법, 매체 확장에 따른 인용 표시 문제, 교수자의 태도, 학습자의 글쓰기 능력 등이 복합적으로 얽혀있는 문제이기도 하다. 무엇보다도 표절 문제는 연구 윤리, 학습 윤리, 글쓰기 윤리 등과 공유할 수 있는 사회적, 학문적 배경이 마련되어야 할 것이다.

4. 나오기

〈국가연구개발혁신법〉이 2020년 6월 제정되었으며, 2021년 1월 1일부터 시행된다. 비록 국가연구개발사업 관련 연구 윤리에 대한 법령이지만, 이후 대학의 연구자들에게 영향을 끼칠 것이다. 대학생 학습자를 대상으로 하는 연구 윤리, 학습 윤리, 글쓰기 윤리 문제도 이러한 규정에서 자유로울 수 없다. 표절이 명백한 위반 행위이며, 처벌 대상이라는 인식이 분명히 자리잡아야 할 것이다.

표절은 글쓰기 윤리뿐만 아니라, 연구 윤리, 학습 윤리와도 매우 밀접한 관련은 가진다. 특히 비대면으로 수업이 진행되고, 온라인으로 지식이 생산되고 유통되면서 교수자도 학습자도 '표절'의 문제에 자유로울 수 없다. 학습자가 인터넷으로 검색하여 다양한 자료를 수집하는 과정에서, 동일한 정보를 여러 학습자가 동시에 사용하면서 나타나는 표절 문제, 개별 학습자가 유튜브, 팟캐스트, SNS 등의 영상을 인용하여 글을 쓰는 가운데 표절 문제가 등장하기도 한다. 이는 학습자가 다양한 매체를 활용하여 글을 쓸 때 흔히 저지르는 위반 사항이다. 이는 학습자가 글쓰기 윤리에 대해 무지하거나 출처 표시를 하지 않아서 발생하는 것이 아니다.

우선 학습자가 사용하는 각종 매체에 대한 인용 기준이 마련되어야 한다. 저작권법과 관련된 세부 시행령이 구체화 되어야 하며, 이를 대학에서 연구 윤리 규정에 반영해야 할 것이다. 이러한 정보는 교수자, 학습자에게 모두 공유되어야 하며, 교양교육 차원에서, 혹은 글쓰기 교과 차원에서도 교수자가 학습자에게 표절 기준 및 각종 매체의 인용 정보에 대해 상세히 제공해야 한다.

이후 교수자가 학습자에게 주어진 과제에 대한 배경지식을 충분히 제공하고, 학습자는 이를 통해 학문적 글쓰기를 이해하고, 과제에 대한 불안감과 막연함을 없앨 수 있다. 이러한 학문적 풍토가 잘 다져진다면 학습자가 요약하기, 말바꿔쓰기 등의 인용 방법을 활용하여, 자신의 글쓰기 능력을 향상시킬 수 있을 것이다.

요약하자면 표절 문제는 행정가, 교수자, 학습자 차원으로 나누어 다층적으로 접근해야 하며, 윤리 위원회에서 법령에 근거하여 학문적 글쓰기를 위한 인용 범위와 방법에 대한 세부 시행령과 지침을 마련해야 한다. 이후 교수자와 학습자 사이의 충분한 학문적 합의가 이루어지는 내부적 차원의 노력이 따라야 할 것이다.

참고 문헌

가톨릭대학교 학부대학. (2018). 《가톨릭대학교 대학생 학습윤리 가이드북》, 두드림.

권선경. (2018). 〈글쓰기 윤리 교육의 현황과 실천적 교육 방안 연구—고려대학교 사고와표현 수업을 중심으로〉. 《사고와표현》(한국사고와표현학회) 11(1), 61−92쪽.

김성수. (2008). 〈미국 대학의 '학문적 정직성' 정책에 대한 연구—대학 글쓰기에서 '표절' 문제를 중심으로〉. 《작문연구》(한국작문학회) 6, 193−226쪽.

김지연. (2017). 〈윤리적이고 주체적인 글쓰기를 위한 지도 방안 연구—글쓰기 윤리 교육의 새로운 패러다임에 관한 모색〉. 《교양교육연구》(한국교양교육학회) 11(5), 131−160쪽.

김태희 · 강문설. (2015). 〈스마트 환경에서 대학생들의 표절과 저작권 침해 실태 및 대응 방안〉. 《한국정보통신학회논문지》(한국정보통신학회) 19(9), 2180-2188쪽.

대외경제정책연구원 지식정보실 학술출판팀. (2015). 〈KIEP 연구윤리 매뉴얼〉. 대외경제정책연구원.

박상석. (2016). 〈대학생의 글쓰기에서 발생하는 불가항력적 표절의 문제와 대안〉. 《리터러시연구》(한국리터러시학회) 15, 35-69쪽.

박정희. (2017ㄱ). 〈글쓰기 윤리 교육을 위하여, 〈글쓰기 윤리 서약서〉〉. 《가르침과배움》(서울대학교 교수학습개발센터) 33, 20-25쪽.

박정희. (2017ㄴ). 〈대학 학습 글쓰기 교육과 리포트 공모대회 운영 방안—서울대학교 우수리포트 공모대회를 중심으로〉, 《사고와표현》(한국사고와표현학회) 10(2), 191-220쪽.

박희옥 · 이인숙 · 이미라. (2018). 〈융복합시대에서 요구되는 학습윤리인식 실태조사—간호대학생을 중심으로〉. 《디지털융복합연구》 16(5), 277-287쪽.

신의항. (2009). 〈미국 대학 학부학생 학습 및 행동 윤리 규정 사례연구〉. 《교양교육연구》(한국교양교육학회) 3(2), 123-148쪽.

연구윤리정보선터. (2013). 〈공개한 올바른 인용과 참고문헌 표시법〉. 《연구윤리정보센터》. https://www.cre.or.kr/bbs/board.php?bo_table=1300&wr_id=1384427&sst=wr_hit&sod=desc&sop=and&page=1, 2021. 1. 15.

연구윤리정보센터. 〈각 대학별 연구 윤리 관련 규정〉. 《연구윤리정보센터》. https://www.cre.or.kr/bbs/board.php?bo_table=2100, 2021. 1. 15.

오은주. (2013). 〈대학생들의 과제표절 실태와 인터넷 정보윤리의식에 대한 인식 조사〉. 《사고개발》(대한사고개발학회) 9(3), 163-184쪽.

이상엽 · 김인호 · 김현철 · 이민호. (2015). 〈연구윤리 확보를 위한 지침 해설서〉. 한국연구재단.

이성흠 · 윤초희 · 최상봉. (2011). 〈'학습윤리'에 대한 대학생의 인식 중요도—실행도 차이 분석을 중심으로〉. 《아시아교육연구》(서울대학교 교육연구소) 12(4),

75–94쪽.

이인재. (2008). 〈대학에서의 글쓰기 윤리교육〉. 《작문연구》(한국작문학회) 6, 129–159쪽.

이연정 · 이주미. (2018). 〈학습윤리에 대한 대학생들의 인식 조사 연구—문과계열과 이공계열 신입생들을 중심으로〉. 《학습자중심교과교육연구》(학습자중심교과교육학회) 18(24), 327–347쪽.

이윤진. (2012). 〈외국인 유학생의 자료 사용의 윤리성에 대한 연구〉. 연세대학교 박사학위논문.

이윤진. (2014). 〈작문 교육에서 글쓰기 윤리 연구의 쟁점과 과제〉. 《작문연구》(한국작문학회) 21, 89–121쪽.

이주형 · 임현주. (2019). 〈체육전공 대학원생의 연구학습윤리교육 사례연구〉. 《한국스포츠학회지》(한국스포츠학회) 17(2), 551–563쪽.

정병기. (2008). 〈대학생 글쓰기의 부정행위와 교육방안〉. 《사고와표현》(한국사고와표현학회) 1(1), 267–294쪽.

정소연 · 고희석 · 김성수 · 김예린 · 노은지 · 송기윤 · 이용재. (2011). 〈대학생의 글쓰기 과제물의 표절 실태와 표절 검사 시스템의 표절 예방 및 적발 효과 연구〉. 《사고와표현》(한국사고와표현학회) 4(1), 157–182쪽.

조제희. (2009). 〈글쓰기 부정행위에 관한 처벌 규정과 사례〉. 《사고와표현》(한국사고와표현학회) 2(2), 7–39쪽.

한국저작권위원회. (2018). 〈저작물 이용 시 출처 명시 가이드라인 제시를 위한 연구(저작권정책연구 2018–06)〉. (주)카피테크이십일.

황성근. (2008). 〈대학생의 글쓰기 윤리와 표절 문제〉. 《사고와표현》(한국사고와표현학회) 1, 231–265쪽.

Harvard University. "The Honor Code." Harvad University. https://honor.fas.harvard.edu/ (2021. 1. 15).

University of California. "Honor Code." UC San Diego Online. https://online.

ucsd.edu/honor/ (2021. 1. 15).

Shepherd, J. (2007). "An idea worth imitating." *The Guardian*, March 20. https://www.theguardian.com/education/2007/mar/20/highereducation.students.

Stanford University. "Honor Code." Stanford University office of community standards student affairs. https://communitystandards.stanford.edu/policies-and-guidance/honor-code (2021. 1. 15).

|필진|

이남호 고려대학교 국어교육과 교수, 전 고려대학교 교육부총장

정재림 고려대학교 국어교육과 교수

오연경 고려대학교 교양교육원 교수

조재룡 고려대학교 불어불문학과 교수

최애순 계명대학교 Tabula Rasa College 교수

송현지 계명대학교 국어국문학과 강사

고지혜 고려대학교 민족문화연구원 연구교수

정상원 고려대학교 한국어문교육연구소 선임연구원

문장원 고려대학교 대학원 박사수료

오현화 성공회대학교 열림교양대학 교수

곽수범 국민대학교 교양대학 교수

김영애 고려대학교 교양교육원 교수

박보현 고려대학교 교양교육원 교수

유미향 동양미래대학교 교양과 교수

고려대 한국어문
교육연구총서 1

인공지능 시대의 국어교육과 교양교육

초판 발행 1쇄 2021년 7월 30일

지은이 이남호·정재림·오연경·조재룡·최애순
송현지·고지혜·정상원·문장원·오현화
곽수범·김영애·박보현·유미향
펴낸곳 고려대학교출판문화원
www.kupress.com
kupress@korea.ac.kr
(02841) 서울특별시 성북구 안암로 145
Tel 02-3290-4230, 4232
Fax 02-923-6311
찍은곳 한국컴퓨터인쇄정보

ISBN 979-11-91161-71-7 93370

값 21,000원
※ 잘못 만들어진 책은 바꿔 드립니다.